国家高端智库

武汉大学国际法研究所

中国促进国际法治报告

(2017年)

主　编/肖永平　冯洁菡

社会科学文献出版社
SOCIAL SCIENCES ACADEMIC PRESS (CHINA)

本报告系国家高端智库重点成果

中国促进国际法治报告（2017 年）
编委会

主　　编　肖永平　冯洁菡

编写成员　（以姓氏拼音为序）

都　青　冯洁菡　何志鹏　黄德明　洪叶子
梁雯雯　廖　丽　罗国强　彭岑萱　漆　彤
乔雄兵　邱慧心　芮心玥　肖　军　肖永平
杨泽伟　余敏友　张　辉　周　濛

前 言

近年来，国际社会日益理解和接受“人类命运共同体”理念。2017 年，习近平总书记在党的十九大报告中明确指出，中国坚持走和平发展道路，坚持推动构建人类命运共同体，建设持久和平、普遍安全、共同繁荣、开放包容、清洁美丽的世界。这些重要理念为促进国际法治提出了新的价值目标。与此同时，围绕积极推动“一带一路”国际合作，习近平主席强调要秉持“共商、共建、共享”的全球治理观。如何在坚持国际法治的基础上，促进国际法律合作，打造“一带一路”法治保障体系，成为中国积极参与国际法治建设，推动国内法和国际法良性互动发展的重要课题。

《中国促进国际法治报告》旨在以年度中英双语出版的方式，系统阐述中国在国际法治的各个重要领域所秉持的理念、恪守的原则和坚持的立场，以及中国在相关领域采取的具体行动，以期全面展示中国对促进国际法治做出的重要贡献，提高中国践行国际法治的透明度，增进国际社会对中国参与和促进国际法治的认知和理解，提升中国在国际法治进程中的话语权和影响力。

武汉大学国际法研究所自 2014 年开始，组织全所研究人员撰写、出版和发行《中国促进国际法治报告》。自 2016 年伊始，武汉大学国际法研究所将《中国促进国际法治报告》列为国家高端智库重点成果，并在 2014 年、2015 年和 2016 年的基础上，结合 2017 年中国在国际法治领域面临的热点问题，进一步拓展研究的广度和深度。

《中国促进国际法治报告（2017 年）》以中国为视角，广泛涉及全球治理范畴的法治问题。本书由实践综述和专题研究两大部分构成。第一部分为中国促进国际法治实践综述，内容主要包括：（1）中国与国家间关系法治，涉及中国与国际海底区域治理、中国与周边能源共同体的构建、国际人权法、国际人道法和国际刑法领域，以及中国与其他领域国际关系法治；（2）中国与国际经济关系法治，包括中国与国际贸易法治以及中国与区域贸易协定；（3）中国与国际民商事关系法治，包括中国参与国际贸易法委员会和国际统一私法协会的活动以及中国与国际民商事司法协助。第二部分为中国促进国际法治专题研究，集中深入梳理 2017 年中国在国际法某些特定领域的理论创新、制度构建和最新实践，内容涉及两大主题：其一为构建人类命运共同体，包括构建人类命运共同体理念——新时代的中国国际体系观，以及从和平共处到合作共赢——中国国际法治观的认知迭代；其二为“一带一路”法治保障，包括“一带一路”国际合作倡议的国际法意涵，“一带一路”争议解决机制创新，中国批准《选择法院协议公约》的利弊分析及对策，“一带一路”国际投资仲裁机制建设以及“一带一路”倡议下中非在药品获取领域的合作等。

《中国促进国际法治报告（2017 年）》由武汉大学国际法研究所研究人员集体撰写。编撰《中国促进国际法治报告》尚属一种尝试，缺乏经验，无论是结构安排，还是内容提炼，可能存在疏漏和不足，欢迎相关部门、学界同行指正，以便编撰新版本时予以修改和完善。本报告中英文版的出版得到社会科学文献出版社的大力支持，特此致谢！

肖永平　冯洁菡

二〇一八年六月

目　录

中国促进国际法治实践综述

中国促进国际法治专题研究

中国促进国际法治实践综述

中国与国家间关系法治

中国与国际海底区域治理

杨泽伟*

当前，国际海底活动的重心已进入一个历史性转折期，即从勘探阶段向勘探与开发准备期过渡①。国际海底大规模商业开发已初现端倪②，当务之急是制定"开采法典"（the Exploitation Code），以便就未来的矿区开发问题

* 杨泽伟，法学博士，武汉大学国际法研究所教授，博士生导师，武汉大学珞珈杰出学者，研究方向：国际公法、海洋法、国际能源法。

① See Aline Jaeckel, "An Environmental Management Strategy for the International Seabed Authority? The Legal Basis," *the International Journal of Marine and Coastal Law* 27 (2012): 94-95, 119.

② See Aline Jaeckel, "Deep Seabed Mining and Adaptive Management: The Procedural Challenges for the International Seabed Authority," *Marine Policy* 70 (2016): 205. 此外，2018 年 Nautilus Minerals Niugini Limited 和巴布亚新几内亚联合企业将首次进行深海海底矿产的商业开采。See Luz Danielle O. Bolong, " Into The Abyss: Rationalizing Commercial Deep Seabed Mining Through Pragmatism and International Law," *Tulane Journal of International & Comparative Law* 25 (2016): 128-129. 另外，英国首相也曾表示，国际海底资源开发将在"未来 30 年内给英国经济带来 400 英镑的增值"。See K. Michael, UK Government Backs Seabed Mining Sector, Pro-Quest, 2013; Rupert Neate, "Seabed Mining Could Earn Cook Islands 'Tens of Billions of Dollars'," *Guardian*, August 5, 2013.

搭建制度框架。可以预见，制定科学合理、公平公正的国际海底区域资源“开采法典”是国际海底管理局今后几年面临的一项重要任务[①]。中国作为国际海底管理局理事会的成员和勘探合同方，不但一向重视国际海底管理局的工作，而且把“扩大海洋开发领域”[②]、实施“区域”采矿作为实现中国海洋强国战略和保障中国资源安全的重要途径之一。

一　国际海底区域“开采法典”制定的新进展

2011 年国际海底管理局第 17 届会议已经决定启动制定“开采法典”的准备工作[③]。2012 年国际海底管理局在第 18 届会议上提出了《关于拟订“区域”内多金属结核开发规章的工作计划》（Work Plan for the Formulation of Regulations for the Exploitation of Polymetallic Nodules in the Area），并“将此类规章制定工作作为管理局工作方案的优先事项”[④]。

2015 年 2 月，法律与技术委员会（the Legal and Technical Commission，以下简称法技委）推出了《构建“区域”内矿产开发的规章框架》（Developing a Regulatory Framework for Mineral Exploitation in the Area），以征求国际海底管理局成员国和相关利益攸关方的意见[⑤]。2016 年 7 月，国际海底管理局公布了《“区域”内矿产资源开发和标准合同条款规章工作草案》［Working Draft Regulations and Standard Contract Terms on Exploitation for Mineral

---

① See Luz Danielle O. Bolong, “Into The Abyss: Rationalizing Commercial Deep Seabed Mining Through Pragmatism and International Law,” *Tulane Journal of International & Comparative Law* 25 (2016): 129.

② 习近平：《扩大海洋开发领域让海洋经济成新增长点》（2013 年 7 月 31 日），中国网，http://news.china.com.cn/txt/2013-07/31/content_29587608.htm。

③ See International Seabed Authority, Press Release, Seventeenth Session Kingston, Jamaica 11-22 July 2011, available at https://www.isa.org.jm/sites/default/files/files/documents/sb-17-15.pdf.

④ International Seabed Authority, Work Plan for the Formulation of Regulations for the Exploitation of Polymetallic Nodules in the Area, ISBA/18/C/4, 2012, pp. 1-10.

⑤ https://www.isa.org.jm/files/documents/EN/Survey/Report-2015.pdf.

Resources in the Area，以下简称“开采规章”（the Draft Exploitation Regulations）]①。对于该工作草案，迄今国际海底管理局共收到43份评论意见，其中有37份为公开意见、6份为不公开意见，中国大洋矿产资源研究开发协会（China Ocean Mineral Resources Research and Development Association，COMRA以下简称“中国大洋协会”）、中国五矿集团公司（China MinMetals Corporation，CMC）的意见为不公开意见②。此外，2017年1月国际海底管理局又公布了“环境规章”草案［the development and drafting of Regulations on Exploitation for Mineral Resources in the Area，Environmental Matters，以下简称“环境规章”（the Draft Environmental Regulations）］，但相关的评论意见尚未公布③。另外，“国际海底管理局规章”的草案尚在讨论中。

二　国际海底区域“开采法典”的主要内容及其特点

国际海底区域“开采法典”的制定，采用“各个击破”“由分到总”的方式④，即先分别制定“开采规章”、“环境规章”和“国际海底管理局规章”⑤，然后再考虑是否将三个分规章合并起来，形成一个统一的“开采法典”。

（一）开采规章

“开采规章”包括11部分，共59条，另外还有9项附件。第一部分是“导论”，主要是“用语”和“范围”的界定。第二部分是“核准以合同形式的申请开采计划”，内容涵盖了申请形式、申请费用、申请程序、法技委

① https：//www. isa. org. jm/files/documents/EN/Regs/DraftExpl/Draft_ ExplReg_ SCT. pdf.

② See“Contributions to the working draft exploitation regulations，”available at https：//www. isa. org. jm/files/documents/EN/Regs/DraftExpl/Comments/Comments_ Listing. pdf.

③ https：//www. isa. org. jm/files/documents/EN/Regs/DraftExpl/DP-EnvRegsDraft25117. pdf.

④ 法技委认为，“分单元”是制定全面监管框架的最佳路径，但应一揽子商定全部内容，而不应分别商定监管框架中的单项内容或部分组合内容。参见 http：//china-isa. jm. china-embassy. org/chn/hdxx/t1395674. htm。

⑤ “国际海底管理局规章”尚未制定出来。

核准申请的考虑因素以及理事会核准申请的考虑因素等。第三部分是“开采合同”，主要有开采合同条文、权利义务的转让等。第四部分是“开采工作计划的评估和修改”，包括承包商开采计划的修改和对按计划进行的开采活动的评估。第五部分是“合同财政条款”，主要有年费，支付矿区使用费的义务、利润、退款、财务检查和审计，未按期支付矿区使用费的利息计算及其惩罚措施，因未支付矿区使用费而导致的合同暂停实施或终止，有关矿区使用费的计算和支付的争议等。第六部分是“信息的收集和处理”，如信息的可靠性、有关开采合同信息的报送等。第七部分是“一般规定”，包括通知和一般程序、承包商指南的建议、合作与信息交换的义务、沿海国的权利等。第八部分是“检查”，如检查员的职责等。第九部分是“实施和惩罚”，如采取法律救济行动的权力等。第十部分是“争端解决”，如规定了行政审议机制等。第十一部分是“管理局规章的审议”。

从“开采规章”的内容来看，“开采规章”主要有以下特点。

第一，规定了一些新的制度。与《“区域”内多金属结核探矿和勘探规章》、《“区域”内多金属硫化物探矿和勘探规章》和《“区域”内富钴铁锰结壳探矿和勘探规章》相比，“开采规章”规定了独立的专家审查制度、开采合同抵押、开采合同权利和义务的转移等，特别是开采合同的交税条款、监督（审计）、处罚制度属于完全新增的内容。

第二，国际海底管理局明显处于一种优势地位。例如，关于收费标准，由管理局来决定，承包商只能被动接受。

第三，相关利益攸关方对一些条款争议较大。例如，一些承包商指出应降低对早期开采活动的收费、延迟开采合同年限①；而部分科研机构及非政府组织认为，应进一步提高和细化环境保护标准②。

① See Views and Comments to the “1st Working Draft” of Deep Ocean Resources Development Co., Ltd. (DORD), available at https://www.isa.org.jm/files/documents/EN/Regs/DraftExpl/Comments/DORD.pdf.

② See Comments on Working Draft of International Seabed Authority's “Developing a Regulatory Framework for Mineral Exploitation in the Area” Submission by Earthworks, November 25, 2016, available at https://www.isa.org.jm/files/documents/EN/Regs/DraftExpl/Comments/Earthworks.pdf.

然而，“开采规章”仍然存在不少缺陷，如承包商义务过重，不利于尽早实现“区域”内资源的商业化开采；一些制度设计过于理想化，难以付诸实施；个别专业术语仍须进一步做出准确的界定。

（二）环境规章

众所周知，《联合国海洋法公约》对海洋环境保护问题特别重视。为此，公约第十二部分专门规定了“海洋环境的保护和保全”，公约第十一部分第145条还规定了“海洋环境的保护”专门条款。此外，《“区域”内多金属结核探矿和勘探规章》、《“区域”内多金属硫化物探矿和勘探规章》和《“区域”内富钴铁锰结壳探矿和勘探规章》都有海洋环境保护的内容。同样，正在拟订的“开采法典”也有专门的“环境规章”。

“环境规章”包括16部分共81条，还有6项附件①。第一部分是“导论”，主要是“用语”和“范围”的界定。第二部分是“一般事项”，主要包括在“区域”内管理局的环境义务和目标、指导原则以及限制和禁止性规定。第三部分是“环境评估”，内容涵盖了环境基线、环境范围报告、环境风险评估和评价以及替代方案、减缓措施和管理措施等。第四部分是“环境规划的准备”，主要有环境影响声明、环境管理系统、环境管理和监督计划以及开采活动的关停计划等。第五部分是“管理局对环境规划的初步审议”，如已核准的开采活动的审议申请等。第六部分是“公布和咨商”，包括通告申请核准的开采活动计划、公布环境规划、相关利益攸关方对环境规划的审议、申请者对相关利益攸关方提出的意见的回应、管理局对咨商意见的审议和呈送法技委的报告等。第七部分是“法技委对环境规划的审议”，主要有法技委对环境规划评估的过程及建议程序、开采活动计划中有关环境事项的修正和修改、环保行动保证金、法技委向理事会提供的有关环境规划评估的建议等。第八部分是“环境规划的修改和定期审议”。第九部分是“环境管理和监督”，包

① See “the Development and Drafting of Regulations on Exploitation for Mineral Resources in the Area (Environmental Matters),” available at https://www.isa.org.jm/files/documents/EN/Regs/DraftExpl/ DP-EnvRegsDraft25117.pdf.

括适应性管理方法、保护海洋环境免遭破坏性活动、环境事故等。第十部分是“社会和文化管理”。第十一部分是“关停计划以及关停后的监督”。第十二部分是“补偿措施”，如环境责任信托基金的建立等。第十三部分是“数据和信息管理”，主要规定了管理局和承包商各自的义务。第十四部分是“遵守、监督和实施”，如紧急命令、采取救济行动的权利以及惩罚措施等。第十五部分是“年度报告义务”，主要是承包商的年度报告。第十六部分是“其他的行政事项”，如公开登记制度、本规章的审议和修订等。

从“环境规章”的内容来看，“环境规章”主要有以下特点。

第一，“环境规章”的临时性（tentative）。我们不能完全排除今后“环境规章”的正式文本对现有草案文本的一些变动和修改。

第二，较为详细地规定了“区域”环境保护的内容。如上所述，“环境规章”不但规定了“区域”环境保护的一般指导原则，而且对“区域”环境影响评估、环境保护规划、环境规划审议以及补救和惩罚措施等内容做了较为详细的制度设计和安排。

第三，对承包商施加了较多的“区域”环境保护义务。“环境规章”对“区域”内资源开发活动设置了较为严格的环境保护要求，如“关停计划”的规定、“环境责任信托基金”的设立等①。这不但意味着承包商需要履行更多的环境保护义务，而且也将导致承包商在“区域”内进行资源开采活动的经济负担进一步加重。

目前虽然“环境规章”属于一种“暂时性的工作草案”（tentative working draft），管理局成员和相关利益攸关方还没有发表公开的评论，但是“环境规章”的一些缺陷也较为明显，如制度设计的重复性、审查时间过长②以及部分制度对承包商施加了过多的义务而容易招致承包商的反对等。

---

① See article 31-32, article 67-69 of the Development and Drafting of Regulations on Exploitation for Mineral Resources in the Area（Environmental Matters), available at https：//www. isa. org. jm/files/documents/EN/Regs/DraftExpl/DP-EnvRegsDraft25117. pdf.

② See article 81 of the Development and Drafting of Regulations on Exploitation for Mineral Resources in the Area（Environmental Matters), available at https：//www. isa. org. jm/files/documents/EN/Regs/DraftExpl/DP-EnvRegsDraft25117. pdf.

事实上，在“区域”资源开发活动对环境影响方面存在两种截然不同的观点：一种是“开发派”，认为现代科技能够保证“区域”资源开发活动对环境的影响是可控的甚至是无破坏的①，因而主张国际海底管理局不应建立太严格的标准以避免影响承包商进入“区域”进行资源开发活动的积极性②；另一种是“环保派”，认为“区域”资源开发活动将不可避免地对“区域”环境带来很大的破坏③，因而主张对“区域”资源开采活动规定严厉的环保要求④。因此，不难预见国际海底管理局成员国和相关利益攸关方在将来会对“环境规章”一些条款产生较大争议。

三　中国对国际海底区域“开采法典”的应有立场

（一）中国在国际海底区域“开采法典”制定过程中的角色定位

第一，中国实体作为先驱投资者，已经获得了在国际海底区域四块专属勘探矿区、三种资源的勘探权。中国大洋协会是国际海底多金属结核资源的

① See Michael Cruickshank, “Marine Mining: An Area o Critical National Need,” *Mining Engineering*, May 2011, pp. 89–93.

② See “Comments on ‘Developing a Regulatory Framework for Mineral Exploitation in the Area’ by the Government of Japan” (November 1, 2016), available at https://www.isa.org.jm/files/documents/EN/Regs/DraftExpl/Comments/Japan.pdf, “Comments by JOGMEC for the Working Draft Regulations and Standard Contract Terms on Exploitation for Mineral Resources in the Area” (November 1, 2016), available at https://www.isa.org.jm/files/documents/EN/Regs/DraftExpl/Comments/JOGMEC.pdf.

③ See Alicia Craw, Deep Seabed Mining: An Urgent Wake-up Call to Protect Our Oceans, Greenpeace International, 2013, p. 6.

④ See “DSCC Submission on the Working Draft Regulations and Standard Contract Terms on Exploitation for Mineral Resources in the Area” (November 24, 2016), available at https://www.isa.org.jm/files/documents/EN/Regs/DraftExpl/Comments/DSCC.pdf; Greenpeace, Deep Seabed Mining: An Urgent Wake-Up Call to Protect Our Oceans, 17 July 2013, available at http://www.greenpeace.org/international/Global/international/publications/oceans/2013/Deep-Seabed-Mining.pdf; Luz Danielle O. Bolong, “Into The Abyss: Rationalizing Commercial Deep Seabed Mining Through Pragmatism and International Law,” *Tulane Journal of International & Comparative Law* 25 (2016): 141–147.

“先驱投资者”。2001 年，中国大洋协会与国际海底管理局签订了勘探合同，成为勘探开发国际海底区域多金属结核资源的承包商之一，在东北太平洋海底获得了一块 7.5 万平方公里的多金属结核矿区的专属勘探权和优先开采权。2011 年 7 月，国际海底管理局理事会核准了中国大洋协会申请的位于西南印度洋的国际海底区域内 1 万平方公里的多金属硫化物勘探矿区。2013 年 7 月，国际海底管理局理事会核准了中国大洋协会提出的国际海底富钴结壳资源勘探矿区申请，该矿区位于西太平洋，面积为 3000 平方公里。2015 年 7 月，国际海底管理局理事会通过决议核准了中国五矿集团公司提出的东太平洋海底多金属结核资源勘探矿区申请；该矿区位于东太平洋克拉克恩—克利珀顿断裂带，面积近 7.3 万平方公里。至此，中国实体在国际海底区域获得了四块专属勘探矿区。

此外，2017 年 5 月中国大洋协会与国际海底管理局签署了《国际海底多金属结核矿区勘探合同延期协议》①。按照中国大洋协会与国际海底管理局签订的延期协议要求，5 年延期勘探工作是在中国大洋协会已经完成的 15 年勘探工作基础上的补充和完善，中国大洋协会将在东北太平洋的面积为 7.5 万平方公里“区域”内继续开展和完善合同区的勘探工作，其中重点补充合同区的环境基线数据、积极参与环境管理计划，优化深海采矿系统功能、研发多金属结核新一代冶炼技术；同时，继续跟踪分析多金属结核相关金属国际市场，研判多金属结核资源的商业开发时机。

第二，中国在国际海底区域“开采法典”制定过程中应发挥“引领国”的作用。所谓“引领国”是指中国应以发展中国家的共同利益为基础，在提升自身的国际海底资源开发技术的同时，引领并带动更多的发展中国家进行国际海底资源的勘探、开发，推动发展中国家之间的开放合作，以共同维

① 参见《中国大洋协会与国际海底管理局签署国际海底多金属结核矿区勘探合同延期协议》（2017 年 5 月 11 日），国家海洋局网站，http：//www.soa.gov.cn/xw/hyyw_ 90/201705/t20170511_ 56006.html。

护国际海底资源作为全人类共同继承财产的国际法属性[①]；此外，在国际海底区域法律制度的构建中，中国应继续坚持全人类共同继承财产原则，协调管理局成员国和相关利益攸关方的利益，推动有关规则的制定，进一步提升中国在“区域”资源开采活动中的国际话语权[②]。

其实，中国在国际海底区域“开采法典”制定过程中发挥“引领国”的作用，既是当今中国综合国力的必然要求，也符合国际社会的期待。如上所述，中国实体已经在“区域”获得了四块专属勘探矿区、三种资源的勘探权。同时，中国的国际地位在近几年得到了较大提升。例如，在经济方面中国是世界第二大经济体，目前中国的经济总量占全球经济总量的16.5%，对全球经济增长的贡献率达33%，中国现在是124个国家的第一大贸易伙伴，是美国（52个国家）的两倍多；在政治上中国是联合国安理会五大常任理事国之一，还是最大的发展中国家，在国际舞台上具有很大的政治影响力。此外，中国还是当今世界上最大的温室气体排放国、第一大石油进口国。有外国媒体指出，中国或成全球化进程中的“首席小提琴手”[③]。可见，国际社会也期盼中国能发挥更大的作用。

（二）中国对国际海底区域“开采法典”的完善建议

虽然中国大洋协会和中国五矿集团公司分别于2016年11月2日和2016年11月25日提交了对“开采规章”的评论意见，但是该评论意见并没有

① 2017年5月11日，中国国家海洋局局长王宏明确表示：中国政府“将一如既往地支持和参与国际海底管理局的工作，切实承担起国际海底管理局成员国的责任，共同推进国际海底活动规范化，同时持续支持发展中国家提升海底勘探能力建设，提升发展中国家的海洋科技水平”。参见《中国大洋协会与国际海底管理局签署国际海底多金属结核矿区勘探合同延期协议》（2017年5月11日），国家海洋局网站，http：//www.soa.gov.cn/xw/hyyw_90/201705/t20170511_56006.html。

② 参见李志文《我国国际海底资源开发法律制度中的地位探索》，《社会科学辑刊》2016年第6期，第41页；Michael W. Lodge, "The Common Heritage of Mankind," *the International Journal of Marine and Coastal Law* 27（2012）：738-740。

③ 参见〔德〕克里斯蒂安·盖尼茨《中国的后院》（2013年10月11日），德国《法兰克福汇报》网站，转引自参考消息网2013年10月14日报道，http：//column.cankaoxiaoxi.com/2013/1014/285901.shtml。

对外公开[①]。不过，中国政府在其他场合也发表过相关意见。例如，在2016年7月国际海底管理局第22届会议上，中国代表针对“开采规章”制定问题明确表示：第一，“开采规章”制定应体现可持续利用国际海底资源以造福全人类的精神，坚持以促进海底矿产资源勘探开发为导向，同时兼顾海洋环保；第二，“开采规章”制定应符合包括《联合国海洋法公约》在内的国际法，应从国际社会和大多数国家最迫切需要出发，有关标准应与产业和技术发展相适应，其制度安排要有充分的科学和事实依据；第三，“开采规章”制定涉及采矿、财务、环保、法律等领域，是一项艰巨复杂的系统工程，不能急于求成，应充分考虑国际社会整体利益及大多数国家特别是发展中国家利益，循序渐进、稳步推进；第四，注意到法技委的工作草案是过程文件，不代表法技委最终观点，中方将认真研究，以建设性态度参与相关工作[②]。

又如，2016年7月中国出席国际海底管理局第22届会议，中国代表团副团长高风在“‘区域’内矿产资源开采规章草案”议题下的发言中也指出：“‘开采规章’制定涉及采矿、财务、环保、法律等多个领域，是一项艰巨复杂的系统工程，其制定不能急于求成，而应充分考虑国际社会整体利益以及大多数国家特别是发展中国家的利益，循序渐进、稳步推进。”[③] 此外，2017年8月中国代表团在国际海底管理局第23届会议理事会“开采规章草案”议题下的发言中进一步指出，“开采规章应以鼓励和促进资源开发为导向，同时依法确保海洋环境不受重大损害”，“开采规章应与现阶段人类在“区域”的活动及认识水平相适应”，“开采规章应妥善处理好有关各方的权利义务关系”，“开采规章应统筹考虑缴费机制和收益分享机制，目

① See “Contributions to the working draft exploitation regulations”, available at https://www.isa.org.jm/files/documents/EN/Regs/DraftExpl/Comments/Comments_Listing.pdf.

② 参见中华人民共和国常驻国际海底管理局代表处《国际海底管理局第22届会议》，available at http://china-isa.jm.china-embassy.org/chn/hdxx/t1395674.htm。

③ 参见中华人民共和国常驻国际海底管理局代表处《中国出席国际海底管理局第22届会议代表团副团长高风在“‘区域’内矿产资源开采规章草案”议题下的发言》，available at http://china-isa.jm.china-embassy.org/chn/hdxx/t1388582.htm。

前开发规章草案中关于缴费机制部分已经提出了一些初步框架与构想，各方对缴费是采取权益金的方式，还是采取权益金与利润分成相结合的方式，还存在很大分歧。同时，收益分享机制仍在研究探讨之中。各方在讨论确定开发规章有关缴费机制和收益分享机制时，应严格遵循《联合国海洋法公约》和《执行协定》的基本原则，在协商一致的基础上加以确定”[①]。上述中国代表的发言，在某种程度上反映了中国政府对制定“开采规章”的基本立场与态度。

首先，对“开采规章”完善建议。笔者认为，中国大洋协会和中国五矿集团公司未就“开采规章”发表公开的具体意见，不但错失了一次展示中国应有立场的机会，而且也不利于中国在国际海底区域“开采法典”制定过程中发挥“引领国”的作用。因此，中国大洋协会和中国五矿集团公司不但应当公开其对“开采规章”的评论意见，而且要积极推动确立承包商在“开采规章”中的优势地位，从而有利于“区域”内矿产资源的商业化开采。

此外，中国政府还可以对“开采规章”的草案文本提出以下修改、完善建议：（1）第 1 条第 4 款，把“本规章不应以任何方式影响根据《联合国海洋法公约》第 87 条赋予的科学研究的自由，或者根据《联合国海洋法公约》第 143 条和第 256 条在‘区域’进行海洋科学研究的权利”修改为“海洋科学研究不能干扰采矿活动”；（2）第 13 条，明确规定承包商的专属权和优先权；（3）第14 条第 1 款，修改规定开采合同年限应超过 20 年；（4）第 18 条，增加“承包商在特定情况下，有对工作计划进行临时调整的权利”的规定；（5）第 23 条，规定“前期开采活动，应进行税费减免”；（6）第 53 条，删除“其他申请费用”的规定；（7）第 54 条，明确监督费用由管理局承担等。

其次，对“环境规章”完善建议。第一，中国大洋协会和中国五矿集

① 参见中华人民共和国常驻国际海底管理局代表处《中国代表团在国际海底管理局第 23 届会议理事会“开采规章草案”议题下的发言》（2017 年 8 月 24 日），available at http: // china-isa. jm. china-embassy. org/chn/hdxx/t1487167. htm。

团公司应站在维护承包商权益的立场上，就“环境规章”草案发表公开意见。第二，要求进一步明确“环境管理和监督计划”同其他的战略管理计划、区域管理计划的关系。第三，删除“环境保证金”的规定，将“财政保证金”“执行保证金”“环境保证金”合并为一项基金。第四，缩短各项研究、报告和计划的审查、反馈、公示期限。第五，对管理局要求信息开示的权力增加必要的限制。第六，去除环境研究、报告、计划中开具“适格专家证明”（Identify the Appropriately Qualified Experts）的规定。第七，设置“适应性管理制度”（Adaptive Management Approach）时，应充分考虑该项制度实施之后对承包商权益的救济方案，如为承包商设立保险基金、实施前组织适格专家对救济方案进行论证等。

（三）国际海底区域“开采法典”的制定与《中国深海法》的修改

中国政府高度重视规范国际海底区域资源勘探开发工作，并于2016年颁布实施了《中华人民共和国深海海底区域资源勘探开发法》（以下简称《中国深海法》）。目前中国政府正在研究制定一系列的配套规章制度，如《中华人民共和国深海海底区域资源勘探开发许可管理办法》[①]、《深海海底区域资源勘探开发资料管理办法》、《深海海底区域资源勘探开发样品管理办法》、《深海海底区域资源环境调查与评价管理办法》以及《中国深海法》配套制度总体设计规划等，以进一步推动《中国深海法》的有效实施。

随着国际海底区域“开采法典”的制定和“开采法典”相关内容的出台，《中国深海法》在以下方面还需进一步修改、完善。第一，第6条“国家鼓励和支持在深海海底区域资源勘探、开发和相关环境保护、资源调查、科学技术研究和教育培训等方面，开展国际合作”，补充增加“并适当给予其他较为落后的或地理条件不利的发展中国家以一定的便利”。第二，第7

① 2017年4月27日，《中华人民共和国深海海底资源勘探开发许可管理办法》以国家海洋局规范性文件形式印发，为中国公民、法人和其他组织向国际海底管理局申请矿区提供了进一步的制度保障。

条第 4 款“勘探、开发工作计划，包括勘探、开发活动可能对海洋环境造成影响的相关资料，海洋环境严重损害等的应急预案”，增加“应提交‘关闭计划’”。第三，第 8 条“国务院海洋主管部门应当对申请者提交的材料进行审查，对于符合国家利益并具备资金、技术、装备等能力条件的，应当在六十个工作日内予以许可，并出具相关文件。获得许可的申请者在与国际海底管理局签订勘探、开发合同成为承包者后，方可从事勘探、开发活动。承包者应当自勘探、开发合同签订之日起三十日内，将合同副本报国务院海洋主管部门备案。国务院海洋主管部门应当将承包者及其勘探、开发的区域位置、面积等信息通报有关机关”，建议修改“缩短审查的时限”。第四，第 12 条“承包者应当在合理、可行的范围内，利用可获得的先进技术，采取必要措施，防止、减少、控制勘探、开发区域内的活动对海洋环境造成的污染和其他危害”，修改增加“最佳可用科学证据”“基于生态系统的方式”“预防性措施”“最佳环境惯例”等指导原则。第五，第 13 条“承包者应当按照勘探、开发合同的约定和要求、国务院海洋主管部门规定，调查研究勘探、开发区域的海洋状况，确定环境基线，评估勘探、开发活动可能对海洋环境的影响；制定和执行环境监测方案，监测勘探、开发活动对勘探、开发区域海洋环境的影响，并保证监测设备正常运行，保存原始监测记录”，修改增加“制定‘关闭计划’”“制定‘减缓措施和替代方案’”“组建‘环境管理系统’”“所有的环境信息一般情况下应在承包者网站进行公示、遵守管理局的‘信息开示命令’”等。第六，第 19 条“国务院海洋主管部门应当对承包者勘探、开发活动进行监督检查”，修改为“国务院海洋主管部门和国际海底管理局可以进行监督”。第七，第 20 条“承包者应当定期向国务院海洋主管部门报告下列履行勘探、开发合同的事项：勘探、开发活动情况，环境监测情况，年度投资情况，国务院海洋主管部门要求的其他事项”，修改增加“减缓措施的成效”“关闭计划的履行状况”“环境事件报告”。第八，第 22 条“承包者应当对国务院海洋主管部门的监督检查予以协助、配合”，修改为“承包者应当对国务院海洋主管部门和国际海底管理局的监督检查予以协助、配合”。第九，第 28 条“深海海底区域资源开发活动涉税事项，依照中华人民共和国税收法律、行政法规的规定执行”，修改增加“依照‘开采规章’，按时向国际海底管理局缴纳税费”。第十，增加兜底条款“承包者应当遵守国际海底管理局制定的深海‘开采法典’、指导纲领、做出的决定和发布的命令等”，这一规定有利于树立中国在国际海底区域法律制度构建中的“引领国”地位。

中国与周边能源共同体的构建

杨泽伟*

近年来，中国外交理论与实践有两个重要特点：一是中国领导人频繁使用“命运共同体”的概念；二是重视周边外交。从某种意义上说，“‘命运共同体’已成为新时期中国外交理论和实践创新的一面旗帜，也成为中国构建周边战略的主要抓手”。同时，中国已成为全球最大石油进口国。因此，探讨中国与周边能源共同体构建的法律基础及实现路径，无疑具有重要的理论价值和现实意义。

一　中国与周边能源共同体构建的背景与意义

中国与周边能源共同体主要是指中国与周边国家在相互尊重与平等协商的基础上，为促进相互在能源领域的长期合作、维护地区能源安全而成立的区域性国际合作机构。

（一）中国与周边能源共同体是“人类命运共同体”的重要组成部分

早在2011年，中国国务院新闻办发布的《中国的和平发展》白皮书就首次出现了“命运共同体”一词。2017年1月，习近平主席在日内瓦万国宫出席“共商共筑人类命运共同体”高级别会议，发表了题为《共同构建人类命运共同体》的主旨演讲，深刻、全面、系统地阐述了“人

* 杨泽伟，法学博士，武汉大学国际法研究所教授，博士生导师，武汉大学珞珈杰出学者，研究方向：国际公法、海洋法、国际能源法。

类命运共同体理念”[①]。然而，“打造人类命运共同体，构建周边命运共同体是首要”[②]。因为“无论从地理方位、自然环境还是相互关系看，周边对我国都具有极为重要的战略意义；思考周边问题、开展周边外交要有立体、多元、跨越时空的视角”[③]。因此，构建中国与周边能源共同体就是这种立体、多元和跨越时空视角的体现，也是构建周边命运共同体的重要内容，同时还是“迈向亚洲命运共同体、推动建设人类命运共同体”[④] 的重要一环。

（二）中国与周边能源共同体的构建是实现“一带一路”倡议的助推器

中国与周边能源共同体的构建，无疑有助于“一带一路”倡议的推进。事实上，“一带一路”倡议有着极其丰富的内涵，而能源合作是其最为现实和迫切的选择之一。特别是 2014 年上海亚信会议一系列油气、电力合作项目的签署，表明能源合作项目已经成为建设“丝绸之路经济带”的龙头和引擎。

（三）中国与周边能源共同体的构建有利于保障中国能源安全、实现中国的“能源革命”

目前中国能源安全主要面临结构性问题和管理性制度困境两大挑战[⑤]。中国已是世界第一大煤炭进口国、第一大石油进口国和第一大温室气体排放国[⑥]。因此，如何保障中国能源安全，已成为中国政治、经济、外交、军事

① 参见习近平《共同构建人类命运共同体——在联合国日内瓦总部的演讲》，人民网，http：//politics. people. com. cn/n1/2017/0119/c1001-29033860. html。

② 许利平等：《中国与周边命运共同体：构建与路径》，社会科学文献出版社，2016，第 176 页。

③ 《习近平在周边外交工作座谈会上发表重要讲话》，《人民日报》2013 年 10 月 26 日。

④ 习近平：《迈向命运共同体开创亚洲新未来》，《人民日报》2015 年 3 月 29 日。

⑤ 参见杨泽伟《中国能源安全法律保障研究》，中国政法大学出版社，2009，第 18~23 页。

⑥ 参见史丹等《中国能源安全结构研究》，社会科学文献出版社，2015，第 4~9 页。

和科技等领域的一个重要课题。事实上，目前正在进行的“能源革命”将涵盖“能源供给革命”、“能源技术革命”、“能源消费革命”和“能源体制革命”等诸多方面。建立中国与周边能源共同体，有利于全方位加强国际合作，从而实现开放条件下的中国能源安全。

值得注意的是，构建中国与周边能源共同体，已成为不少亚洲国家的共识。2016 年 9 月在符拉迪沃斯托克召开的东方经济论坛上，俄罗斯再次重提建立“亚洲能源圈”的倡议，俄罗斯总统普京还提议建立负责这一项目的政府间工作小组①。诚如泰国前副总理素拉杰所指出的：“今天，命运共同体这个具有哲学高度的概念唤起亚洲人的共鸣……亚洲应该迈向一个新未来，忘却历史恩怨、追求和平发展的未来。”②

二　中国与周边能源共同体构建的法律依据

中国与周边能源共同体构建的法律依据主要包括国际条约、双边协定以及一般法律原则等。

（一）国际条约

除了一般性国际条约如《联合国宪章》《联合国海洋法公约》等，作为中国与周边能源共同体构建的法律依据以外，与此更密切相关的国际条约主要有以下三个。

第一，《能源宪章条约》（*Energy Charter Treaty*）。1998 年生效的《能源宪章条约》，是为了建立一个开放、竞争的能源原材料和能源产品市场，并为其他有关的能源活动制定共同的“游戏规则”。目前，已有包括阿富汗、哈萨克斯坦、吉尔吉斯斯坦、土库曼斯坦、蒙古国、俄罗斯和日本共 7 个中

---

① 参见俄罗斯《独立报》2016 年 9 月 5 日报道，转引自《参考消息》2016 年 9 月 6 日。

② 《泰国前副总理素拉杰：让“一带一路”沿线国跟上中国节奏》，转引自石源华《中共十八大以来中国周边外交研究报告》，社会科学文献出版社，2016，第 32 页。

国周边国家在内的 54 个成员方签署了该条约[①]，由此它也成为能源领域全世界参加国家最多的多边条约。目前，虽然中国还不是《能源宪章条约》的成员方[②]，但是该条约对成员方在能源投资、能源贸易、能源过境运输以及能源争端解决程序等方面应承担的法律义务的详细规定，体现了能源领域习惯国际法规则的发展动向，“开创了国际能源合作的新天地”[③]，因而可以作为构建中国与周边能源共同体的法律基础。

第二，《国际能源宪章》（*International Energy Charter*）。2015 年 5 月在荷兰海牙缔结的《国际能源宪章》是一个政治意向性声明，没有法律约束力，但是该宪章是为了更好地反映能源行业的最新现实，特别是发展中国家（包括新兴经济体）的增长量，并照顾能源宪章现有和潜在参与方的利益，加强国际合作，共同应对国家、区域及国际级能源的相关挑战[④]。截止到 2017 年 7 月，包括中国在内的近 90 个国家和国际组织签署了该宪章。因此，《国际能源宪章》在某种程度上代表了能源领域习惯国际法的发展趋势，也可以作为构建中国与周边能源共同体的法律基础。

第三，《东北亚能源共同体宪章》。1951 年 4 月，法国、联邦德国、意大利、荷兰、比利时、卢森堡六国在“舒曼计划”的基础上，签订了《欧洲煤钢共同体条约》，正式成立了“欧洲煤钢共同体”[⑤]。后来，西欧各国又建立了“欧洲原子能共同体”。中国与周边国家也可以参考《欧洲煤钢共同体条约》和《欧洲原子能共同体条约》，签订“亚洲能源共同体宪章”

---

① See http：//www. energycharter. org/process/energy-charter-treaty-1994/energy-charter-treaty/，last visited on February 10，2017.

② 近年来中外学者对于中国是否应当加入《能源宪章条约》进行了不少讨论。参见单文华等《“一带一路”建设背景下中国加入〈能源宪章条约〉的成本收益分析》，《国际法研究》2016 年第 1 期，第 39~60 页；〔日〕淀川诏子等《发展的机遇：中国、中亚和〈能源宪章条约〉》，《国际法研究》2016 年第 1 期，第 16~38 页；Sheng Zhang，“Energy Charter Treaty and China：Member or Bystander?” *The Journal of World Investment & Trade* 13（2012）：597。

③ 白中红：《〈能源宪章条约〉争端解决机制研究》，武汉大学出版社，2012，第 21 页。

④ See http：//www. energycharter. org/process/international-energy-charter - 2015/overview/，last visited on February 10，2017.

⑤ 参见曾令良《欧洲联盟法总论》，武汉大学出版社，2007，第 8 页。

(Charter of Asian Energy Community)。“亚洲能源共同体宪章”作为“中国与周边国家能源共同体”的组织法，内容可以包括序文、宗旨与原则、成员的资格及权利与义务、组织结构、职权范围、活动程序、决议的履行方式及监督机制、贸易条款（包括国际市场、与贸易有关的投资措施、竞争政策、技术转让等）、投资的促进与保护条款、争端解决以及其他杂项条款等[①]。

此外，《上海合作组织成员国长期睦邻友好合作条约》与2016年3月俄罗斯电网公司、日本软银公司、中国国家电网公司和韩国电力公社在北京签署的《东北亚电力联网合作备忘录》[②] 等，也可以作为构建中国与周边能源共同体的法律基础。

（二）双边协定

近年来，中国与周边国家签订的许多有关能源合作的协定，也是构建中国与周边能源共同体的重要法律依据。例如，1997年《中哈两国政府关于在石油天然气领域合作的协议》、2004年《中哈关于在油气领域开展全面合作的框架协议》、2008年《中哈关于在天然气及天然气管道领域扩大合作的框架协议》、2013年《关于中哈原油管道扩建原则协议》、2014年《中哈管道出口原油统一管输费计算方法及各段所有者管输费收入分配方法协议》和《中俄东线天然气合作项目备忘录》等。

（三）一般法律原则

一般法律原则主要是指适用于石油、天然气、电、煤等能源贸易活动的，且被大多数国家承认的一般法律原则，如约定必须信守原则、善意原则等。一般法律原则是构建中国与周边能源共同体的法律依据的重要组成部分。

---

① 参见杨泽伟《中国能源安全法律保障研究》，中国政法大学出版社，2009，第69页。

② 参见俄罗斯《独立报》2016年9月5日报道，转引自《参考消息》2016年9月6日。

三　中国与周边能源共同体构建的基本原则

中国与周边能源共同体的构建，应当坚持以下基本原则。

（一）互利原则

即从中国周边国家乃至整个亚洲地区的能源安全保障出发，兼顾各方利益和关切，寻求利益契合点和合作最大公约数，采取维护共同利益的措施，如协调各成员国的能源政策，建立区域性油气储备和应急反应机制、油气期货、油气过境运输制度等①。

（二）互补性原则

即利用中国与周边国家在能源领域的各自优势，取长补短，寻求多方共赢，如共同研究制定税收以及节能和提高效率的措施，区域天然气贸易和发展液化天然气计划，合作开发利用可再生能源资源，建立能源新技术的研究与发展，对能源与环境的关系采取应有的行动，减少矿物燃料对环境的影响，对较干净的燃料进行研究，确保核电安全等。

（三）平等合作原则

即中国与周边国家在公平、自愿的基础上进行能源领域的最广泛合作，如开展油气市场情报和协商制度，以便使油气市场贸易稳定和对油气市场未来发展有较好的信心；加强与油气生产国和其他油气消费国的关系，考察非成员国的油气情况；定期对世界能源前景做出预测，供成员国参考；保护能源运输通道的安全等。

---

① 日本学者 Kensuke Kanekiyo 提出了“共赢原则”（co-prosperity rule）。See Kensuke Kanekiyo, Toward Energy Cooperation in Northeast Asia, the Institute of Energy Economics Japan, March 2003, available at http: // eneken. ieej. or. jp/en/data/pdf/189. pdf, last visited on February 11, 2017.

（四）和平解决国际争端原则

中国与周边国家在国际能源合作过程中，难免会出现分歧、产生争端，关键是利用什么方法、如何解决这些国际争端。因为和平解决国际争端原则不但是国际法基本原则，而且是国际强行法规则，所以中国与周边能源共同体的构建应当坚持和平解决国际争端原则，运用政治或法律的方法而非武力的方法，解决国家间的矛盾和分歧。

四　中国与周边能源共同体合作的主要领域

中国与周边能源共同体的构建，能够进一步推动和促进以下能源领域的合作。

（一）保障能源供应安全

随着国际能源秩序的变革，目前世界油气消费重心正由发达国家转向以中国、印度为主的亚太地区。近 20 年来，随着中、印等国经济的快速发展，其油气消费量也增长迅猛。当今亚太地区的石油需求量已占世界石油消费总量的 25%。另外，国际能源机构也预测，从现在到 2035 年全球能源需求将增长 1/3 以上，其中 60%的需求增长来自中国、印度等亚洲国家，印度将于 2020 年超过日本成为世界第三大油气进口国①。此外，日本、韩国的石油消费几乎百分之百依靠进口，并且分别是世界第三大、第七大石油消费国，还分别是世界第一大、第二大天然气进口国。值得注意的是，按照 2014 年初俄罗斯能源部公布的《俄罗斯 2035 年前能源战略草案》预测，东向（出口中国、日本、韩国和印度等）份额在俄天然气总出口的比重将从 2010 年的 6%增至 2035 年的 32.5%。特别是，中俄两国东线和西线天然气管道开通

① See International Energy Agency, *World Energy Outlook* 2012, available at http: //www.worldenerg-youtlook.org/publications/weo-2012/#d.en.26099.

后，中国将超过德国成为俄罗斯最大的天然气买家[①]。可见，中国与周边国家间在能源供应安全方面的合作大有可为。

（二）保护能源运输安全

一方面，自2001年“9·11”事件以来，海上恐怖活动接连在世界范围内发生，海盗活动也十分猖獗，这严重影响了能源海上通道的安全。中、日、韩三国还受到了所谓“马六甲困局”的制约。另一方面，鉴于俄罗斯和中亚等地的石油和天然气通过管道网络输送已成为中国周边国家的重要能源供应来源[②]，因而油气管道安全、油气管道过境运输等也就成为中国周边国家考虑的重要事项。而油气管道沿线出现的任何紧张和骚乱形势将阻碍运输和分配，这就需要中国与周边国家采取安全合作措施保障油气运输管道的畅通。

（三）加强新能源的开发利用

鉴于传统化石能源的大量消耗、环境问题的日益严重和应对气候变化的迫切需要，近年来新能源的地位不断上升，并获得快速发展。早在2011年初，全球就已有119个国家制定了新能源发展目标或刺激计划[③]。在过去5

① 参见许利平等《中国与周边命运共同体：构建与路径》，社会科学文献出版社，2016，第77页。

② 2006年5月，哈萨克斯坦—中国石油管道正式供油，这是中国首次通过管道获得石油。此外，中国—中亚天然气管道分A、B、C、D四条线，联通了中国与中亚多国。同时，中缅油气管道已经建成（2013年中缅天然气管道开始输气、2017年长达770公里的中缅原油管道也正式开通）、俄罗斯通往太平洋（包括通往中国东北的支线）的油管也已基本建成。另外，修建从印度加尔各答经缅甸到中国云南的输油管道计划，以及从伊朗经巴基斯坦—印度—缅甸到中国的天然气管线的计划也都在讨论中；印度政府还提出建设从俄西伯利亚经过哈萨克斯坦和中国新疆到印度的油气管线计划；有韩国学者还提议修建中亚经中国大陆、通过黄海到达韩国的油气管道。See Glada Lahn and Keun-Wook Paik, *Russia's Oil and Gas Exports to North-East Asia*, 2005. http：//www. dundee. ac. uk/cepmlp/journal/html/volme15. html.

③ 参见张良福《中国，替代美国守卫霍尔木兹海峡？——悄然变动的国际能源格局》，《世界知识》2012年第24期，第20页。

年时间里，全球 20 大经济体的太阳能和风能发电比例增长了 70%以上，中国成为全球最大的清洁能源市场[①]。上述新能源快速增长的趋势，为中国与周边国家的合作提供了新的契机。

（四）促进“互联网+”智慧能源的发展、建立能源互联网国际合作机制

在全球新一轮科技革命和产业变革中，互联网理念、先进信息技术与能源产业深度融合，正在推动能源互联网新技术、新模式和新业态的兴起。“互联网+”智慧能源（简称“能源互联网”）是一种互联网与能源生产、传输、存储、消费以及能源市场深度融合的能源产业发展新形态，具有设备智能、多能协同、信息对称、供需分散、系统扁平、交易开放等主要特征[②]。能源互联网对于促进化石能源清洁高效利用、提升能源综合效率、推动能源市场开放、产业升级以及提升能源国际合作水平等，具有重要意义。为此，中国与周边国家可以通过建立“能源互联网国际合作机制”，推动建设智能化能源生产消费基础设施、加强多能协同综合能源网络建设、推动能源与信息通信基础设施深度融合、营造开放共享的能源互联网生态体系、发展智慧用能新模式、发展能源大数据服务应用等。

（五）推动国际能源秩序的变革

虽然中国与周边国家的石油消费规模同欧美相当，但是能源联系与合作远远落后于欧美，在国际能源市场中的话语权也较弱。众所周知，目前国际原油价格体系主要有两种：一种在欧洲，交易原油基本上都参照英国北海布伦特（Brent）轻质原油定价，其主要交易方式为伦敦国际石油交易所

① 《在减少化石燃料使用的过程中，可再生能源增加了 70%》，（英国）《金融时报》网站，2016 年 8 月 14 日，转引自《参考消息》2016 年 8 月 16 日。

② 参见国家发改委、国家能源局、工业和信息化部《关于推进“互联网+”智慧能源发展的指导意见》（2016 年 2 月 29 日），中国国家能源局网站，http：//www.nea.gov.cn/2016-02/29/c_ 135141026.htm。

(International Petroleum Exchange) 交易；另一种在北美，原油定价主要参照美国西德克萨斯中间基原油 WTI（West Texas Inter-medium）定价，其主要交易方式为 NYMEX 交易所交易[①]。然而，作为世界第二大石油消费国和第一大石油进口国的中国，被排斥在原油定价机制之外，自己没有原油定价权，只能被动地接受国际油价。因此，中国与周边国家应抓住国际能源秩序急剧变化的有利时机，着手建立以中国与周边国家为中心的国际石油和能源市场，增强油价影响力，消除现存的“亚洲溢价”（Asia Premium）[②] 现象，积极推动国际能源新秩序的早日建立。

五　中国与周边能源共同体实现的路径

（一）建立中国与周边能源共同体的主要障碍

目前中国与周边能源共同体的建立还处于构想、探索阶段。在当今国际关系的背景下，要想建立这样一个区域性国际能源合作机构，还面临不少困难。

第一，中国周边的安全形势不容乐观。一方面是恐怖主义的威胁。在中国周边，中亚、南亚一直被视为“反恐”的重点防范区域。例如，印度、巴基斯坦、斯里兰卡、孟加拉国和尼泊尔都面临严重而复杂的各类恐怖主义威胁。有资料统计，从 1998 年到 2007 年南亚地区共发生恐怖事件 4575 起，占同期世界恐怖事件总数的 19%；死亡 655 人，占同期世界恐怖事件死亡人员总数的 15%[③]。此外，在中亚，恐怖主义还与极端主义、分离主义、毒品走私及跨国有组织犯罪相连。另一方面是冷战安全结构的消极影响。例如，东北亚的朝核问题，特别是美、日、韩军事安全同盟的存在及不断加强，与

---

① 参见查道炯《中国石油安全的国际政治经济学分析》，当代世界出版社，2005，第 252~253 页。

② Barry Barton etc. ed., *Energy Security: Managing Risk in a Dynamic Legal and Regulatory Environment* (Oxford University Press, 2004), p. 427.

③ 参见张家栋《当代南亚恐怖活动状况》，《南亚研究》2009 年第 2 期，第 23 页。

这种残存的“冷战”安全结构密切相关，并成为影响东北亚安全形势的重大因素。

第二，领土和海洋权益争端。虽然中国与周边的其他 12 个陆上邻国已经划定了边界线，但是与印度还存在领土争议，与不丹的边界线也尚未划定。特别是，中国与 8 个海上邻国的边界线均未划定，且与日本存在钓鱼岛主权争议与其他一些南海声索国存在南沙岛礁的争议。此外，中国周边国家之间也存在领土和海洋权益争端，如印度和巴基斯坦间的克什米尔领土争端、日本和韩国之间的竹岛（独岛）争端，以及南海声索国之间的南海岛屿主权和海域划界争端等。这些问题如果得不到妥善解决，无疑会影响彼此间的合作。

第三，美国因素的消极作用。近年来，随着美国“重返亚太”“亚太再平衡”等战略的实施，美国更频繁和深入地介入中国周边事务，可以说几乎在所有中国与周边国家的领土纠纷中都有美国的影子。一方面，美国的亚太盟友和战略伙伴对美国在中国周边地区的存在和介入有较高的期望。另一方面，从美国的全球战略利益来讲，美国也希望中国与周边国家间的关系保持现状，而不愿意看到该地区力量对比发生变化，更不愿看到中国与周边国家成为一个整体。可见，美国的国家利益以及中国周边国家对美国的强大依赖，势必会对中国与周边能源共同体的建立产生消极影响。诚如日本国际政治学者猪口孝在评论东北亚共同体与美国的关系时所指出的：“如果包括美国，共同体不可能健康地发展；但若排除美国，共同体建设可能会推迟和被削弱。”①

（二）中国与周边能源共同体的前景

综上可见，中国与周边能源共同体的构建还有不少障碍需要克服，因而建立这样一个区域性的国际能源合作机构可能尚需时日。尽管如此，中国与

---

① 〔日〕猪口孝：《亚洲太平洋世界》，东京筑摩书房，2002，第 279 页，转引自孙承《日本与东亚：一个变化的时代》，世界知识出版社，2005，第 501 页。

周边国家应本着相互尊重、和谐包容、互利共赢的共建原则，采取以下步骤，以推动“中国与周边能源共同体”的早日建立。

第一，进一步发挥现有的国际合作机制的作用。目前中国与周边国家已有不少国际合作机制，如上海合作组织、亚洲基础设施投资银行、东盟与中日韩（“10+3”）合作机制、中国—东盟（“10+1”）合作机制、中亚区域经济合作、亚太经合组织、亚欧会议、亚洲合作对话、亚信会议、大湄公河次区域（GMS）经济合作等。此外，《区域全面经济伙伴关系协定》也正在推进中。因此，中国与周边能源共同体的构建，不应排斥上述国际合作机制，而是应充分利用现有的国际合作机制，极力打造“休戚与共、安危共担的命运共同体”，不断加强利益融合，逐渐形成“你中有我、我中有你的利益共同体”①。

第二，增进互信培养中国与周边能源共同体的意识。毋庸讳言，近年来“中国与某些周边国家的‘信任赤字’有增加趋势，这典型地反映在日本、菲律宾、越南等几个与中国有历史或领土纠纷的国家之间”②。因此，增进中国与周边国家间的互信，是建立中国与周边能源共同体的重要步骤。在此基础上，中国与周边国家还应在亚洲多元文化中寻找共性，树立地区内共同文化价值观，建立中国与周边国家文化圈，从而逐步培养中国与周边能源共同体的意识。值得注意的是，中国倡导的“人类命运共同体”理念获得越来越多的国家的赞同。2017 年 2 月，联合国决议首次载入“构建人类命运共同体”理念③。联合国社会发展委员会在第 55 届会议通过的“非洲发展新伙伴关系的社会层面”④ 决议中，呼吁国际社会本着合作共赢和构建人类

① 习近平：《弘扬上海精神、巩固团结互信、全面深化上海合作组织合作——在上海合作组织成员国元首理事会第十六次会议上的讲话》（2016 年 6 月 24 日），新华社，http：//news. xinhuanet. com/politics/2016-06/24/c_ 1119108815. htm。

② 许利平等：《中国与周边命运共同体：构建与路径》，社会科学文献出版社，2016，第 4 页。

③ 参见《联合国决议首次写入“构建人类命运共同体”理念》（2017 年 2 月 11 日），人民网，http：//world. people. com. cn/n1/2017/0211/c1002-29074217. html。

④ See the Commission for Social Development of the UN，Social Dimensions of the New Partnership for Africa’s Development，available at https：//www. un. org/development/desa/dspd/united-nations-commission-for-social-development-csocd-social-policy-and-development-division/csocd55. html.

命运共同体的精神，加强对非洲经济社会发展的支持。

第三，坚持循序渐进原则。因为中国与周边国家关系的复杂性，所以中国与周边能源共同体的构建可以分阶段进行。首先，从成员国来讲，在中国与周边能源共同体成立之初，可借鉴欧洲共同体、上海合作组织的经验，由几个国家共同发起，之后再慢慢吸收其他周边国家参加，从而逐步建成真正的中国与周边能源共同体。其次，就合作领域而言，先开展油气合作，以后逐渐扩展到电力、煤炭、核能、可再生能源等“大能源”领域。最后，重视发挥战略支点作用，如“中巴经济走廊”、“孟中印缅经济走廊”、“中国—东盟命运共同体”① 以及“中日韩自贸区”等，并以此带动其他周边国家，从而真正实现“共赢”。

总之，如果中国与周边国家能够在能源这个关系到国家发展命脉的战略性问题上加强合作，在建立中国与周边国家能源共同体上迈出积极的一步，那么它将进一步深化中国与周边国家间的合作关系，有力地推动亚洲的一体化进程，从而最终实现建设“人类命运共同体”的目标。

① 参见习近平《迈向命运共同体　开创亚洲新未来》，《人民日报》2015 年 3 月 29 日。

中国与国际人权法治

彭芩萱*

2017 年，中国在促进国际人权法治方面全面迈入了一个新时代。

一　促进人权保障法治化写入党的十九大报告，将人权保障与法治紧密结合

中共十八大以来的新一代领导集体将尊重和保障人权置于社会主义法治国家建设更加突出的位置，开启了中国人权法治化建设的新时代。2017 年 10 月 18 日，中国共产党第十九次全国代表大会上，习近平总书记在十九大报告中三次提到要更好推动、不断促进“人的全面发展”，鉴于此，需要“加强人权法治保障”“深化依法治国实践”“坚持厉行法治，推进科学立法、严格执法、公正司法、全民守法”①。2017 年的《中国人权法治化保障的新进展》白皮书则进一步提出要“全面依法治国，全方位提升人权保障法治化水平，保证人民享有更加充分的权利和自由，努力实现社会公平正义，更好推动人的全面发展、社会全面进步”②。2017 年两会期间最高法院院长周强所做的《最高人民法院工作报告》也提出“加强人权司法保障”“依法保障被告人、被害人各项诉讼权利”的司法理念，并将其作为法院系统工作的原则③。可以说，党的十九大报告为新时代中国的人权保障法治化

* 彭芩萱，武汉大学国际法研究所博士后，研究方向：国际公法。

① 参见习近平《决胜全面建成小康社会夺取新时代中国特色社会主义伟大胜利》，中国共产党第十九次全国代表大会，2017 年 10 月 18 日。

② 参见国务院新闻办公室《中国人权法治化保障的新进展》白皮书，2017 年 12 月 15 日。

③ 参见周强《最高人民法院工作报告》，十二届全国人大五次会议，2017 年 3 月 12 日。

进程奠定了基调，白皮书总结了新时代以来中国在人权法治化进程中的重要进展，工作报告则从司法保障人权的角度展望了未来法院工作的努力方向。

二　促进南南人权合作，加强跨区域人权经验交流

除了关注中国自身在人权领域的发展，中国还积极促进国际社会，尤其是发展中国家在发展人权方面的进步。2017 年 12 月 7 日，由国务院新闻办公室和外交部共同举办的首届“南南人权论坛”揭开帷幕，来自 70 多个国家和国际组织的 300 余位官员、学者代表出席了这次论坛，并讨论通过了《北京宣言》。宣言指出，“南南合作是促进发展中国家发展和人权进步的重要途径。南南国家之间应以同舟共济、权责共担、互帮互助、合作共赢的精神，坚持以团结促合作，以合作促发展，以发展促人权，努力实现更加充分的人权保障。国际社会应本着平衡、包容、普惠和可持续的原则，积极支持发展中国家加快发展，不断提高发展中国家人权保障水平”[①]。可以说，宣言和共识的达成为中国和发展中国家共同落实人权发展战略注入了强劲的动力。

在论坛的开幕式上，国家主席习近平发来贺信强调“全球人权事业发展离不开广大发展中国家共同努力，希望国际社会本着公正、公平、开放、包容的精神，尊重并反映发展中国家人民的意愿，促进发展中国家人民享有更加充分的人权，实现全人类共同繁荣发展”。同时指出，“当今世界，发展中国家人口占 80%以上。人权事业必须也只能按照各国国情和人民需求加以推进。发展中国家应该坚持人权的普遍性和特殊性相结合的原则，不断提高人权保障水平。中国人民愿与包括广大发展中国家在内的世界各国人民同心协力，以合作促发展，以发展促人权，共同构建人类命运共同体”[②]。

① 首届“南南人权论坛”《北京宣言》（2017 年 12 月 8 日），新华网，http：//www.xinhuanet.com/world/2017-12/08/c_1122081753.htm。

② 《习近平致首届“南南人权论坛”的贺信》（2017 年 12 月 7 日），新华网，http：//www.xinhuanet.com/2017-12/07/c_1122073544.htm。

之后，中宣部部长黄坤明和外交部部长王毅分别在开幕式上致辞，体现了中国高层对南南人权合作、共建人类命运共同体的高度重视。

论坛以分组发言的形式就以下几个方面的人权主题进行了深入的探讨①，也进一步确认了中国在这些人权的保障和推进方面做出的贡献和提供的经验，以及未来南南人权合作的工作重点所在。

第一，构建人类命运共同体与促进全球人权治理。习近平总书记提出的构建人类命运共同体的理念从人类社会发展整体性和相互依存的角度来思考世界人权事业发展，倡导建立更加公正合理的国际人权治理体系，体现了中国作为崛起的大国，主动承担起应对人类共同挑战、创造全人类美好生活的责任。针对这一主题，国内外人权研究机构都举办了相关研讨会进行深入探讨并为该论坛的成功举办铺垫了基础：南开大学人权研究中心于 2017 年 6 月 8 日举办了“构建人类命运共同体与全球人权治理”理论研讨会、中南大学人权研究中心于 2017 年 11 月 22 日举办了“构建人类命运共同体，促进人的全面发展”国际研讨会、山东大学人权研究中心于 2017 年 12 月 6 日举办了第六届跨文化人权国际研讨会等。

第二，包容性发展和南南人权的实现。包容性发展理念，就是“让发展带来的利益和好处惠及所有国家和人民，就是要让人民公平地享有发展机会，享受发展的成果”。这一理念的提出主要是基于全球化过程中国家间、国家内部不同人群间发展不平衡的现实，并认识到全球经济发展并没有完全惠及弱势群体和底层民众。包容性发展的提出，就是在充分考虑大多数南方国家的历史、现实的基础上，通过南南人权合作，将中国愿意与南方国家共同发展、携手共进、促进人权的诚意和决心落到实处。

第三，南南国家教育权的保障。教育权得到保障和落实，是发展中国家的共同关切。欲求个人发展和民族进步，就必须重视教育，让每一个孩子都有读书的机会。来自世界银行教育局的哈里·帕齐诺先生认为，改革开放以来，中国在教育事业上取得的成就和进步让世界为之瞩目，中国在教育权落

---

① 国务院新闻办、外交部：《南南人权论坛会议手册》，参会资料，2017 年 12 月 7 日。

实方面的经验可以更多地与南方国家分享。

第四，南南国家减贫及粮食权问题。根据联合国千年发展目标，排在第一项的就是“消灭极端贫穷和饥饿”。不可否认，粮食权和获得粮食安全的权利是一项重要的人权。但是目前全球有8.15亿人面临食物不足的情况，在冲突频发的地区，情况更为恶劣。中国能够让数以千万计的人口脱贫并持续开展精准扶贫生态发展的政策与计划，这一点值得广大发展中国家学习。作为减贫事业和国际人权事业的倡导者、实践者、推动者，中国还对贫困国家伸出援助之手，加强减贫和人权事业的经验分享，并致力于通过南南合作，共同实现《联合国2030年可持续发展议程》。

第五，中国与南南合作对推进世界人权事业发展的重要作用。该论坛就中国在推进南南人权合作和世界人权事业进展过程中的角色进行了分析。从理论上说，中国在减贫、教育、基础设施建设、卫生、医疗、安全等方面的发展经验，对发展中国家都具有良好的借鉴意义；在实际行动层面上，中国设立了南南合作援助基金、南南合作与发展学院，为“一带一路”沿线国家提供600亿元人民币援助以及提供20亿元人民币紧急粮食援助等，切实提高了受援助国家人民的生活水平。随着中国综合实力的不断强大和南南人权合作的深入推进，中国应该并且能够在保障人权和实现人权方面起到引领的作用。

第六，南南国家健康权的实现。中国政府为全体人民提供了包括预防、治疗、康复、长期护理、健康促进等在内的健康服务，以保障全体公民的健康权，为南南国家保障本国人民的健康权提供了优秀典范。同时，作为世界人权事业的重要推动力量，中国愿通过南南合作，分享经验，为南南国家健康权的实现提供更多的公共产品。

三　高度重视国际人权条约的批准和履行工作

中国高度重视国际人权公约的批准和履行工作，并且已参加包括《经济、社会及文化权利国际公约》《儿童权利公约》《残疾人权利公约》《消除对妇女一切形式歧视公约》《消除一切形式种族歧视国际公约》《禁止酷刑和其他残忍、不人道或有辱人格的待遇或处罚公约》等26项国际人权公约，并积极为批准《公民权利和政治权利国际公约》创造条件。中国重视国际人权文书对促进和保护人权的重要作用，认真履行条约义务，及时向相关条约机构提交履约报告，与条约机构开展建设性对话，并充分考虑条约机构提出的建议与意见，结合中国国情对合理可行的建议加以采纳和落实。

作为国际劳工组织的创始成员国，中国每年均派代表团出席各种会议，并积极参与该组织在国际劳工立法和技术合作方面的活动。至今，中国共批准了25项国际劳工公约并将公约落实到国内法律法规中。2017年3月27日，中国政府、工会组织和雇主组织三方与国际劳工组织共同签署《中国体面劳动国别计划2016-2020》（DWCP）①。计划列明了未来五年中国的重点工作以及中国与国际劳工组织的合作领域，并确认了三个重要方向：（1）提高就业的数量和质量；（2）推进并扩大社会保障；（3）加强法制建设，恪守根本原则，保护基本工作权利②。新时代中国将在与国际劳工组织的合作互信中加强劳工标准的落实和劳动者权利的保护，并将这些标准落实到法治层面，推动“人权保障法治化”深入发展。

四　作为人权理事会成员，积极推动全球人权治理和对话

1. 积极参与全球人权治理

2017年是中国第三次当选人权理事会成员（任期为2017~2019年）的元年，在与联合国人权机制的互动上比2016年更有所作为，这表现在以下几个方面。

---

① 参见国际劳工组织《国际劳工组织与中国共同签署2016-2020年体面劳动国别计划》，2017年3月28日，http：//www.ilo.org/beijing/information-resources/public-information/press-releases/WCMS_ 549139/lang--zh/index.htm。

② 参见国际劳工组织《中国体面劳动国别计划2016-2020》，2017年3月28日。

2017年1月18日，习近平主席在日内瓦联合国总部发表题为《共同构建人类命运共同体》的重要演讲，深刻阐释了构建人类命运共同体重大理念，引发国际社会广泛关注和热烈反响。“主权平等、对话协商、合作共赢、交流互鉴、绿色发展”① 等理念受到国际社会高度认同，并已先后载入联合国决议、联合国安理会决议和联合国人权理事会决议等②，标志着人类命运共同体理念成为国际人权话语体系的重要组成部分。

2017年2月27号，在日内瓦举行的联合国人权理事会第34次会议“人权主流化年度高级别专题讨论会”上，中国外交部人权事务特别代表刘华代表非洲国家和中国，作题为“维护和平，促进和保护人权”的共同发言，强调和平是促进和保障人权的根本前提和基础，并提出五点主张：“一是建立平等伙伴关系，世界各国一律平等，相互尊重，平等相待；二是以和平方式解决争端；三是通过合作维护和平；四是以发展促进和平；五是尊重文明多样性。”③

2017年6月22日，联合国人权理事会通过了中国倡导的《发展对享有所有人权的贡献》决议④，首次将“发展促进人权”理念引入国际人权体系。这是继“构建人类命运共同体”重大理念被写入联合国决议之后，中国又一次对全球人权治理贡献出的中国方案。《发展对享有所有人权的贡献》决议获得70余国联署，反映了广大发展中国家的诉求和心声，得到了各国特别是发展中国家的支持和拥护。

作为联合国的创始会员国，中国还积极参与了一系列国际人权文献的制定

① 参见习近平主席在日内瓦联合国总部所做的《共同构建人类命运共同体》演讲，2017年1月18日。

② See for example, United Nations Security Council, Resolution concerning the situation in Afghanistan, 17 March 2017, S/RES/2344. available at http: //unscr. com/en/resolutions/2344 [accessed 27 March 2018].

③ 参见联合国人权理事会第34次会议上中国外交部人权事务特别代表刘华的发言，2017年2月27日。

④ See United Nations Human Rights Council, Resolution 35/21: The Contribution of Development to the Enjoyment of All Human Rights, 22 June 2017, A/HRC/RES/35/21, available at http: // ap. ohchr. org/documents/dpage_ e. aspx? si = A%2FHRC%2FRES%2F35%2F21 [accessed 27 March 2018].

工作，为国际人权规则体系发展做出了重要贡献。在2016年正式签署气候变化《巴黎协定》之后，又在2017年5月8日到18日在德国波恩举办的《联合国气候变化框架公约》的首轮谈判中积极发声并提出“中国方案”，推动《巴黎协定》细则的谈判落实。同期，北京“一带一路”国际合作高峰论坛上，习近平主席倡议建立“一带一路”绿色发展国际联盟，为相关国家应对气候变化提供援助，充分展现了中国作为全球治理的建设性力量的诚意和决心。

2. 积极推动人权对话

继2016年中国与欧洲各国举办的人权对话之后①，中国继续推动人权领域在国际上的对话交流与合作，关注的主题有如下几个方面。

第一，呼吁加强人权对话与合作，完善全球人权治理。2017年3月20日，常驻联合国日内瓦办事处和瑞士其他国际组织代表马朝旭大使在人权理事会第34次会议上代表36个跨区域国家发言，呼吁国际社会在尊重主权平等、坚持多边主义、互利共赢、开放包容、和平发展等一系列原则基础上，完善人权治理②。同年9月16日，常驻联合国日内瓦办事处和瑞士其他国际组织代表马朝旭大使在人权理事会第36次会议上发言“呼吁各方在人权领域开展建设性对话与合作，推动国际人权事业健康可持续发展，共同构建人类命运共同体”③。同时，马朝旭大使介绍了中国在“经济、社会、文化权利”“公民权利和政治权利”“特定群体权利”“人权国际交流与合作”等方面取得的成就，以及中国对外提供货币、医疗、人员等方面的援助，使得中国成为国际人权事业的积极建设者，并将持续为解决人权问题贡献中国智慧，提供中国方案④。

---

① 参见肖永平、冯洁菡《中国促进国际法治报告（2016年）》，社会科学文献出版社，2017。

② 参见常驻联合国日内瓦办事处和瑞士其他国际组织代表马朝旭大使在人权理事会第34次会议做“完善全球人权治理，推进国际人权事业”共同发言，2017年3月20日。

③ 参见常驻联合国日内瓦办事处和瑞士其他国际组织代表马朝旭大使在人权理事会第36次会议代表140个国家做题为“加强人权对话与合作，构建人类命运共同体”共同发言，2017年9月16日。

④ 参见常驻联合国日内瓦办事处和瑞士其他国际组织代表马朝旭大使在“全面建成小康社会与中国人权事业进展”展览开幕式上的讲话，2017年9月16日。

第二，关注冲突中贩运人口问题。2017 年 11 月 21 日，常驻联合国代表团临时代办吴海涛大使在安理会冲突中贩运人口问题公开会上的发言指出，“一些地区热点问题长期得不到解决，武装冲突延宕不绝，导致武装团体、恐怖组织和跨国有组织犯罪集团活动日趋猖獗，冲突地区包括贩运人口在内的犯罪问题日益严重，广大民众生命尊严受到威胁”[①]。中国呼吁国际社会合作应对冲突地区的人口贩运问题，并建议加大地区热点问题解决力度，帮助冲突地区早日实现和平与稳定，走上可持续发展之路；综合运用政治、经济、文化等手段，坚决打击恐怖主义；合力解决全球难民问题，要加大对难民接收国支持，消除针对难民的排外、歧视；加强当事国能力建设及国际合作，形成应对武装冲突中贩运人口的合力。

第三，在残疾人权利保护议题方面，由中国人权研究会和阿姆斯特丹自由大学共同主办、西南政法大学人权研究院与荷兰跨文化人权研究中心共同承办的“2017 中欧人权研讨会”于 7 月 2 日在荷兰阿姆斯特丹举办。来自中欧人权领域的 50 多位专家学者围绕残疾人权利保障这一主题进行了研讨交流。中宣部副部长、国务院新闻办公室副主任崔玉英在开幕式上致辞，表示中国提出的构建人类命运共同体理念兼顾历史与现实，对欧中人权合作也有很好的指导意义。保障残疾人权利是人类社会发展进步的一个重要方面，国际社会应在促进共同发展的基础上，不断尊重和保障残疾人权利，使每一个人都能分享人类发展成果。

第四，在促进人权与和平议题方面，2017 年 11 月 28 日，第三届人权文博国际研讨会召开，聚集了来自 18 个国家的近百名反法西斯战争文博场馆负责人及人权、和平学方面的专家学者，并围绕“历史、和平与人权”的主题，在牢记历史教训、维护世界和平、尊重保障人权等方面进行深入交流，以此深化历史认知，弘扬和平信念，促进人权发展。

---

① 参见常驻联合国代表团临时代办吴海涛大使在安理会冲突中贩运人口问题公开会上的发言，2017 年 11 月 21 日。

中国在国际人道法领域的相关实践

邱慧心[*]

一　武装冲突中对平民及弱势群体的保护

当前国际安全形势仍然复杂严峻，武装冲突持续不断，恐怖主义活动猖獗，一些国家和地区的人民仍然生活在战争和冲突的阴影之下，平民及弱势群体的保护问题日益突出，武装冲突中的性暴力、绑架儿童和利用儿童实施恐怖袭击等问题层出不穷，动荡地区儿童流离失所现象更趋严重。中国作为负责任的大国，积极参与联合国安理会关于各类人道主义保护事项的讨论，提出了中肯的意见，阐明了中国的立场。

（一）预防和解决冲突是从根源上消除对平民及弱势群体权益的侵害

中国认为，若要从根源上消除武装冲突中对平民及弱势群体权益的侵害，国际社会应当首先加强冲突的预防和解决，这也是《联合国宪章》赋予安理会的神圣职责。为此，中国提出应从以下几个方面增强预防和解决冲突的系统性、综合性和针对性。

首先，应着力构建更有利于预防冲突的国际大环境，树立共同、综合、合作、可持续的新安全观。各国应树立人类命运共同体意识，构建“对话而不对抗、结伴而不结盟”的全球伙伴关系①。与此同时，国际社会还应重

---

* 邱慧心，武汉大学国际法研究所 2016 级博士研究生，研究方向：国际公法。

① 参见《常驻联合国副代表吴海涛大使在安理会“预防冲突与持续和平”部长级公开会上的发言》，2017 年 1 月 10 日，http：//www. china-un. org/chn/hyyfy/t1429523. htm。

视冲突根源性问题的解决，如极端贫困、发展失衡、资源匮乏和民族与部族矛盾等。因此，弘扬和平文化，加强各民族之间文明与文化交流，全面落实2030年可持续发展议程，推动实现共同发展是努力营造和平、稳定的国际环境的重要一步[①]。

其次，联合国各机构应各司其职，在预防冲突和建设和平方面形成合力[②]。如安理会作为集体安全机制的核心应坚持政治解决热点问题的大方向，根据《联合国宪章》宗旨和原则协助有关冲突国家推进和平进程及民族和解，和平解决争端[③]。联合国还应进一步加强同区域和次区域组织之间的合作，支持其为推进对话协商、斡旋和调解热点问题发挥更大独特作用[④]，帮助当事国在冲突中增强保护平民的能力，如充分发挥非盟等区域组织和国际人道救援机构的优势和作用，加强信息通报与政策沟通等。

最后，在解决冲突和在冲突中进行人道主义保护的过程中，还应明确要以当事国政府和冲突各方为主导。联合国援助行动及维和行动不仅应严格遵循安理会授权，更应明确其只是加强对平民及弱势群体保护的手段，不能取代当事国政府和冲突各方履行保护平民的主要责任和义务。因而，安理会制定授权时，应综合考虑当事国情况和需求，综合施策，形成合力。

（二）打击武装冲突中的性暴力，推进全球妇女事业的不断发展

针对武装冲突中频发的性暴力事件，除了要以和平手段预防和化解武装冲突之外，国际社会应着力在推进和平进程的各个阶段，确保妇女有充分的参与权和决策权，重视发挥其独特优势，切实解决其安全关切，推动妇女成

---

① 参见《常驻联合国代表刘结一大使在安理会“武装冲突中保护平民及医疗人员和设施问题”公开会上的发言》，2017年5月25日，http：//www. china-un. org/chn/hyyfy/t1465370. htm。

② 参见《常驻联合国副代表吴海涛大使在安理会“预防冲突与持续和平”部长级公开会上的发言》，2017年1月10日，http：//www. china-un. org/chn/hyyfy/t1429523. htm。

③ 参见《常驻联合国副代表吴海涛大使在安理会打击武装冲突中性暴力问题公开会上的发言》，2017年5月15日，http：//www. china-un. org/chn/hyyfy/t1461954. htm。

④ 参见《常驻联合国代表刘结一大使在安理会人权与预防武装冲突问题公开会的发言》，2017年4月18日，http：//www. china-un. org/chn/hyyfy/t1454681. htm。

为缔结和平的主要力量。

同时，国际社会还应尊重当事国主权和意愿，尊重当事国政府根据本国国情采取的各项措施，积极向当事国提供建设性帮助，增强其安全、经济、治理等各方面能力建设，推动其落实好有关妇女、和平与安全问题安理会和联大决议，增强当事国打击冲突中性暴力的能力。安理会则应充分发挥维护国际和平与安全的首要职责，同联大、经社理事会、建设和平委员会和联合国妇女署等相关机构加强协调，共同处理妇女、和平与安全领域问题。联合国维和行动应继续对维和人员性侵犯问题采取“零容忍”政策。维和行动出兵国和出警国应继续加强对维和人员相关培训，增强维和人员保护妇女儿童意识，扩大妇女参与维和行动[①]。

（三）保护武装冲突中的儿童权益，营造和谐安定的儿童成长环境

针对武装冲突与儿童权益保护问题，中国代表认为，首先是要打击一切形式的恐怖主义，防止儿童受到伤害。国际社会应坚持对恐怖主义零容忍、无差别的态度，坚决打击恐怖组织杀害、虐待和绑架儿童等罪行。国际社会应采取有效举措，共同打击恐怖组织利用互联网、社交媒体等传播暴恐音视频、从事招募和煽动暴力极端行为的活动，防止儿童受到恐怖极端思想毒害。要重视发挥家庭、学校和社区作用，帮助儿童抵御恐怖极端思想侵蚀。

其次，在国际人道主义援助方面，应当加大对受武装冲突影响的儿童提供帮助。联合国开发计划署、世界卫生组织和世界粮食计划署等国际组织应当在尊重当事国主权的前提下，与当事国政府加强对话与沟通，与区域、次区域组织加强合作与配合，向受武装冲突影响的儿童提供食品、医疗、教育等人道主义援助。

最后，还应当关注受武装冲突影响的儿童的冲突后重建工作。在冲突后重建过程中，注意帮助受武装冲突影响的儿童顺利重返社会，为儿童健康成

---

① 参见《常驻联合国副代表吴海涛大使在安理会打击武装冲突中性暴力问题公开会上的发言》，2017 年 5 月 15 日，http：//www. china-un. org/chn/hyyfy/t1461954. htm。

长提供有利的安全和社会环境。联合国儿童基金会、教科文组织和世界银行等相关机构应发挥各自优势，加强协调合作，支持冲突当事国为消除贫困、普及教育、促进可持续发展所做的努力①。

（四）保护武装冲突中的平民及医疗人员，促进人道主义救援顺利进行

保护平民是当事国政府和冲突各方义不容辞的责任。中国代表指出，各国政府对保护本国平民负有首要责任。冲突各方均应遵守国际人道法，落实包括安理会第 2286 号决议在内的相关决议，履行保护平民及医疗人员和设施的义务，确保人道准入。对于武装冲突受害者，当事国政府和社区有责任保护其合法权益和尊严，帮助他们重新融入社会。对武装冲突中侵犯人权、威胁或攻击医疗人员和设施安全等违反国际人道法的行为，当事国应依法调查和惩处。联合国则应充分发挥协调作用，同冲突各方保持沟通，对人道救援人员等加强指导，为实现及时、安全的人道准入创造条件。

中国代表更进一步指出，一方面，医疗人员和人道救援机构在武装冲突中救死扶伤的人道主义精神是值得赞颂和肯定的，但另一方面也需要谨记，只有妥善开展，坚持《联合国宪章》宗旨，遵循联合国人道救援指导原则，尊重当事国主权和领土完整的救援行动，才能赢得各方理解和信任，避免卷入冲突，也更有助于保障冲突地区医疗人员和设施及人道工作者的安全②。

（五）打击武装冲突中的人口贩运，妥善处理难、移民问题

贩运人口是一个全球性的突出问题，任何国家都不可独善其身。中国政府一贯支持国际社会加强合作共同应对人口贩运，并强烈谴责贩卖人口，特

① 参见《常驻联合国代表团临时代办吴海涛大使在儿童与武装冲突问题安理会公开辩论会上的发言》，2017 年 10 月 31 日，http：//www. china-un. org/chn/hyyfy/t1506326. htm。

② 参见《常驻联合国代表刘结一大使在安理会“武装冲突中保护平民及医疗人员和设施问题”公开会上的发言》，2017 年 5 月 25 日，http：//www. china-un. org/chn/hyyfy/t1465370. htm。

别是拐卖妇女和儿童的行为。为此，中国政府呼吁国际社会应从四个方面做好打击人口贩运的工作，即“全面落实2030年可持续发展议程，从根本上铲除贩运人口罪行滋生的土壤”、“建立健全工作机制，做好预防、打击和救助、康复工作”、“加强国际执法合作，发挥区域和次区域组织作用”，以及“切实保障受害者合法权益，加强各国对受害者的救助和保护”。

不仅如此，中国政府还高度重视打击贩运人口工作，认真落实《联合国打击跨国有组织犯罪公约关于预防、禁止和惩治贩运人口特别是妇女和儿童行为的补充议定书》，并分别于2007年、2013年发布和实施了《中国反对拐卖妇女儿童行动计划（2008—2012年）》《中国反对拐卖人口行动计划（2013—2020年）》。2009年，中国成立了由33个部门组成的国务院反拐部际联席会议制度，完善以政府为主导、社会各界力量广泛参与的工作机制，为预防和打击贩运人口、救助和保护受害者提供了坚实的体制保障①。

1. 武装冲突中的人口贩运问题

关于武装冲突中的人口贩运问题，中国政府也坚决反对一切形式的武装冲突中人口贩运，并指出其实质上与恐怖主义和移民、难民问题紧密相连。因此，中国代表团在联大打击贩运人口问题高级别会议一般性辩论上特别指出，应对武装冲突中的人口贩运问题应当从以下几个方面着手②。

第一，加大力度打击冲突地区贩运人口和奴役问题。一方面，国际社会应积极支持当事国打击有关犯罪活动的努力，根据当事国国情和要求帮助其有针对性地加强执法、边境管理、资金监管等能力建设。另一方面，应加强国际合作，特别是执法合作，发挥区域和次区域组织作用，集中各种资源调查、瓦解和捣毁有关贩运网络，同时鼓励联合国毒罪办、妇女署、国际移民组织等联合国机构和国际组织根据自身职责和专业特长向有关冲突国家提供资金、人力和技术等援助。

① 参见《常驻联合国副代表吴海涛大使在联大打击贩运人口问题高级别会议一般性辩论上的发言》，2017年9月28日，http：//www.china-un. org/chn/hyyfy/t1498161. htm。

② 参见《常驻联合国代表刘结一大使在安理会武装冲突地区贩运人口和奴役问题部长级公开会上的发言》，2017年3月15日，http：//www.china-un. org/chn/hyyfy/t1446111. htm。

第二，重视打击恐怖主义。“伊斯兰国”等恐怖组织利用贩运人口、强迫劳动和奴役等获取资金，手段残忍。国际社会应当坚持反恐统一标准，采取协调一致行动，对恐怖主义零容忍，坚决打击恐怖组织贩运、剥削、奴役冲突地区民众特别是妇女儿童的罪行，综合运用政治、经济等手段，彻底切断恐怖组织利用贩运人口和非法奴役获利的资金链条，摧毁其犯罪网络。与此同时，还应当采取有效措施，打击恐怖组织利用互联网传播恐怖音视频、从事招募和煽动等活动，防止冲突地区民众被恐怖极端思潮蒙蔽，从而成为贩运人口等罪行受害者，并要确保受害者和幸存者得到救助，帮助其尽快重新融入社会。

第三，加大相关冲突的政治解决。延宕不绝的地区冲突是滋生贩运人口等犯罪活动的温床。国际社会应加大政治解决地区热点问题的紧迫感，根据《联合国宪章》宗旨和原则，协助有关冲突国家推进政治进程与民族和解，通过对话协商等和平手段解决争端、化解分歧。应更加重视加强预防冲突工作，帮助相关国家提高自身可持续发展能力，夯实和平基础，从根本上消除冲突地区贩运人口和奴役犯罪活动的条件和土壤，为保护冲突地区妇女儿童创造良好外部环境。

此外，中国代表在安理会冲突中贩运人口问题公开会上还表示，“各国应坚持统一标准，综合运用政治、经济、文化等手段，坚决打击所有被安理会列名的恐怖组织，彻底切断恐怖组织利用贩运人口获利的资金链条”，“在恐怖主义、地区冲突及难移民混合流动等挑战交织的背景下，国际社会应当在 1951 年关于难民地位的公约及 1967 年议定书的国际法框架下，合力解决全球难民问题，加大对难民接受国支持，消除针对难民的排外、歧视，重视对发展中国家的发展援助，为难民返乡创造条件”①。

2. 移民、难民问题

关于移民、难民问题，中国代表团一直积极参与联合国就该事项的讨

① 参见《常驻联合国代表团临时代办吴海涛大使在安理会冲突中贩运人口问题公开会上的发言》，2017 年 11 月 21 日，http：//www. china-un. org/chn/hyyfy/t1512971. htm。

论，如 2017 年 11 月，中国代表团积极参与了联大三委就“保护移民”决议草案的协商会议，并在会上强调了《难民和移民问题纽约宣言》及其执行方式应符合国际法赋予各国的权利和义务。

在该问题上，中国代表团指出，导致难民问题产生的原因错综复杂，其根源是地区不稳定和发展不平衡，中国一贯主张解决难民问题要综合施策、标本兼治。国际社会更要加强合作，既要保障难民的生存、安全和基本尊严，缓解人道主义危机，更要加大力度治本，坚持和平解决争端，避免引发新的动荡和冲突，拿出切实举措，帮助冲突和战乱地区恢复和平稳定，促进经济发展，为难民返乡创造良好条件①。

中国代表团更进一步指出在考虑移民、难民问题时，应基于各国不同的实际情况、能力和发展程度，尊重各国的政策和优先事项，根据国际法，各国有权利也有责任管理和控制本国边境，并根据本国具体情况，制定移民和出入境管理政策，包括对违反上述政策的非正常移民采取必要的法律和行政措施②。移民问题涉及多方面因素，应全面施策，协调应对。国际社会既要制定有利于安全、有序、正常移民的政策，拓展正常移民渠道，也要合作打击人口贩运、偷渡等非正常移民现象，为正常移民创造良好环境③。

而在移民保护方面，中国代表团也表示各国要保护移民享有人权和基本自由，消除歧视和排外，帮助移民融入当地社会，同时移民也应接受目的地国的管理，遵守当地法律法规和风俗习惯，主动适应和融入当地社会和文化。中国高度重视并深入参与解决难移民问题，积极维护国际和平与稳定，坚定支持发展中国家实现共同发展，积极向有关国家和国际机构提供人道主义援助。中国已向叙利亚人民包括境外难民提供超过 6.8 亿元人民币的人道物资和现汇援助，2017 年 1 月决定再提供 2 亿元人民币新援助。最近，中

① 参见《第 72 届联合国大会中方立场文件》，2017 年 8 月 29 日，http://www.fmprc.gov.cn/web/ziliao_674904/tytj_674911/zcwj_674915/t1488207.shtml。

② 参见《常驻联合国副代表吴海涛大使在第 71 届联大地中海难移民问题会议上的发言》，2017 年 4 月 7 日，http://www.china-un.org/chn/hyyfy/t1452220.htm。

③ 参见《中国代表团姚绍俊参赞在联大三委就“保护移民”决议草案的解释性发言》，2017 年 11 月 20 日，http://www.china-un.org/chn/hyyfy/t1512712.htm。

国分别向世界卫生组织、联合国儿童基金会、联合国难民署提供新增捐款100万美元，支持其向有关国家难民及流离失所者提供人道援助。中国-联合国发展基金部分资金将用于支持联合国难民署和国际移民组织向巴基斯坦、伊朗、埃塞俄比亚、加纳等国境内的难移民提供教育、培训、卫生服务①。

二 武装冲突中对文化遗产的保护

丰富多彩的文化遗产是传承人类文明的载体，也是平等、包容和多样文化的象征。近年来，不断发生恐怖组织与武装冲突破坏宝贵文化遗产行为，恐怖组织还将走私、贩运文化遗产作为融资手段。这不仅威胁国际和平与安全，也是对世界文化与文明的蔑视。中国一贯支持与国际社会一同努力，致力于打击恐怖组织的破坏行为，并提倡采取有效措施切断恐怖组织走私、贩运文化遗产渠道，保护冲突地区的文化遗产。具体而言，中国代表提出以下几点建议②。

第一，应切实执行安理会有关决议，充分发挥联合国安理会相关机制作用。安理会第2347号决议为保护文化遗产提供了合作框架。会员国应当承担起首要责任，切实执行安理会有关决议要求，通过完善国内立法，建立预警机制，强化执法能力，坚决打击恐怖组织破坏和走私文化遗产的行为。联合国、安理会及其下属机制应当充分发挥作用，协助会员国提高相关能力建设，切断恐怖组织利用走私和贩运文化遗产进行恐怖融资的渠道③。

---

① 参见《常驻联合国副代表吴海涛大使在第71届联大地中海难移民问题会议上的发言》，2017年4月7日，http：//www. china-un. org/chn/hyyfy/t1452220. htm。

② 参见《常驻联合国代表刘结一大使在安理会防止恐怖组织与武装冲突破坏和走私文化遗产问题公开会上的发言》，2017年3月24日，http：//www. china-un. org/chn/hyyfy/t1448678. htm。

③ 参见《常驻联合国代表团临时代办吴海涛大使在安理会防止恐怖组织与武装冲突破坏和走私文化遗产公开会上的发言》，2017年11月30日，http：//www. china-un. org/chn/hyyfy/t1515702. htm。

第二，应采取有效措施保护冲突地区文化遗产，不断推进相关国际合作。冲突地区国家文化遗产面临更为严峻的挑战，国际社会应在尊重冲突地区国家主权和对文化遗产所有权基础上提供建设性支持。联合国教科文组织、联合国毒品和犯罪办公室、国际刑警组织和世界海关组织等应发挥优势，建立非法贸易等犯罪活动数据库，分享有关情报和信息，形成保护冲突地区文化遗产的国际合力。

第三，应加强不同文明之间对话、促进冲突地区稳定与发展。各国应共同弘扬世界文明多样性，要相互尊重、平等协商，以文明交流互鉴超越隔阂和冲突。各方应倡导国际关系民主化，根据《联合国宪章》宗旨和原则，协助冲突地区国家推进政治进程与实现民族和解，早日恢复和平与稳定。国际社会应当帮助有关国家提高可持续发展能力，全面落实2030年可持续发展议程，早日实现减贫脱困和共同繁荣。

三　反对恐怖主义与暴力极端主义

（一）加强反恐国际合作与中国反恐实践

恐怖主义作为全人类公敌，影响超越国界，任何国家都难以独自应对。因而，反对恐怖主义和预防暴力极端主义才一直被视为是国际社会共同应对国际和平与安全方面极大威胁的优先事项。中国作为国际反恐阵营重要成员，以及常年遭受“东突”暴恐势力威胁与袭击的国家，一直积极投身于国际反恐斗争，呼吁国际社会应切实执行安理会第2253、2368号等各项有关决议，为反恐斗争做出了重要贡献[①]。中国政府还坚定支持安理会反恐委员会、反恐执行局、1267委员会等工作，并同联合国反恐办公室加强合作，在力所能及的范围内向发展中国家提供反恐物资和能力建设等援助[②]。中国

① 参见《常驻联合国代表马朝旭大使在恐怖行为威胁国际和平与安全问题公开会上的发言》，2018年2月13日，http：//www. china-un. org/chn/hyyfy/t1535143. htm。

② 参见《中国代表团史晓斌在第72届联大六委关于“消除国际恐怖主义的措施”议题的发言》，2017年10月4日，http：//www. china-un. org/chn/hyyfy/t1499503. htm。

代表团还在出席安理会反恐问题公开会上阐明了中国立场，贡献了中国反恐思路，具体为以下几点。

第一，面对恐怖主义各种形式的威胁，国际社会应坚持统一标准，加强反恐合力。应采取零容忍、无差别态度，不论恐怖分子身在何地，打着什么旗号、针对任何国家、采取何种手段，都必须坚决予以打击。国际反恐应尊重当事国主权，当事国应承担起反恐的主体责任，国际反恐合作应当遵循《联合国宪章》宗旨和原则，发挥联合国及安理会的主导作用。

第二，国际社会应合力应对滋生恐怖主义的根源性问题，帮助会员国实现经济社会发展和减贫脱贫，在不同文明和宗教之间开展平等对话，不将恐怖主义与特定民族和宗教挂钩，努力构建新型国际关系，构建人类命运共同体①。

第三，各国应采取具体措施防止恐怖作战人员流动，阻遏恐怖和极端思想传播。当前恐怖作战人员流动和“回流”问题严重，针对原籍国、途经国、目的地国基础设施发动袭击。各国应加强边境管控和执法合作，联合国反恐机构和有关国际组织应充分发挥作用，在尊重会员国主权前提下，根据会员国具体需求，协助其加强应对恐怖作战人员流动的能力建设。国际社会应当关注恐怖主义发展的新趋势，加大打击利用互联网传播极端思想、从事恐怖活动的行为。

第四，应切实落实安理会第 2341 号等相关决议，保护关键基础设施免受恐怖袭击。会员国应切实执行安理会相关决议，确定相关安全政策，采取具体措施，将对关键基础设施的恐怖袭击作为高风险因素，建立起安全预警和应急处置机制。各国应承担起保障基础设施安全的责任，加强国内立法，将针对基础设施发动恐怖袭击的责任方绳之以法。国际社会应不断强化保护关键基础设施领域的国际合作，帮助发展中国家加强相关能力建设。

中国正是在这样的反恐思路指导之下，不断与国际社会和区域国际组织

---

① 参见《常驻联合国副代表吴海涛大使在安理会恐怖行为威胁国际和平与安全公开会上的发言》，2018 年 2 月 8 日，http：//www. china-un. org/chn/hyyfy/t1533302. htm。

展开反恐合作。以过去一年来中国的反恐成果来看，中国已同10多个国家举行反恐安全磋商和交流，就国际地区反恐形势、双边反恐合作等议题交换意见。中国还积极参与联合国、上海合作组织、亚太经合组织、东盟地区论坛、“全球反恐论坛”、金砖国家等多边框架内反恐交流合作；积极推动成立金砖国家反恐工作组，出席首次会议并举办第二次会议；举行首次中俄印反恐问题非正式会晤；成功举办“全球反恐论坛”框架下第二届打击网络恐怖主义研讨会。2017年6月，上海合作组织阿斯塔纳峰会期间，各成员国发表关于共同打击国际恐怖主义的声明，签署《上海合作组织反极端主义公约》，进一步凸显了上合组织各成员国打击恐怖主义、分裂主义和极端主义等“三股势力”的坚定决心，夯实了上合组织执法安全合作的法律基础，为国际反恐斗争做出新贡献①。

（二）共同打击外国恐怖作战人员

近年来，恐怖势力在世界各地实施暴力恐怖袭击，恐怖作战人员流动网络更严密、恐怖活动实施的手段更多样。为有效遏制外国恐怖作战人员跨国流动，中国代表对此提出以下主张。

第一，应采取有效措施，阻断恐怖“作战”人员流动网络。恐怖作战人员流动和“回流”严重威胁原籍国、途经国、目的地国安全稳定。会员国特别是冲突周边国家应通过加强边境管控和执法合作，采取具体措施防止恐怖作战人员流动。联合国反恐机构和有关国际组织应充分发挥作用，建立关于恐怖作战人员流动的数据库和信息交流平台，分享情报资源，阻遏恐怖作战人员流动趋势，并在尊重会员国主权前提下，协助其加强能力建设。

第二，应加大打击利用互联网从事恐怖活动。在信息和网络时代，恐怖作战人员流动和恐怖融资渠道更为隐蔽便捷，并形成国际通道。网络和社交媒体成为恐怖组织煽动、招募恐怖作战人员，策划恐怖袭击的手段。国际社

① 参见《常驻联合国代表马朝旭大使在恐怖行为威胁国际和平与安全问题公开会上的发言》，2018年2月13日，http：//www. china-un. org/chn/hyyfy/t1535143. htm。

会应坚决封堵恐怖组织利用社交媒介传播极端思想，加强互联网监管，阻断恐怖组织利用网络扩散和进行融资活动。

第三，应尊重文明多样性，消除滋生恐怖作战人员的根源性问题。恐怖主义滋生于战乱冲突、民族仇恨和贫困落后。国际社会应当致力于协助会员国减贫脱困、加强政治解决地区问题，推动包容、普惠、平衡发展的理念，营造不同文明和宗教之间平等对话、和谐共处的良好氛围，努力构建新型国际关系，构建人类命运共同体①。

（三）保护全球民航体系免受恐怖袭击威胁

民用航空在加强世界各国互联互通、促进政治文化交流和经贸合作中发挥了重要的作用。近年来，恐怖组织将民用航空作为恐怖袭击的对象，损害人民的生命和财产安全，给有关国家的稳定和社会经济发展造成负面影响。国际社会应树立构建人类命运共同体意识，加强民航领域国际合作，采取切实有效措施，保护全球民航体系免受恐怖袭击威胁。对此，中国代表团提出以下几点建议。

第一，应坚持统一标准，防范和打击针对民用航空的恐怖行为。各国应坚持对恐怖主义零容忍、无差别的态度，无论恐怖活动针对哪个国家，采取何种手段，都应予以坚决打击。国际反恐行动必须充分发挥联合国及其安理会的主导作用，遵循《联合国宪章》宗旨和原则，加强有效协调，形成国际反恐统一战线，保持对恐怖分子严厉打击的高压态势。

第二，应在会员国主导原则基础上，重点加强发展中国家的能力建设。发展中国家在保护民航安全能力建设方面面临更多挑战，国际社会应帮助发展中国家加强机场安全检查、安全保卫、风险评估和现场处置等能力建设。协助发展中国家提高民航保卫能力，应尊重当事国主权，切实帮助当事国解

---

① 参见《常驻联合国代表团临时代办吴海涛大使在打击外国恐怖作战人员公开会上的发言》，2017 年 11 月 28 日，http：//www. china-un. org/chn/hyyfy/t1514875. htm。

决实际问题[①]。

（四）保护关键基础设施免受恐怖主义袭击

随着经济全球化深入发展，世界各国联系日益紧密。一方面，基础设施对各国发展经济、加强互联互通和经济融合具有重要意义。另一方面，全球反恐形势日益严峻，基础设施越来越容易成为恐怖袭击目标。近年来全球发生一系列针对机场、车站等基础设施的恐袭事件，造成巨大社会恐慌，对人民生命和财产安全造成严重损害。国际社会应高度重视上述动向，合力予以打击，对此，中国政府提出以下建议[②]。

第一，各国应着力保障地区互联互通项目及基础设施安全。区域合作对促进全球经济发展和繁荣具有重要意义。中国提出的“一带一路”倡议将基础设施互联互通作为重点合作方向，支持沿线国家提高基础设施建设水平，实现互利共赢，联动式发展，以造福各国人民。目前已有 100 多个国家和国际组织积极参与“一带一路”倡议。中国政府希望各方根据安理会及联大决议要求，通过双多边渠道加强情报共享、风险评估及联合执法合作，切实保护互联互通项目及跨境基础设施免遭恐怖袭击，为开展“一带一路”建设提供安全保障环境。

第二，各国应切实承担保障基础设施安全的主体责任。中国政府希望各方根据安理会第 2341 号决议要求，加强协调，确定各国相关安全政策，将恐怖袭击作为风险因素，通过监测预警、应急处置、执法行动等方式，加强本国在保护基础设施免遭恐怖袭击方面的应对能力，切实保障基础设施安全。

第三，各国应强化保障基础设施安全领域的国际合作。各方应从构建人类命运共同体的高度，全面加强相关国际合作，特别是帮助发展中国家加强

---

① 参见《常驻联合国副代表吴海涛大使在安理会民航安全与反恐问题公开会上的发言》，2017 年 9 月 27 日，http：//www. china-un. org/chn/hyyfy/t1497938. htm。

② 参见《常驻联合国代表刘结一大使在安理会保护关键基础设施免遭恐怖袭击问题公开会上的发言》，2017 年 2 月 13 日，http：//www. china-un. org/chn/hyyfy/t1438255. htm。

相关能力建设。有关各方应强化信息共享及执法、司法合作，严厉打击针对基础设施的恐怖行为。相关国际及区域组织应促进最佳实践交流，提高各国防卫能力。联合国及安理会在相关国际合作中应发挥领导作用。

四　联合国人道主义救援

近年来，传统和非传统安全威胁相互交织，部分地区冲突久拖不决，自然灾害、气候变化、粮食危机、难移民问题等全球性挑战突出，国际人道主义形势总体严峻。国际社会亟须团结一致、凝聚共识，标本兼治，采取切实措施应对日益严峻的人道形势。中国政府在该问题上立场鲜明，具体阐明了以下主张①。

第一，尊重国际法和国际关系准则是有效开展人道援助的基本前提。国际人道主义援助必须遵守《联合国宪章》，恪守人道、中立、公正原则，尊重受援国主权、独立、领土完整和国家统一，遵守国际法和东道国法律。国际社会应坚持通过政治手段以和平方式解决争端，防止将人道主义问题政治化，坚持人道援助非军事化。

第二，帮助发展中国家实现发展是减少人道主义需求的根本出路。当今世界的很多问题，都能从贫困落后上找到根源，都需要通过促进发展寻求根本解决之道。在有效应对短期人道主义需求的同时，国际社会应共同落实2030年可持续发展议程，实现发展。增加人道主义资源不应以牺牲发展领域资源为代价。发达国家应切实履行官方发展援助承诺，特别是加大对非洲和最不发达国家的资金、技术和能力建设支持，帮助发展中国家走上长治久安和发展繁荣之路。

第三，气候变化、粮食安全等因素加剧了人们遭受自然灾害的风险和脆弱性。与此同时，各类信息技术的迅速发展极大提高了人类预防和应对灾害

① 参见《常驻联合国副代表吴海涛大使在第71届联大关于议题69“加强联合国人道主义和救灾援助，包括特别经济援助的协调”的发言》，2016年12月8日，http：//www. china-un. org/chn/hyyfy/t1422686. htm。

的能力。国际社会应在充分尊重受灾国国情和需求基础上，通过增加投入、向发展中国家转让技术和知识、加强基础设施建设等途径，切实加强受灾国灾害风险管理能力和防灾减灾备灾抗灾能力建设和复原力。

第四，联合国人道主义系统的高效运作是提供有效人道援助的重要保障。联合国人道主义协调办公室应根据其职权，在协调国际人道援助中发挥重要作用，并建立和完善以成员国为主导的合作伙伴关系，保障各国平等参与，增强发展中国家在国际人道事务中的代表性和发言权。提供人道援助应根据受援国政府和民众实际需求和优先重点，推动国家、地区及国际层面的工作形成合力。

中国高度重视并积极参与国际人道救援行动，近年来向几十个国家提供了紧急人道主义援助。中方将继续在力所能及的范围内，积极参与多双边人道主义行动，为国际人道主义事业做出新贡献。中国是自然灾害频发国家，中国政府在不断提高自身灾害管理能力的同时，积极开展减灾领域国际合作，建立和完善国际减灾合作机制，深入参与国际减灾救援行动。中国愿进一步深化国际合作与交流，与国际社会一道，共同提高防灾减灾救灾能力。

五　军控、裁军和防扩散问题①

（一）核问题

中国一贯主张并积极倡导最终全面禁止和彻底销毁核武器，坚定奉行自卫防御的核战略，始终恪守在任何时候、任何情况下不首先使用核武器，无条件不对无核武器国家和无核武器区使用或威胁使用核武器的承诺。中国主张以实现普遍安全为根本目标，维护日内瓦裁军谈判会议（以下简称“裁谈会”）等现有多边机制的权威性和有效性，坚持协商一致原则，并确保各国的平等、广泛参与。

① 参见《第72届联合国大会中方立场文件》，2017年8月29日，http://www.fmprc.gov.cn/web/ziliao_674904/tytj_674911/zcwj_674915/t1488207.shtml。

《不扩散核武器条约》是战后国际安全体系的重要组成部分，是国际军控与防扩散体系的基石，对维护世界和平与安全发挥了重要作用。中国一贯希望各方共同维护和加强条约的权威性、普遍性和有效性，平衡推进核不扩散、核裁军与和平利用核能，从而进一步将核领域全球治理推向深入。中方呼吁尚未加入条约的国家应尽快以无核武器国家身份加入。中国是最早签署《全面禁止核试验条约》的国家之一，一贯支持《全面禁止核试验条约》的宗旨和目标，恪守暂停核试验的承诺，并以建设性和务实态度，全面参与条约组织筹委会各项工作，稳步推进国内履约准备。

中国坚定主张，“裁谈会”是谈判“禁产条约”的唯一适当场所。中国支持“裁谈会”协商一致达成全面、平衡的工作计划，以便据此开展实质性工作，包括根据“香农报告”（CD/1299）及其所载授权，谈判一项非歧视的、多边的、可国际有效核查的“禁产条约”。中国一贯尊重和支持有关国家根据本地区实际情况，在自行协商、自愿协议的基础上建立无核武器区或无大规模杀伤性武器区的努力，已签署并批准所有开放签署的无核武器区条约议定书。

此外，中国重视核安全问题，支持国际原子能机构在国际核安全体系中发挥核心作用，并积极参与了全部四届核安全峰会。习近平主席在2014年第三届核安全峰会上提出理性、协调、并进的核安全观，倡导构建公平、合作、共赢的国际核安全体系，并在2016年第四届核安全峰会上就加强国际核安全体系、促进国际核安全合作提出系列主张和倡议。中国将以此为指引，与国际社会一道，为加强全球核安全做出贡献。核能的开发利用必须以安全为前提。中国支持国际社会采取切实措施加强核能安全，积极推进相关国际合作，促进核能事业安全、健康、可持续发展。

（二）生化武器问题

中国支持不断加强《禁止化学武器公约》和《禁止生物武器公约》的有效性、权威性和普遍性。中方对有关化武拥有国和遗弃国未能按《禁止化学武器公约》规定的时限完成化武销毁表示遗憾，敦促有关国家根据缔约国大会和执理会决议要求，加大投入，在规定的时限内尽早完成销毁工作；禁化武组织应对包括遗弃化武在内的化武销毁进程进行有效监督。中国愿本着开放、务实的精神，与《禁止生物武器公约》缔约国共同推动2017年缔约国取得积极成果，为维护生物军控多边进程做出努力，继续推动公约在消除生物武器威胁、防止生物武器扩散、促进生物科技和平利用等方面发挥重要作用。

（三）防扩散问题

中国坚决反对大规模杀伤性武器及其运载工具的扩散。为实现防扩散目标，各国应致力于营造互信、合作的国际和地区安全环境，消除大规模杀伤性武器扩散的动因；坚持通过政治外交手段解决防扩散问题；切实维护和加强国际防扩散机制；平衡处理防扩散与和平利用科学技术的关系，摒弃双重标准。

（四）外空安全问题

中国政府一贯主张和平利用外空，反对外空武器化和外空军备竞赛。中国与俄罗斯于2008年共同向“裁谈会”提交了“防止在外空放置武器、对外空物体使用或威胁使用武力条约”草案，并于2014年6月提交了更新案文。结合外空形势发展，中俄于2015年9月向“裁谈会”提交工作文件，对一些国家提出的问题做出反馈。中方呼吁“裁谈会”尽早以中俄草案为基础谈判达成多边外空军控条约，切实维护外空和平安全和长期可持续发展。为推动相关讨论，中俄建议今年联大授权成立“防止外空军备竞赛”政府专家组，重点就有关国际法律文书进行深入讨论。中方主张坚持“兼收并蓄、相辅相成”的原则，推进防止外空军备竞赛和外空透明与建立信任措施进程。适当、可行的外空透明与信任措施对增进互信、减少误判、规范外空活动具有积极意义，一定程度上有助于维护外空安全，可以成为防止外空武器化和外空军备竞赛进程的补充，但不能取代外空军控进程。

中国在国际刑法领域的相关实践

冯洁菡　邱慧心*

一　国际刑事法院

中国一贯支持依法打击和惩治危害国际和平与安全的严重犯罪行为，也十分期待国际刑事法院在此方面发挥建设性作用。2017 年 12 月中国代表以观察员身份出席了第 16 届《国际刑事法院罗马规约》（以下简称《罗马规约》）缔约国大会并在会上肯定了国际刑事法院的工作，同时阐述了中国立场并提出了以下几点建议①。

第一，法院应坚持平衡的价值和政策取向。和平与正义是法院两大价值目标，法院应妥善兼顾，避免片面追求正义而忽视冲突地区的和平和解进程。中国代表指出，法院自成立 15 年来，《罗马规约》缔约国增至 123 个，相关规则和制度逐步完善，法院管辖的情势和案件不断增加，国际影响力也有所扩大。但也应当看到法院对重要规则的解释和适用仍不时引发争议，初步审查、调查、起诉和审判的公正性屡遭质疑，亟须从与各国合作不畅、缔约国退约等事件中吸取教训，以切实行动提升权威性和公信力。同时，《罗马规约》是各种法律体系协调的产物，体现法律多元主义。法院在解释和适用《罗马规约》时应全面考虑各种法律体系的方法。这不仅有助于案件获得公平审判，也可为法院赢得更广泛的支持和认可。

---

* 冯洁菡，武汉大学国际法研究所教授，副所长，研究方向为国际公法、国际知识产权法。邱慧心，武汉大学国际法研究所 2016 级博士研究生，研究方向为国际公法。

① 参见中国代表、外交部条约法律司副司长马新民在《国际刑事法院罗马规约》第 16 届缔约国大会上的发言，2017 年 12 月 7 日，https://asp.icc-cpi.int/iccdocs/asp_docs/ASP16/ASP-16-CHI-C.pdf。

第二，法院应坚持《罗马规约》的统一和一致适用。各缔约国对法院的信赖在于《罗马规约》的可预测性和确定性，各方期待法院能够对《罗马规约》作出客观、统一的解释和适用，这是法治的要义所在。任何“双重标准”和“选择性司法”的做法都与此相悖。各缔约国在《罗马规约》面前一律平等。法院在处理情势和案件中，包括在初步审查、调查、起诉、审判和赔偿等各阶段，应以统一的标准将《罗马规约》平等适用于各国和案件各当事方；应以一致的国际刑事司法法理完整地解释和适用《罗马规约》与其他相关国际法规则，并据此处理所有案件。

第三，法院应依法处理《罗马规约》和一般国际法规则的关系。《罗马规约》尊重一般国际法规则的适用。首先，《罗马规约》将一般国际法作为法院的重要法律渊源。如第 10 条规定，除为本规约的目的以外，本规约的任何规定不得解释为限制或损害现有或发展中的国际法规则；第 21 条规定，法院适用的法律包括视情况适用可予适用的国际法原则和规则。其次，《罗马规约》在处理其本身规定的义务与一般国际法义务的关系时，也强调不能违反一般国际法。如第 98 条规定，如一国执行与法院合作的请求将违背该国对第三国承担的习惯国际法义务或条约义务，则法院不得提出此项请求。法院应严格按照《罗马规约》的规定，妥善处理《罗马规约》和一般国际法的关系。

但遗憾的是，法院在以往实践中并未妥善处理这一问题，例如在一些裁决中似乎片面强调《罗马规约》第 27 条“官方身份无关性”，而忽略或错误解释和适用了《罗马规约》第 98 条所确认的关于国家元首豁免的习惯国际法规则，这种做法引起了广泛争议。我们注意到，法院在 2017 年 7 月的一项裁决中指出，未发现排除国家元首豁免的习惯国际法规则。这是否意味着法院纠正了以往关于《罗马规约》排除元首豁免一般国际法规则的错误裁决，仍有待进一步观察。在此方面，中方认为，缔约国大会可设立必要议题进行讨论，以不断扩大共识。

第四，缔约国大会应审慎处理侵略罪修正案问题。目前，缔约国就法院行使侵略罪管辖权作出决定的客观条件虽已具备，但修正案引发的争议并未平息。一方面，这涉及法院与安理会的关系。安理会断定存在侵略行为的专属权力是《联合国宪章》确立的集体安全制度基石之一，除非修改《联合国宪章》，否则这一权力不应受到减损。侵略罪修正案允许检察官未经安理会断定存在侵略行为就调查侵略罪，将实际上损害作为国际法律秩序基础的《联合国宪章》的完整性和权威性。法院与安理会在预防和惩治危及国际和平与安全的严重国际犯罪方面共担责任，两者相互补充。我们希望法院能与安理会在相互尊重的基础上建立合作共赢的伙伴关系，这符合双方的共同利益。

另一方面，关于法院的管辖范围，包括中国在内的不少国家认为，法院不应对没有接受修正案的缔约国和非缔约国的国民实施的或在其境内实施的侵略行为行使管辖权。这是国际法作为“国家同意法”的必然要求，也符合国际条约法规则和各国谈判意图。缔约国根据上届大会决议的要求，曾在纽约举行讨论会，以澄清法院对侵略罪管辖范围等争议问题。遗憾的是，该讨论会采取了与谈判侵略罪修正案时的开放、透明不同的做法，不允许非缔约国参会。须知，侵略罪的“激活”应基于广泛共识，在缺乏共识的情况下急于求成地推动法院管辖侵略罪，将欲速则不达，这既无益于提高《罗马规约》普遍性，也无助于提升法院的权威性。

第五，缔约国大会应依法确保观察员国参与大会各项会议机制的权利。大会主席团于10月通过一项决定，明确了观察员国参加大会及其各附属机构、磋商、工作组等会议的权利。事实上，这些权利不仅在《罗马规约》和《缔约国大会程序规则》中有所规定，而且早在第1届缔约国大会就已通过决定予以明确，但在实践中却未得到有效实施。主席团近期通过的决定本应纠正实践中的错误，但似乎过于强调附属机构有权排除观察员国这一例外，而非观察员国有权参加讨论这一原则。中国认为一个健康的国际刑事法院的缔约国大会应是一个公开、包容、透明的机制。对观察员国的参与加以限制既无必要，也不利于法院的长远发展。中国代表团期待有关决定日后得到善意和完整的遵行。

建立一个独立、公正、有效且具有普遍性的国际刑事司法机构是国际社会的愿望，也是中国代表团的期待。中国代表团希望法院为实现这一目标发挥积极作用，在未来工作中更加谨慎和务实，为打击严重犯罪、促进法治与国际和平与安全做出贡献。

二　危害人类罪

国际法委员会第六十六届会议决定将“危害人类罪”专题列入工作方案，并于2015年第67届会议上审议了特别报告员的第一次报告，且暂时通过了四项条文草案（第1条至第4条）及其评注。委员会第68届会议上又审议了特别报告员的第二次报告以及秘书处备忘录，并通过了另外六项条文草案（第5条至第10条）及其评注。2017年第69届会议上，委员会则就特别报告员第三次报告进行审议，并最终通过了起草委员会关于序言草案、第1条至第15条草案和附件草案的两份报告。至此，委员会通过了关于危害人类罪的条款草案。

（一）中国立场

关于国际法委员在“危害人类罪”专题上所取得的进展，中国代表团在第72届联大六委关于“国际法委员会第69届会议工作报告”议题的讨论中对国际法委员会在“危害人类罪”专题上所取得的进展加以了肯定，并表示就本专题的总体方向而言，中方认同加强预防和惩治危害人类罪的重要意义。但对目前的条款草案，中方仍有以下几点评论[①]。

第一，条款草案的很多规定缺乏实证分析。这些条款草案多系直接从现有打击国际罪行的公约有关条款类推而来，且主要倚重国际刑事司法机构的实践，没有全面考察现有国家实践和法律确信。例如，法人责任、引渡和司法协助、保障受害人和证人权益等内容，缺乏国家实践的支撑。

---

① 参见《中国代表、外交部条法司司长徐宏在第72届联大六委关于“国际法委员会第69届会议工作报告”议题的发言》，2017年10月27日，http：//www.china-un.org/chn/hyyfy/t1506785.htm。

第二，关于草案序言第3段“禁止危害人类罪是一般国际法的强制性规范（强行法）”，评注援引了国际法委员会“国家对国际不法行为的责任条款草案”有关评注以及国际法院、前南斯拉夫国际刑事法庭、美洲国家人权法院、欧洲人权法院的判决作为证明。但这些研究和判决仅系一般性评论，缺乏对相关国家实践和法律确信的细致考察，难以证明禁止危害人类罪作为强行法已经满足《维也纳条约法公约》第53条规定的“获国家之国际社会全体接受并公认”的条件。中方认为，鉴于“一般国际法强制规范（强行法）”专题仍在委员会讨论，对于“强行法”的认定、效果等重要问题，国家的实践和法律确信仍有不明确之处，本条款草案是否应规定“强行法”问题宜作进一步研究。

第三，关于草案第2条危害人类罪的定义，以及草案第3条将该罪与“发生于武装冲突之时”这一传统要件脱钩，中方重申往届会议已表达的保留立场。

第四，关于草案第6条第8款追究法人的责任的规定，中国建议进一步探讨该规定的必要性及合理性。该规定参考有关反腐败、打击跨国有组织犯罪、禁止买卖儿童犯罪和打击资助恐怖主义犯罪等国际公约关于法人责任的规定，但实践中这些罪行确实有法人实施的情况，而危害人类罪在性质和构成要件上与此类犯罪有重大差别，评论并未充分说明法人实际参与实施的可能性有多大以及要求各国通过国内法予以打击的必要性，该问题更宜留给各国自主决定。

（二）评述

2017年7月，国际法委员会起草通过了危害人类罪文本草案。从国际法委员会的讨论过程来看，各方均给予了文本草案较高的评价。这一文本草案在惩治危害人类罪，发展国际法，促进人权保护方面具有重要意义。

第一，这一文本草案体现的一大特点是要求国家在国内法上将危害人类罪入刑，在程序方面进行管辖、调查、起诉、引渡及司法协助合作，实际上是强化国内法对危害人类罪的防止及惩治。草案规定了国家的主动管辖义务，与国际刑事司法机构的补充性管辖相结合，这种双向的刑事化、个人承担刑事责任的规则以及执法和合作机制，将在国内和国际两个层面强化国际人权法和人道法，在打击国际罪行的引渡和刑事司法协助方面，会起到示范效应。尽管这一文本草案是借鉴《联合国反腐败公约》和《打击有组织犯罪公约》的模式，但这一文本草案的通过和最终缔结公约，无疑会在打击国际罪行方面起到引领的作用，并有可能在国际罪行的引渡和刑事司法协助领域，随着缔约国数量的增多和相应国内法实践的增多，发展出习惯国际法规范。

第三，这一文本草案，反映了国际法在跨国法律进程中的发展路径，即通过一个或多个国家与国际刑事司法机构间就防止与惩治危害人类罪进行彼此互动，并通过实践促成对防止与惩治危害人类罪的全球性规范的解释或阐明，进而通过条约使国际规范的新诠释在其他国家的国内规范体系中内部化。其目的是“约束”其他国家将此等新诠释作为其内部价值体系的一部分加以遵守。这种跨国法律进程是规范化的、动态的，以及建构性的，从中可以管窥国际法治对国内法治的影响。

三 强行法

（一）中国立场

2017 年 10 月，中国代表团参与了第 72 届联大六委关于“国际法委员会第 69 届会议工作报告”议题的讨论，并在会上集中阐述了对“一般国际法强制规范（强行法）”专题的看法。

第一，关于强行法的基本要素。中国代表团指出，特别报告员在首次报告中提出的三个基本要素，即“普遍适用性”、“在规范等级上高于其他国际法规范”和“保护国际社会的基本价值观”，与《维也纳条约法公约》第 53 条规定的要素存在明显差异，不仅超出了该条的框架，而且缺乏国家实践支持。中方注意到，特别报告员在本次报告第 18 段对此作了回应，将上述三个基本要素解释为“描述性要素或特质性要素”，将《维也纳条约法公约》第53条中的要素解释为“组成性要素或识别标准”，并声称两者不同。但中国代表团仍然认为，这种解释难以令人信服，两者的界限模糊，只能在理论抽象中区分，没有实在法依据。更重要的是，上述三个基本要素本身也有争议。如所谓基本价值观，在一个文明多样、价值多元的国际社会中很难界定具体内涵。再如强行法等级优先的结论，也缺乏足够、一致的国家实践和国际司法实践支持。对强行法能否优先于国家官员享有外国刑事管辖豁免等程序性规则，或能否优先于联合国会员国在《联合国宪章》下的义务等，国际社会并未形成共识。

第二，关于强行法的基础。结论草案5提出一般法律原则可以构成强行法的基础。我们认为，由于国际社会对哪些规范属于一般法律原则缺乏普遍共识，且将一般法律原则提升为强行法的国家实践十分匮乏，对一般法律原则能否构成强行法的基础，似乎还需要进一步研究。我们希望特别报告员对此作出澄清。

第三，关于如何解释强行法识别标准中的“国家之国际社会全体”一词。中方认为，无论是将其解释为“大多数国家”还是“很大多数国家”，实践中都很难操作。这一模糊的数量标准也同样可以用于识别习惯国际法，难以区分以该标准识别强行法和识别习惯国际法有何不同。考虑到准确界定“国家之国际社会全体”的内涵，对确定一项国际法规范是否构成强行法至关重要，对这个问题还需要进行更深入的研究[①]。

（二）评述

强行法议题是一个高度复杂而且敏感的理论性议题，其定义、法律性质、识别标准以及法律后果会对国际法律体系产生重大影响，需要审慎对待。应从实在法规范性角度立足于国家实践分析和审议这一议题。

第一，实在国际法上的强行法规范以“国家之国际社会”的整体接受

① 参见《中国代表、外交部条法司司长徐宏在第72届联大六委关于“国际法委员会第69届会议工作报告”议题的发言》，2017年10月27日，http：//www. china-un. org/chn/hyyfy/t1506785. htm。

和承认为不可克减为基础，亦即以国家的明示或默示同意为基础。因此，应以《维也纳条约法公约》第 53 条为依据，对强行法的规范性质、法律特征、识别标准和法律后果进行界定，不能偏离国家实践和国际司法实践的主流观点，而仅以理论推理和少数意见为依据。

第二，对强行法规范界定与识别相关的描述性特征要素，增加了第 53 条没有规定的新要素，易造成混淆且无实际作用。主张强行法规范保护国际社会的基本价值，并无充分的实践依据，相关司法判决中异议意见和独立意见的存在，恰恰说明在此领域并未达成共识。对强行法规范的分析应从规范性角度出发，立足于其法律性质，而不是采用抽象的非法律性标准进行评价，否则会陷入主观评断和争议之中，并不利于依据构成性规范要素客观识别强行法规范。

第三，对于等级优先，国际和区域性司法实践并不支持强行法规范在等级上绝对优先于其他所有国际法规范，例如强行法规范不能影响程序性的国家豁免规则和管辖权规则的效力。因此，在没有足够一致性的国家和国际司法实践支持强行法规范绝对等级优先，也未能明确即使强行法存在等级优先性，其等级优先的范围是什么的情况下，匆忙得出强行法在等级上优先于其他国际法规范的结论是不严谨的。

第四，支持依据《维也纳条约法公约》第 53 条确立的“双重同意”标准识别强行法规范，但需进一步明确一般国际法规范的含义及其范围，厘清作为强行法规范基础的习惯国际法、条约规则和一般法律原则之间的关系，并对“整体”的权衡标准，强行法规范不可克减性所产生的法律后果对识别强行法规范的影响，不同国际法规范的不可克减性之间的区别，结合实在法和国家实践加以辩明。

四 国家官员的外国刑事管辖豁免

（一）中国立场

关于“国家官员的外国刑事管辖豁免”问题，国际法委员会于 2017 年表决通过了条款草案 7 的规定，将六项国际法上的犯罪，即灭绝种族罪、危害人类罪、战争罪、种族隔离、酷刑和强迫失踪，作为国家官员属事豁免的例外情形。对此，中国代表团认为该条款草案仍存在诸多问题，并作出如下评论①。

第一，条款草案未经深入讨论即仓促通过似有不妥。中方注意到，委员会在未经充分审议，近三分之一的委员反对的情况下，匆匆付诸投票通过该条款草案。我们建议委员会本着审慎稳妥的原则，就此例外问题继续深入讨论，寻求最大共识，避免提出存在广泛争议的条款草案，损害有关工作成果的权威性。

第二，该条款草案规定的六项豁免例外情形缺乏普遍国际实践的支持。特别报告员第五次报告以及委员会有关评论论证豁免例外所援引的国家实践不仅数量稀少，而且集中于欧美地区的相关实践，没有充分顾及亚洲地区的国家实践。

第三，论证方法有失偏颇。例如，上述报告和评论论证豁免例外援引的相当一部分实践涉及国家豁免立法和民事司法判例，与国家官员的外国刑事管辖豁免缺乏相关性；选择性援引国际实践和司法案例的倾向严重，片面援引剥夺豁免的个别案例，却忽视更多地给予豁免的国家实践和司法案例；选择援引判决中否定豁免的少数派意见，而支持豁免的多数派意见反而得不到应有的重视。

因此，中方并不认为条款草案 7 的规定是对习惯国际法的编纂或逐渐发展。不当剥夺官员豁免将严重损害主权平等原则，易沦为政治滥诉的工具，对国际关系稳定带来严重负面影响。委员会应充分认识这一问题的严重性和危害性，致力于全面系统梳理现有国际实践，审慎稳妥地推进有关工作。

---

① 参见《中国代表、外交部条法司司长徐宏在第 72 届联大六委关于“国际法委员会第 69 届会议工作报告”议题的发言》，2017 年 10 月 27 日，http://www.china-un.org/chn/hyyfy/t1506785.htm。

（二）评述

国家官员外国刑事管辖豁免例外，是一个政治性和法律性高度交织的敏感问题，国际法委员会历经多次讨论仍存在巨大分歧。起草委员会于 2017 年 7 月以投票形式表决，暂时通过了关于豁免例外的结论草案七。在对这一议题尚未完成系统性研究，程序性规定和保障尚未明确，对很多相关基础性、概念性问题尚未达成一致，也没有普遍和一致的国家和国际司法实践支持豁免例外的情况下，匆忙就豁免例外问题通过草案条款，并非明智之举，可能最终也难以实现审议这项议题的预期目标。

第一，国际社会存在着各种重大利益，例如，基于主权平等的国际和平与稳定，基于保护人权的问责和消除有罪不罚，这些利益没有高下之分，尽管在某些情况下可能存在冲突。国际法委员会讨论本项议题的目的，应是澄清和发展相关习惯国际法规范，提供法律上的确定性指南，在不同的利益诉求之间寻求平衡，从而促进国际关系的和平、稳定与发展。

第二，需要清楚界定属事豁免的性质，才能在此基础上考虑是否存在刑事管辖属事豁免的例外问题。属事豁免，依据的是行为的官方性质，其法理基础是基于国家行为理论、国家主权平等和平等者之间无管辖权原则。亦即国家官员作为国家开展活动的代表，其所实施的官方行为应归因于其所代表的国家而不是个人，因此其他国家不应对该国的国家行为进行审判，否则有损于该国的主权和尊荣。在这种意义上，属事豁免是一种国家豁免。这也是习惯国际法上国家官员享有外国刑事管辖属事豁免的理论基础。因此，对属事豁免权的否定，必然会累及国家主权平等及尊荣权，需要审慎对待。

第三，结论草案七主张属事豁免例外的依据是特定的国际罪行，特定国际罪行的存在，因为打击有罪不罚，无论行为的官方性质如何，一律不享有属事豁免，这一结论显得草率。国家官员享有外国刑事管辖豁免是一项公认的习惯国际法规则，但无法得出结论认为，因为一些国际罪行存在属事豁免例外也是一项习惯国际法规则。国际法委员会讨论的另一议题“习惯国际法的识别”已经明确，习惯国际法规则的识别需依据普遍而一致的国家实践和法律确信。当前少量而且并不一致的国家立法、国家司法判例或国际司法判例并不支持得出这种结论，反而有些国家司法判例或国际司法判例认为不存在这种豁免的例外。

在识别是否存在豁免例外时，不可基于先主观预设结论而后予以论证并因此对国家实践进行片面取舍和片面解读的方法，否则将不可避免地允许国家否定国家官员享有刑事管辖属事豁免这一习惯国际法权利的存在，从而危害国家间关系。因此，有关属事豁免是否存在例外的工作应根据国家立法、国内司法实践和国际司法实践中所反映的真实情况加以明确。

五　普遍管辖权

中国代表团在第72届联大六委关于“国际法委员会第69届会议工作报告”议题的发言中对联大六委为进一步明确普遍管辖权原则的范围和适用问题所做的努力表示了充分肯定，并指出从过去八年联大六委的审议情况及其工作组准备的非正式工作文件来看，各国充分分享了意见和信息，对有关问题进行了深入和细致的讨论。从目前来看，各国普遍肯定消除有罪不罚和实现司法正义的重要性，但对国际法是否存在一般性的普遍管辖权，以及普遍管辖权的定义、范围、适用条件和程序等问题，国际社会远未达成一致；从各方提供的信息看，在所谓“普遍管辖权”的国内立法和司法实践方面，各国做法和相关法律确信存在很大不同。

中国代表团重申，讨论本议题的目的应是确保各国审慎界定普遍管辖权，限制其滥用，在打击有罪不罚和维护国际关系的稳定方面实现必要的平衡。中方注意到，工作组非正式工作文件有关普遍管辖权适用范围清单汇总了各国提出的12种罪行。除了海盗行为外，各国对其他情形下是否适用普遍管辖权及适用条件仍存在较大争议，尚未形成相关的习惯国际法规则。考察清单上的这些罪行是否适用普遍管辖权，要注意区分普遍管辖权与打击严重犯罪的国际条约规定的“或引渡或起诉”规则的不同，也要区分其与国际司法机构根据特定条约行使的管辖权的不同。

无论如何，一国确立和行使管辖权，应严格遵循《联合国宪章》的宗旨和原则，恪守各国主权平等和不干涉别国内政等国际法基本原则，避免不当的域外管辖，不得侵犯外国国家、国家官员、外交和领事人员享有的属人和属事豁免权。

鉴于各国对普遍管辖权的范围和适用等问题分歧很大，短期内似难以达成共识或形成指南性文件，中方建议委员会考虑有无必要继续对该议题进行审议①。

六　打击跨国有组织犯罪、预防犯罪和刑事司法、禁毒议题

（一）全面落实《联合国打击跨国有组织犯罪公约》

《联合国打击跨国有组织犯罪公约》（以下简称《公约》）实施15年以来，缔约国数量不断增加，目前已达187个，普遍性和接受度不断提升。《公约》已成为国际社会应对跨国犯罪威胁的重要工具，总体得到有效落实。同时，跨国有组织犯罪日益与恐怖主义、腐败、非法移民等问题密切相关，并加大利用网络等新技术。国际社会应与时俱进，加大力度落实《公约》，加强在反恐、追逃追赃和打击拐卖人口等方面的合作。

同时，中国还表示在履约审议机制方面，各国应更加主动适用《公约》，将其作为司法协助、引渡和追赃合作的法律依据。中国支持建立适度、务实、高效的履约审议机制，各方应切实落实共识，在审议机制规则设计中坚持政府间进程、无侵入性、非惩罚性、高效等原则，借鉴反腐败公约履约审议机制的经验，确保审议机制资金来源稳定。

中国政府高度重视打击跨国有组织犯罪。中国政府不仅全面参加了《公约》的谈判进程，为《公约》顺利通过发挥了建设性作用，而且还致力

① 参见《中国代表团史晓斌在第72届联大六委关于“普遍管辖权原则的范围和适用”议题的发言》，2017年10月11日，http：//www.china-un.org/chn/hyyfy/t1501050.htm。

于全面、认真履行《公约》义务，根据《公约》规定调整和完善有关国内立法。为更加有力地应对暴力恐怖犯罪，中国于2015年8月通过了《刑法修正案（九）》，针对暴力恐怖犯罪的新情况、新特点，将为实施恐怖活动进行策划、准备工具，联系境外恐怖组织或人员，资助恐怖活动培训等预备行为规定为犯罪。此外，中国还积极开展国际合作，努力构筑打击跨国有组织犯罪合作网络。自《公约》生效以来，中国根据《公约》处理了数十起司法协助请求，与外国缔结了46项引渡条约、59项刑事司法协助条约，并积极拓展与有关国家的双边司法执法合作①。

（二）预防犯罪和刑事司法、禁毒议题

当前，国际社会在预防犯罪和刑事司法、打击腐败和跨国有组织犯罪以及禁毒等领域取得积极进展，同时也面临严峻挑战。国际社会需进一步加强合作应对，具体而言，包括以下三个方面②。

1. 加强国际反腐败合作

中国高度重视《公约》框架下的国际反腐败工作和相关国际合作，并表示各方应切实履行公约，消除跨国追逃追赃合作的政治和法律障碍，使腐败分子和腐败资产无处可逃。对此，中国强调当前亟须建立一个适度、务实、高效的履约审议机制，强化《公约》的实施。履约审议机制应当有助于各缔约国更好履行《公约》义务，国际合作、资产返还、技术援助应成为机制的优先事项和重点领域。为确保履约审议工作的顺利、稳定开展，机制应当主要由联合国提供预算，成员国资源捐款可作为补充③。

---

① 参见《常驻联合国代表团姚绍俊参赞在联大打击跨国有组织犯罪问题高级别会议专题讨论一“〈打跨公约〉实施15周年”上的发言》，2017年6月19日，http：//www.china-un.org/chn/hyyfy/t1471773.htm。

② 参见《中国代表团王兆学在第72届联大三委预防犯罪和刑事司法、禁毒议题一般性辩论中的发言》，2017年10月5日，http：//www.china-un.org/chn/hyyfy/t1499741.htm。

③ 参见《常驻联合国代表团姚绍俊参赞在联大打击跨国有组织犯罪问题高级别会议专题讨论二“新出现的挑战”上的发言》，2017年6月19日，http：//www.china-un.org/chn/zgylhg/shhrq/dpfz/t1471777.htm。

2. 打击网络犯罪和跨国电信诈骗

目前，各种新型犯罪层出不穷，特别是网络犯罪和跨国电信诈骗。2017年以来，数起恶意勒索软件案件为全球网络安全形势敲响了警钟。中国政府赞赏并大力支持联合国网络犯罪专家组取得的积极进展，以及有关国家在打击跨国电信诈骗犯罪上提供的协助。

中国代表还鼓励国际社会应加强打击网络犯罪国际合作与立法，并指出国际社会应展现灵活务实态度，借鉴《公约》及其实施中的成功经验，积极支持联合国网络犯罪问题政府间专家组工作，推动在联合国框架下谈判制定全球性法律文书，有效应对网络犯罪挑战①。

3. 打击毒品犯罪

就打击毒品而言，中国表示，各国都应将2009年《政治宣言和行动计划》、2014年《部长级联合声明》和2016年特别联大成果文件三个文件充分落实，以全面、综合、平衡方式解决世界毒品问题。中国支持以三项禁毒公约为基石的国际禁毒体制，反对一切形式的毒品合法化。中国支持麻委会、联合国毒罪办及国际麻管局根据授权在药物管制领域发挥主导作用，不赞成任何可能削弱其地位和作用的做法。在禁毒中既要保障和促进人权，也要考虑全社会的安宁、福祉和共同利益，不应片面强调人权，削弱禁毒执法成效。各国有权在符合三项禁毒公约的前提下，制定最符合本国国情的毒品政策，不应将废除死刑与毒品问题挂钩。国际社会既要关注部分国家基础药物不足的问题，也要关注部分国家在医疗上滥用、过量使用、非法转用管制药物②。

① 参见《常驻联合国代表团姚绍俊参赞在联大打击跨国有组织犯罪问题高级别会议专题讨论二“新出现的挑战”上的发言》，2017年6月19日，http://www.china-un.org/chn/zgylhg/shhrq/dpfz/t1471777.htm。

② 参见《中国代表团王兆学在第72届联大三委预防犯罪和刑事司法、禁毒议题一般性辩论中的发言》，2017年10月5日，http://www.china-un.org/chn/hyyfy/t1499741.htm。

中国与其他领域国际关系法治

黄德明　罗国强　洪叶子*

中国与其他国家间关系法治领域主要包括：（1）国际空间法；（2）国家豁免；（3）国际法律责任；（4）国籍、外国人待遇和难民；（5）引渡和庇护；（6）外交关系。2017 年，中国严格遵循国际实践、恪守现行国际法规范，针对不断变化的国际形势，采取不同的、灵活的应对措施，积极地回应了国际社会对中国的期待。

一　国际空间法①

（一）国际航空法领域

中国已经成长为世界航空大国。中国民航年运输总周转量、旅客运输量连续多年排名世界第二位，成为仅次于美国的全球第二大航空运输系统。2017 年，我国航空公司运输总周转量保持了两位数快速增长，全年运输总周转量首次突破千亿吨公里，达到 1083.1 亿吨公里，同比增长 12.5%。在航空客运市场方面，2017 年，我国航空公司共完成旅客运输量 5.52 亿人次，同比增长 13.0%；在航空货运市场方面，2017 年我国航空公司共完成货邮运输量 705.8 万吨，同比增长 5.7%。

相应地，在国际航空法的发展过程中，中国也发挥着越来越重要的

* 黄德明，武汉大学国际法研究所教授，研究方向为国际公法；罗国强，武汉大学国际法研究所教授，国家“万人计划”人才，研究方向为国际公法；洪叶子，武汉大学国际法研究所 2017 级硕士研究生，研究方向为国际公法。

① 本部分撰稿人：罗国强。

作用。

1. 中国在相关国际组织中的作用

国际民航组织是负责制定国际民航领域技术标准和政策的联合国专门机构，现有 192 个成员国。国际民航组织通过制定国际民用航空的公约、政策和标准及建议措施来推动全球民航业的安全高效运行。秘书长是国际民航组织的首席执行官，领导该组织日常执行机构秘书处的工作，带领该组织的国际职员开展国际民航领域的工作。秘书处下设航行局、运输局、法律与对外关系局、技术合作局以及行政服务局。

中国是国际民航组织的创始国之一，中国政府于 1974 年正式开始参加国际民用航空组织的活动。自 2004 年以来，中国连续四次当选为该组织一类理事国。2015 年 8 月 1 日，柳芳博士担任国际民航组织秘书长，这是国际民用航空组织历史上首位中国籍秘书长，也是首位女性秘书长。柳芳自上任以来，积极作为、锐意改革，推进制定国际民用航空标准与建议措施，大力倡导航空对成员国经济社会发展的重要作用，推动落实国际民航组织“不让一个国家掉队”倡议，协助各成员国加强民用航空系统建设，得到了各成员国和国际民航界的一致认可。

中国民航始终恪守《国际民用航空公约》，认真履行成员国义务，长期以来积极参与国际民航组织的各项工作，为国际民用航空发展做出了积极贡献。中国是国际民航组织“不让一个国家掉队”倡议的积极响应者，近年来为亚洲、非洲和拉美等发展中国家的 400 余名航空专业人员提供了航空安全、航空安保、飞行标准和适航等领域的培训；通过“南南合作援助基金”，支持国际民航组织全面加强成员国特别是发展中国家民航人员能力建设。中国是国际民航规则制订的积极参与者，认真选派专家参与国际民航标准的制订，在航空安全、航空安保、国际航行、经济管理、航空减排等方面贡献中国智慧、提供中国方案。中国是全球民航共同发展的积极推动者，推动航空在实现联合国 2030 年可持续发展议程和构建人类命运共同体中发挥重要作用。

2017 年 5 月，中国民用航空局与国际民航组织签订合作意向书，共同推动“一带一路”沿线国家和地区加强民航能力建设。

2018 年 1 月，首届亚太地区民航部长级会议在北京召开并通过《北京宣言》，努力推动亚太航空实现更为安全和高效的发展。

2. 双边与多边航空合作

2017 年 1 月 5 日，中国民用航空局与香港特别行政区民航处、澳门特别行政区民航局签署并发布了《关于相互接受适航证的合作安排实施程序细则》。

2017 年 5 月 25 日到 26 日，以“互联网时代的城市群和机场群：全球航空业发展的新联通”为主题的 2017 中国民航发展论坛在北京举办。中国民航发展论坛是经国务院批准，由中国民用航空局主办的最高层次官方论坛，已成功举办九届。由于论坛演讲嘉宾的高层次性，演讲内容的前瞻性、针对性，演讲形式的多样化，论坛的吸引力和影响力不断增强，已经成为中国民航乃至世界民航界的重要交流平台。交通运输部部长李小鹏出席论坛并发表了致辞，民航局局长冯正霖在论坛上发表了主旨演讲，国际民航组织秘书长柳芳等来自全球近 20 个国家（国际组织）和地区的 395 名代表出席了论坛。与会代表认为，互联网的发展深刻改变了全球经济社会发展格局，也为世界航空运输发展带来新机遇，互联网时代交通运输业的发展将掀起一场全球航空业的变革。与会代表深入交流了城市群和机场群建设发展的成就和经验，重点探讨了如何促进全球航空业的国际合作，开启互联网时代下各国机场-城市发展新格局，为全球航空业新联通注入新动力。

（二）外层空间法领域

中国一贯支持和平利用外层空间的各种活动，主张依据有关国际法，在平等互利、取长补短、共同发展的基础上，增进和加强空间领域的国际合作。

2017 年 4 月 20 日，中国第一艘货运飞船“天舟-1”由“长征-7”遥二新一代中型运载火箭发射升空。截至 9 月，“天舟-1”与“天宫-2”空间实验室开展了一系列任务，成功验证了空间站货物补给、推进剂在轨补加、自主快速交会对接等关键技术。“天舟-1”飞行任务取得圆满成功，标志着中国载人航天工程第二步胜利完成。“北斗-3”双星首发成功，中国“北斗”步入全球组网新时代。2017 年 11 月 5 日，中国在西昌卫星发射中心用“长征-3B”运载火箭，以“一箭双星”方式成功发射第 24 颗、25 颗“北斗”导航卫星。本次发射的卫星是中国“北斗-3”第 1 颗、2 颗组网卫星，开启了“北斗”卫星导航系统全球组网的新时代，“北斗”卫星导航系统“三步走”发展战略进入“最后一步”。2017 年 11 月 23 日，在上海召开的第七届“航天技术创新国际会议”上，国家航天局探月与航天工程中心相关负责人透露，目前我国正在开展月球科研站的论证，设想建立能源长期供给、自主运行、无人值守的月面基础设施，开展以机器人为主的科学研究和技术试验。

中国政府认为，国际空间合作应遵循 1996 年第五十一届联合国大会通过的《国际空间合作宣言》中提出的基本原则。在 21 世纪，中国政府将继续支持在空间技术、空间应用和空间科学等领域开展国际交流与合作。

1. 外层空间的双边合作

在双边合作方面，1985 年以来，中国先后与多个国家签订了政府间、政府部门间空间科学技术及应用合作协定、议定书或备忘录，建立了长期的合作关系。近年来，我国国家航天局先后与欧洲空间局、俄罗斯、巴西、法国、意大利、阿尔及利亚、阿根廷等国家及国际组织建立双边航天合作机制，明确在空间科学、空间技术、空间应用等领域特别是在深空探测方面加强交流与合作。

2017 年 5 月 19 日，中国国家航天局与瑞典航天局共同签署了中瑞《嫦娥四号合作谅解备忘录》。

2017 年 5 月 23 日，中国国家航天局副局长吴艳华在巴黎与法国空间研究中心主席勒加乐共同主持召开中法航天合作联委会第十一次会议和空间分组第八次会议，会后签署了《会议纪要》和《关于海洋二号系列任务合作谅解备忘录》。会前，双方工作组还召开了地球科学、空间科学、生命科学、月球与深空探测以及气候变化的工作组会，就深化上述领域合作交换意见。

2017 年 10 月 13 日，中国卫星导航系统委员会与俄罗斯国家航天集团，在俄罗斯圣彼得堡举行了中俄卫星导航重大战略合作项目委员会（以下简称“项委会”）第四次会议。会议听取了监测评估、兼容与互操作、增强系统与建站、联合应用等 4 个工作组报告，充分肯定了各工作组取得的成果，特别是对监测评估工作组率先完成监测评估服务平台建设给予了高度评价。会议完成了中俄卫星导航政府间合作协议文本磋商，认为应尽快签署，为后续合作提供法律保障。11 月 1 日，在国务院总理李克强和俄罗斯总理梅德韦杰夫的见证下，中国国家航天局局长唐登杰与俄罗斯国家航天集团公司总经理卡马罗夫签署了《中华人民共和国国家航天局与俄罗斯联邦国家航天集团公司 2018—2022 年航天合作大纲》。

2017 年 11 月 21 日，中乌政府间合作委员会航天合作分委会第四次会议在北京召开。会议由国家航天局局长唐登杰与乌克兰航天局局长捷格加连科共同主持。会上，双方确认了后续合作大纲，探讨了新的合作领域。

2017 年 11 月 30 日，中美两国在北京召开政府间民用航天对话第三次会议。双方分别介绍了各自的空间政策和空间探索计划，并就加强深空探测、空间安全、地球科学与空间科学、商业航天等领域的合作深入交换意见。中国国家航天局秘书长田玉龙和美国国务院助理国务卿帮办乔纳森·马格里斯共同主持会议。两国高度评价政府间民用航天对话机制的重要意义，一致认为，对话机制是推动中美两个航天大国在全球和平利用外层空间事务中加强对话与合作的重要渠道，继续保持中美在航天领域的对话接触，对增进两国在航天领域的互信与合作具有重要意义。双方一致认为，强化两国在民用航天规划与空间政策方面的交流十分重要，建立稳定长效的空间政策交流共享平台，有利于协调中美双边和国际多边合作政策，指导两国航天以多种形式交流合作。空间探索领域可作为中美民用航天优先合作方向，在国际深空探测协调组等多边论坛框架下，进一步加强空间探测计划、月球探测、火星探测的交流与合作。加强空间碎片及安全领域合作符合中美两国航天发展共同利益，双方将继续加强在政策、安全标准和数据以及操作等方面双边交流与合作。双方认为空间技术是防御和减缓自然灾害的有效措施，中美双方应充分发挥各自空间技术的优势，推动在空间技术应对重大自然灾害、数据共享和应用研究方面的合作。双方同意利用对话机制建立多层级合作渠道，支持中美航天领域非政府组织开展沟通与交流，探讨开展商业航天合作，鼓励两国科学家定期召开科学会议、积极参与国际多边组织的活动。

2. 外层空间的多边合作

2017 年 6 月 6 日，全球航天探索大会在北京开幕，8 位重要航天国家及地区的航天局局长和代表们围绕深空探索主题发表观点、回答提问。作为东道主国家代表，中国国家航天局副局长吴艳华阐述了中国对全球深空探索的观点和国际合作主张。他指出，在未来深空探测规划任务中，中国将积极倡导广泛的国际合作与参与。以更加积极开放的姿态，与世界各国一道，加强合作与交流，和平利用外层空间，让空间探索的成果惠及全球，共同谋求全人类的福祉。各国航天局局长、代表围绕商业航天发展、宇航局的角色定位、深空探索的发展方向和本国航天探索计划等问题畅所欲言。

2017 年 8 月 28 日至 29 日，中欧月球样品研讨会在京召开。中国国家航天局、欧洲空间局的代表出席会议。来自欧洲各国的 20 名科学家代表，以及百余名来自教育部、国土资源部、中国科学院等部门和单位的专家参加会议。会上，中欧双方就后续在月球样品领域的合作内容和合作机制进行了深入讨论。

2017 年 11 月 29 日，联合国附属空间科技教育亚太区域中心（中国）理事会第三次会议在北京航空航天大学召开。中国国家航天局局长唐登杰当选区域中心主席，并主持了本次会议。参加会议的有来自阿尔及利亚、阿根廷、玻利维亚、巴西、中国、印度尼西亚、巴基斯坦、秘鲁、委内瑞拉等九个国家航天机构的理事或理事代表，意向国泰国代表；联合国外空司作为观察员代表参加了会议；中国国家航天局、工业与信息化部军民结合推进司、北京航空航天大学等相关单位代表也参加了本次会议。会议回顾了区域中心自成立以来在制度建设、教育培训、中心能力和基础条件建设方面取得的丰硕成果，各方代表对此给予了充分认可和高度赞扬。为了进一步加强区域中心的制度建设，会议完成了对《理事会议程规则》的修订，确定了《咨询委员会工作细则》，并通过了区域中心未来两年的工作计划，为区域中心后续发展指明了方向。

2017 年 12 月，“联合多任务小卫星星座”项目签约仪式在亚太空间合作组织总部举行，中国国家航天局对地观测与数据中心与亚太空间合作组织签署“联合多任务小卫星星座系统设计与定义阶段（阶段 B）”实施合同，中国国家航天局秘书长田玉龙出席并致辞，来自亚太空间合作组织成员国的 40 余名代表、工业和信息化部、国家航天局相关司局的同志参加了签约仪式。联合多任务小卫星星座项目合作内容包括建设遥感卫星空间段和地面段、整合遥感卫星数据等，目的是通过卫星数据的多渠道获取，提高成员国利用遥感卫星数据的能力，满足成员国的发展需求。此次项目签约对推动“联合多任务小卫星星座”项目的后续实施具有积极意义。

未来我国还将在四个层面推进航天方面的国际合作：一是任务级的顶层设计，包括联合开展科学目标、着陆区、科学载荷等顶层论证；二是任务级的联合探测，双方各自发射探测器，着陆在相邻区域；三是设备级合作，搭载外方研制的微型机器人、科学载荷等开展试验；四是科学研究，成立联合科学家团队，共享探测数据。

3. 外层空间法的交流促进

2017 年 11 月 1 日到 2 日，由中国宇航学会、中国空间法学会联合举办的“第二届中国航天高峰论坛暨中国宇航学会·中国空间法学会 2017 年学术年会”在北京香山饭店举行。本届高峰论坛暨学术年会的主题是“协同创新，融合发展”。其中除大会开幕式和主题报告会环节外，特设“法治航天分论坛”（空间法律政策分会场），主题为“变革中的国际空间法与法治航天建设”。中国宇航学会副理事长、中国航天科技集团公司副总经理杨保华担任年会主席，并作了题为“中国商业航天的实践与探索”的主题报告。外交部条法司司长徐宏出席大会开幕式并作了题为“当前国际法形势和我国外交条法工作”的主题报告。他总结了当前面临复杂演变的国际法形势，认为对新时代的国际法工作提出了更高要求，并对如何做好国际法工作阐述了几点思考。最后他结合外空商业化和外空软法发展等外空法领域的新动向，介绍了过去一年外交部会同各有关部门在外空法和空间外交领域积极开展的一系列工作。本届年会将进一步推动学术交流和学术创新，繁荣学术思想，展示最新科研教学成果，促进跨专业、跨学科的合作与交流，促进学科融合，推动我国航天事业、空间法学事业科学发展，助力世界航天强国建设。

二　国家豁免①

21 世纪前，世界各国普遍采用“绝对豁免理论”，坚持认为凡是国家行为和国家财产均享有不受外国法院管辖的权利。21 世纪后，随着国家间贸易往来的普遍增强，一些国家开始采用“有限管辖理论”，在处理国家豁免问题时，将国家行为分为“主权行为”与“非主权行为”，前者享有豁免而后者不享有豁免。

2004 年，《联合国国家及其财产管辖豁免公约》第一次以条约形式确认有限豁免原则，这表明国家及其财产的绝对豁免原则不再是一项国际习惯法规则。但是，由于公约目前尚处于开放签署阶段，且仍有一些国家还不愿意放弃绝对豁免立场，因此还不能断言有限豁免原则已具有国际习惯法的效力。我国于 2005 年正式签署《联合国国家及其财产管辖豁免公约》并随即开始有限豁免的立法进程。在立法上，除 2005 年《外国中央银行财产司法强制措施豁免法》外，中国没有关于国家及其财产豁免的其他专门法律，但有一些法律涉及国家及其财产管辖豁免问题。

近年来，我国政府、各部委及地方政府、政府公职人员在外国法院被诉情况屡屡发生，如“Leslie F. Prince，Plaintiff 诉中国政府案”“武汉工业控股公司案”“中国航空工业集团公司案”“中国建材集团有限公司案”2015 年“中国工商银行案”等案件。中国在坚持主权豁免原则的前提下，灵活

① 第二至第六部分撰稿人：黄德明、洪叶子。

运用外交和法律手段，挫败了大部分对中国国家和政府提起的滥诉案件，有力维护了国家利益。

中国在承认国家豁免原则的同时，坚持国家主权原则。在新加坡以国家豁免原则为由要求香港特别行政区归还装甲车时，中国外交部发言人表示，希望包括新加坡在内的各国切实遵守一个中国的原则，这是中国同其他所有国家发展关系的一个基本前提；同时，也希望新加坡切实遵循中国香港特别行政区的有关规定。在 JASTA（Justice against Sponsorship of Terrorism Act，美国《对恐怖主义资助者实施法律制裁法令》）问题突出之时，中国外交部发言人强调各国针对恐怖主义的国内立法措施必须符合国际法，包括国家主权平等和主权豁免等国际法基本原则，不应将一国国内法凌驾于国际法之上。

三　国际法律责任

中国积极参与国际责任立法与编纂活动。

联合国国际法委员会 1996 年通过的《国家责任条款草案》将国际不法行为分为一般不法行为和国际罪行，2001 年通过的《关于国家对国际不法行为的责任条款草案》没有使用“国际罪行”的措辞，而代之以“严重违背依一般国际法强制性规范所产生的国际责任”（第 40 条）。中国多次参与该草案的审议并阐明自己的立场，认为一国对其国际不法行为承担责任已经成为一项重要的国际习惯法规则，对相关规则进行编纂对预防和制止国际不法行为、维护国际社会稳定具有重要意义；国际社会对草案的相关条款仍然存在争议，未达成共识，对此，应鼓励各国对条款草案继续进行深入讨论，不断扩大共识。对以此为目标的努力、包括探讨谈判制定公约，中方都持积极和开放态度。

关于《国际刑事法院规约》，中国坚决支持惩治严重国际罪行，希望法院严格遵守《联合国宪章》，为促进和平、稳定国际社会做出贡献。2017 年，中国代表在第 72 届联合国大会上表示，支持国际社会惩治严重国际罪行、促进实现世界和平和司法正义的努力。国际刑事法院的工作应秉承促进国际和平与安全、维护全人类福祉的宗旨，与其他国际机制协调合作，避免干扰有关和平进程。中国希望法院严格遵循补充管辖原则，切实尊重国家司法主权，依法审慎行使职权，以客观、公正的表现赢得国际社会的广泛信任和尊重。

国际法委员会分别于2001年和2006年完成《预防危险活动的跨界损害》条款草案和《危险活动所致跨界损害的损失分配原则》条款草案。中国代表团认为，条款草案充分体现了对国际法有关原则的逐渐发展，是对现有国家责任制度的有益补充。

中国积极参与国际责任法的编纂亦体现在联合国国际法委员会其他专题的工作中。

2017年10月，中国代表、外交部条法司司长徐宏在第72届联大六委关于“联合国国际法委员会第69届会议工作报告”议题的发言表明了中国的立场。

1. 危害人类罪专题

中国认同加强预防和惩治危害人类罪的重要意义，认为第一，条款草案的很多规定缺乏实证分析。这些条款草案多系直接从现有打击国际罪行的公约有关条款类推而来，且主要倚重国际刑事司法机构的实践，没有全面考察现有国家实践和法律确信；第二，关于草案序言第3段“禁止危害人类罪是一般国际法的强制性规范”，该条的评注仅引用各法院判决作为依据，但判决仅为一般性评论，缺乏对相关国家实践和法律确信的细致考察，本条款草案是否应规定“强行法”问题宜做进一步研究；第三，关于草案第2条危害人类罪的定义和草案第3条将该罪与“发生于武装冲突之时”这一传统要件脱钩，中国重申往届会议已表达的保留立场；第四，关于草案第6条第8款追究法人责任的规定，应进一步探讨该规定的必要性及合理性。

2. 国家官员的外国刑事管辖豁免专题

联合国国际法委员会表决通过了条款草案7，规定将6项国际法上的犯罪即灭绝种族罪、危害人类罪、战争罪、种族隔离、酷刑和强迫失踪，作为国家官员属事豁免的例外情形。中国认为该条款草案存在诸多问题。第一，程序上，委员会在未进行充分审议、近1/3委员反对的情况下，匆匆付诸投票通过该条款草案；第二，该条款草案规定的6项豁免例外情形缺乏普遍国际实践的支持。特别报告员第五次报告以及委员会有关评论论证豁免例外所援引的国家实践不仅数量稀少，而且集中于欧美地区的相关实践，没有充分顾及亚洲地区的国家实践；第三，论证方法有失偏颇。例如，上述报告和评论论证豁免例外援引的相当一部分实践涉及国家豁免立法和民事司法判例，与国家官员的外国刑事管辖豁免缺乏相关性；选择性援引国际实践和司法案例的倾向严重，片面援引剥夺豁免的个别案例，却忽视更多地给予豁免的国家实践和司法案例；选择援引判决中否定豁免的少数派意见，而支持豁免的多数派意见反而得不到应有的重视。

3. 国家责任的国家继承专题

中国代表团认为与国家责任的继承有关的国际实践十分有限，而且这些有限的实践涉及复杂的政治和历史因素。可以预见，对该领域国际法规则的编纂将非常困难。此外，委员会在目前阶段开展本专题的编纂是否具有现实紧迫性，也值得进一步研究。关于条款草案1涉及的“范围”问题，中国赞同将本专题的范围限定为国家责任和国家继承，排除国际组织的责任以及政府继承。同时，中国主张，本专题的范围还应排除国际法上关于“国家赔偿责任”规则，专注于关于“国家责任”的次级规则。

四 国籍、外国人待遇和难民

（一）国籍

中国现行法为1980年《中华人民共和国国籍法》，其自颁布以来一直未做修改。近40年以来，中国经济社会状况发生了巨大变化，与外国人员交往的深度和广度也有了巨大增加和扩大。根据现行《国籍法》，中国不承认双重国籍，但是考虑到如今国际关系、国际交往的现实状况，对相关问题做了务实的处理。全国政协委员朱征夫在中国政协第 13 届第 1 次会议中提出修改《国籍法》第 9 条：如果中国公民取得外国国籍之后，不主动申请放弃中国国籍，则中国只承认该公民中国国籍，对其外国国籍不予承认。中国国务院国务委员王勇在国务院机构改革方案会上表示，中国将组建国家移民局，负责外国人居留、国际管理和难民管理等问题，双重国籍问题将在国家移民管理局成立后做进一步考虑。2018 年 4 月 2 日，国家移民管理局正式挂牌成立。

中国始终倡导推进侨务法治建设。国务委员杨洁篪 2017 年 5 月在《求是》杂志撰文，提出加强侨务法治建设，提升依法护侨水平。中国共产党第十八届四中全会提出“依法维护海外侨胞权益”，这是有效激发和调动海外侨胞和归侨侨眷积极投身改革开放和现代化建设、同圆共享中国梦的法治保障；按照全面依法治国总体布局，要不断完善涉侨法律法规政策体系，健全维护侨益工作机制，保护好海外侨胞和归侨侨眷权益；抓紧研究和推进华侨权益保护等相关涉侨立法工作，在各类社会性立法中要充分考虑侨界群体利益；针对广大海外侨胞和归侨侨眷反映诉求强烈的问题，要完善有关政策法规，为他们在中国的工作生活、创新创业提供保障。

在实践上，中国国籍法治集中体现于保护性管辖和属人管辖领域。

第一，关于保护性管辖，中国极其重视公民在海外的安全，积极维护中国企业和公民在海外的合法权益。受各种因素尤其是恐怖主义的影响，国际形势持续动荡不安，给中国企业与公民在海外的安全带来了严峻的挑战。面对中国公民与企业在海外的安全问题，中国政府始终迅速反应，妥善处置，全面部署，积极参与国际合作，尊重其他国家的主权，依据国际法，确保海外公民与企业的人身财产安全。

2017 年 3 月，关于中国公民被法国警察枪杀一事，中国外交部紧急约见法国驻华使馆馆长，提出交涉，并与法国使馆一道密切关注事件进展，切实维护在法中国公民和机构的安全与合法权益。

中国已建立一套完整的海外公民保护协调机制和应急机制，及时更新并以多种少数民族文字发布《中国领事保护和协助指南》，同时在2017年开通12308领事保护微信公众号，借助微信、微博等受众面广的现代通信平台发布海外安全提醒信息。外交部和驻外使领馆始终坚持24小时、全天候地监测世界各地安全风险，及时、慎重地发布各类安全通告，以利于中国公民最大限度地防范风险，仅2017年就发布了1000多条安全提醒。除日常提醒和应对一些紧急情况外，中国还陆续采取大规模的撤侨行动。除此之外，公安部在世界多个国家派驻警务联系官，截至2017年9月，我国共在全球31个国家的37个驻外使领馆设有驻外警务联络官编制64人，为维护国家安全、打击跨国犯罪、保护我国机构和公民海外权益等方面做出了重要贡献。中国外交部长王毅就“中国的外交政策和对外关系”的相关问题答记者问时表示哪里有困难，哪里就有中国外交官，面对越来越繁重的领事保护任务，坚持以人民为中心，持续打造由法律支撑、机制建设、风险评估、安全预警、预防宣传和应急处置六大支柱构成的海外中国平安体系。目前，中国也在积极酝酿《中华人民共和国领事保护与协助工作条例》草案，为在海外的中国公民与法人提供更加完善的法律保障。

第二，关于属人管辖，中国惩治违法行为和公民的犯罪行为，积极、善意履行国际义务，根据国籍管辖对中国公民行使管辖，维护受害人的合法权益。

2017年12月25日，江苏省扬州市中级人民法院对李某在美国故意杀人案做出判决，李某因犯故意杀人罪被判处无期徒刑，剥夺政治权利终身。法院根据属人管辖的原则对犯罪行为不发生在中国境内的案件行使管辖权，维护了被害人的权益。

2017年6月21日，中国外交部发言人针对美国政府是否威胁对朝鲜有贸易往来的中国公司采取行动，美方是否通知中方将对有关中国公司进行单边行动的问题表示：“中方反对有关国家依据自己的国内法对其他国家进行所谓的长臂管辖。”随后几日，中国外交部发言人针对朝鲜半岛局势有关问题，多次表达了同样立场。

（二）外国人待遇

立法上，我国已制定大量法律、法规和各种规范性文件对外国人在中国的入境、居留、停留、出境、遣返等问题做出规定，例如《中华人民共和国领事特权与豁免条例》《中华人民共和国出境入境管理法》等。这些立法旨在依据国际法，在保证主权平等的前提下解决外国人待遇问题。

实践中，中国自 2004 年开始对外国人实行永久居留申请制度，深化外国人永久居留制度改革，是服务国家人才发展战略、聚集创新创业人才、推动我国经济社会发展的一项重要举措。2017 年 4 月，中国公安部印发经中央全面深化改革领导小组第 32 次会议审议通过的《外国人永久居留证件便利化改革方案》，将现行证件名称“外国人永久居留证”更名为“外国人永久居留身份证”，进一步突出身份证明功能；调整样式向身份证靠拢，便于社会接纳和认知；参照第二代居民身份证技术标准，在外国人永久居留身份证中嵌入芯片，实现通过第二代居民身份证阅读机进行机读识别；外国人永久居留证件便利化改革任务将于 2017 年第二季度完成。届时，外国人永久居留证件认知度将大幅提升，新增的机读核验功能也将进一步便利持证人在华工作和生活。

（三）难民

目前，针对难民保护的国际文件有《移民和难民问题纽约宣言》《难民问题全面响应框架》等，另外，国际社会也在积极进行《难民问题全球契约》制定的谈判工作。

立法方面，《中华人民共和国出境入境管理法》第 46 条较为明确规定了难民问题，这也是我国在处理难民问题时的主要法律依据。

在实践中，中国于 20 世纪 80 年代左右接收越南难民，后来陆续接收其他国家难民。2017 年 2 月，中国政府与联合国儿童基金会签订了向后者提供 100 万美元现汇援助的协议，用于儿童基金会支持在黎巴嫩的叙利亚难民儿童实施“教育覆盖所有儿童”、“快速复学计划”及为难民儿童提供冬衣。2017 年 5 月，中国政府向联合国儿童基金会提供了 10 万美元的现汇援助。中国驻黎巴嫩大使王克俭表示这是落实中国政府此前有关承诺的具体行动。中国的援助有助于缓解在黎巴嫩的叙利亚人民人道状况。2017 年 5 月，中国成功举办了“一带一路”国际合作高峰论坛，论坛期间达成 270 多项成果，包括中国将向“一带一路”沿线国家提供 100 个食品、帐篷、活动板房等难民援助项目，为 500 名青少年难民提供受教育机会，资助 100 名难民运动员参加国际和区域赛事活动。此类实践表明，中国愿继续与各方一道，为完善全球难民治理、推进国际难民保护事业积极贡献力量。

导致难民问题的原因错综复杂，最根本的是地区发展不平衡。中国代表在第 72 届联合国大会上表示，中国一贯主张解决难民问题要综合施策、标本兼治；国际社会要加强合作，既要保障难民的生存、安全和基本尊严，缓解人道主义危机，更要加大力度治本，坚持和平解决争端，避免引发新的动荡和冲突，拿出切实举措，帮助冲突和战乱地区恢复和平稳定，促进经济发展，为难民返乡创造良好条件；中国愿意积极参与《难民问题全球契约》的谈判，主张契约谈判应充分发挥成员国主导作用，坚持联合国主渠道地位，本着国际合作、友好协商原则，循序渐进加以推进；关于责任分担问题，应充分考虑难民问题的历史经纬及各国国情、承受能力等因素。

中国代表团姚绍俊参赞代表中国对其标本兼治、国际合作等理念在第 72 届联大三委难民问题一般性辩论中也做了具体阐述。他表示，当前全球难民形势持续恶化，难民人数达“二战”以来最高值，人道主义救援资金缺口严重。大多数难民集中在发展中国家，给接收国经济社会发展和安全带来沉重负担。部分发达国家民众对难民的排外情绪上升，难民问题政治化趋势更加严重。《移民和难民问题纽约宣言》为全球难民保护合作规划了路线图。2017 年，难民署在部分国家试点执行《难民问题全面响应框架》，并取得积极进展。中国对《难民问题全球契约》制定和国际难民领域工作的立场有以下几点。第一，坚持标本兼治的理念。一方面要加大对难民署和有关难民接收国的支持力度，消除针对难民的排外、歧视现象，另一方面要着力解决社会不稳定和发展不平衡等根源问题，通过对话解决争端，加大对发展中国家的发展援助，为难民返乡创造条件，推动难民来源国稳定发展。第二，突出国际合作的精神。难民署应及时总结《难民问题全面响应框架》试点工作的经验做法，为制定《难民问题全球契约》提供参考。《难民问题全球契约》谈判应坚持成员国主导，循序渐进加以推进。在难民接收与安置问题上，要综合考虑难民问题的历史经纬以及各国国情和实际承受能力。第三，秉持客观中立的原则。“客观中立、非政治化”是国际人道主义事业的基本原则，是确保国际难民保护事业健康发展的重要基础。国际社会在处理难民事务时，应秉持客观中立的原则，避免干涉有关国家的内部事务，防止国际难民保护机制被政治化和滥用。

除此之外，中国代表在联合国安理会难民问题公开会、第 71 届联大地中海难移民问题会议等场合，多次具体表达了中国对待难民问题标本兼治、国际合作、中立原则的基本立场。

五　引渡和庇护

（一）引渡

中国现行法是 2000 年《中华人民共和国引渡法》，它对引渡原则、引渡条件、引渡程序、引渡效果等问题做出了规定，是我国处理引渡问题的主要依据。中国参加的很多国际公约中亦有关于引渡问题的规定，如《联合国防腐败公约》《联合国打击跨国有组织犯罪公约》等。2017 年 6 月 19 日，中国常驻联合国代表团姚绍俊参赞在联大打击跨国有组织犯罪问题高级别会议专题讨论一“《打跨公约》实施 15 周年”表示，中国积极开展国际合作，努力构筑打击跨国有组织犯罪合作网络。自《公约》生效以来，中国根据《公约》处理了数十起司法协助请求，与外国缔结了 46 项引渡条约、59 项刑事司法协助条约，并积极拓展与有关国家的双边司法执法合作。同日，其在联大打击跨国有组织犯罪问题高级别会议专题讨论二“新出现的挑战”上表示：“为应对预防犯罪和刑事司法方面的新挑战，继续加强《联合国打击跨国有组织犯罪公约》框架下的国际合作。《公约》就引渡、司法协助和犯罪资产没收事宜做了全面的规定。各国应更加主动地适用《公约》，将其作为引渡、司法协助和追逃追赃合作的法律依据。”此外，中国还缔结了许多双边引渡条约、司法协助条约。2017年6月27日，第12届全国人民代表大会常务委员会第28次会议通过了全国人民代表大会常务委员会关于批准《中华人民共和国和埃塞俄比亚联邦民主共和国引渡条约》《中华人民共和国和阿根廷共和国引渡条约》的决定。

在实践中，2014年以来，我国成立了中央反腐败协调小组国际追逃追赃工作办公室，先后开展“天网2014”“天网2015”“天网2016”行动。2017年3月7日，“天网2017”行动正式启动。2017年，“百名红通人员”已到案13人，12月6日第51人李文革回国投案，到案人数超过半数。此外，还有一些引渡或遣返行动是与外国政府在个案合作基础上进行的。

（二）庇护

庇护的对象主要是政治避难者。庇护与政治犯不引渡原则相联系，但庇护的对象超出通常意义的政治犯，而且庇护不仅是不引渡，还包括不予驱逐和准其在境内安居。庇护的法律根据主要是国内立法，许多国家的宪法中订有庇护条款。我国1982年宪法第32条规定：中华人民共和国保护在中国境内的外国人的合法权利和利益，在中国境内的外国人必须遵守中华人民共和国的法律。中华人民共和国对于因为政治原因要求避难的外国人，可以给予受庇护的权利。这也成为我国处理庇护问题的基本准则。

最初一国给什么人以庇护，完全由该国自己决定。第二次世界大战后，在一些国际文件中，明确将某类人排除在可以享受庇护的范围以外。例如，1948年《世界人权宣言》规定，对于真正由于非政治性的罪行或由于违背联合国的宗旨和原则的行为而被起诉的人，不得予以庇护。联合国大会1948年通过的《防止及惩治灭绝种族罪公约》规定，灭种罪不得视为政治性犯罪，而是属于可引渡的罪行。1967年《领土庇护宣言》中说，犯有破坏和平罪、战争罪或危害人类罪的人，不得请求及享受庇护。联合国大会1973年通过的《禁止并惩治种族隔离罪行国际公约》规定，就引渡而言，种族隔离罪不应视为政治犯罪，亦即不得享受庇护。享受庇护的外国人的地位，原则上与一般外国侨民相同。给予庇护的国家对庇护者的活动，有义务加以必要的限制，使他不得在其境内从事危害他国安全及其他违反联合国宗旨与原则的活动。

2017年7月11日，中央纪委监察部网站发文《凝聚民心赢得道义——全面从严治党带来的深刻变化之一》，文中对国际上一些国家总想用反腐败问题来拿捏我们，一方面拿外逃腐败分子做文章，对我们进行抹黑攻击，另一方面又为外逃腐败分子提供庇护所，对他们带去的黑金来者不拒的行为进行谴责，也表达了切断腐败分子“后路”，让其在海外永无“避罪天堂”的决心。

六　外交关系领域

截至2017年6月，中国已与175个国家建立外交关系。2017年6月，巴拿马总统在新闻联播节目上正式向全世界宣布巴拿马与中华人民共和国建立外交关系。同日，巴拿马外长在北京与中国外交部部长王毅会谈并签署了联合公报，即日起两国相互承认并建立大使级外交关系。

中国一贯高度重视对外国驻华外交和领事使团及其代表的保护，严格履行《维也纳外交关系公约》《维也纳领事关系公约》规定的义务，并制定了《外交特权与豁免条例》《领事特权与豁免条例》等国内法，为外国驻华使领馆及人员提供全方位、高水平的安保待遇。中国一直与各驻华使领馆保持良好沟通，确保出现的问题得到及时、妥善解决。

实践中，中国一方面加强对外交和领事使团及其代表的保护，另一方面对滥用外交和领事特权与豁免的情形，要求所属派遣国本着负责任和合作精神妥善解决有关问题。

2017 年 10 月 11 日，中国代表团史晓斌在第 72 届联大六委关于“普遍管辖权原则的范围和适用”议题发言时指出：一国确立和行使管辖权，应严格遵循《联合国宪章》的宗旨和原则，恪守各国主权平等和不干涉别国内政等国际法基本原则，避免不当的域外管辖，不得侵犯外国国家、国家官员、外交和领事人员享有的属人和属事豁免权。

中国与国际经济和国际民商事关系法治

漆 彤 肖 军 梁雯雯 乔雄兵*

一 中国与国际贸易法治

（一）概述

2017年，全球经济温和复苏，国际市场需求回暖。在此背景下，中国经济稳中向好，外贸总体形势积极，取得了较好发展。2017年，中国货物贸易进出口总值27.79万亿元人民币，比2016年增长14.2%，扭转了此前连续两年下降的局面。其中，出口15.33万亿元，增长10.8%；进口12.46万亿元，增长18.7%；贸易顺差2.87万亿元，收窄14.2%。在过去的一年中，进出口呈现出逐季提升的态势，贸易方式结构有所优化，对前三大贸易

* 漆彤，武汉大学国际法研究所教授，研究方向为国际经济法，本文第一部分撰稿人。肖军，武汉大学国际法研究所副教授，研究方向为国际贸易与投资法，本文第二部分撰稿人。梁雯雯，武汉大学国际法研究所副教授，研究方向为国际私法，本文第三部分撰稿人。乔雄兵，武汉大学国际法研究所副教授，研究方向为国际私法，本文第四部分撰稿人。

伙伴（欧盟、美国、东盟）进出口同步增长。

2017 年，中国政府继续坚持共商、共享、共建原则，全面深化国际经贸合作，在凝聚合作共识的基础上持续加强战略对接，进一步扩大经贸往来，不断提升贸易便利化水平、降低贸易壁垒、优化贸易结构、拓展贸易方式。作为多边贸易体制的支持者和维护者，中国政府积极履行世贸组织成员义务，推动《贸易便利化协定》的实施。2017 年 12 月，世界贸易组织第十一届部长级会议期间，中国政府表达和强调了支持多边贸易体制、建设开放型世界经济、构建人类命运共同体的坚定立场。与此同时，中国政府积极共商共建自贸区、推动区域一体化进程，与格鲁吉亚、马尔代夫签署自贸协定，与东盟完成自贸区升级谈判，全方位开展各项贸易投资促进活动。作为经济全球化的有力推动者，中国政府在积极参与国际规则制定、促进全球经济可持续发展中发挥了重要作用。

（二）外贸立法

2017 年，“一带一路”建设进入全面务实合作新阶段，取得了丰硕成果和显著成就。2017 年 5 月 14 日，中国首倡举办的“一带一路”国际合作高峰论坛在北京成功举行。高峰论坛前夕及期间，为推进“一带一路”沿线国家合作，中国政府与巴基斯坦、新加坡、缅甸、马来西亚等国政府签署政府间“一带一路”合作谅解备忘录，与联合国贸易与发展会议、世界知识产权组织等在内的有关国际组织签署“一带一路”合作文件，与匈牙利政府签署关于共同编制中匈合作规划纲要的谅解备忘录，与老挝、柬埔寨政府签署共建“一带一路”政府间双边合作规划。与此同时，中国政府与巴基斯坦、老挝、斯里兰卡、尼泊尔等 30 个国家政府签署经济贸易合作协议，与格鲁吉亚政府签署《中国-格鲁吉亚自由贸易协定》，与斯里兰卡政府签署关于促进投资与经济合作框架协议，为进一步扩大产业投资、实现贸易畅通奠定了坚实基础。

在全球数字经济快速发展的背景下，构建世界电子贸易平台（Electronic World Trade Platform，eWTP）的倡议于 2017 年成功落地。2017

年 3 月 22 日，eWTP 倡议提出者马云与马来西亚总理宣布双方达成战略合作。2017 年 11 月，首个海外 eWTP 试验区——马来西亚数字自由贸易区全面启动运营，为东南亚地区的年轻人与小企业参与全球贸易提供新的平台与助力。2017 年 12 月，世界贸易组织第十一届部长级会议在阿根廷布宜诺斯艾利斯举行。会议期间，eWTP 与世界贸易组织、世界经济论坛共同宣布以“赋能电子商务”为主题的合作机制。当前，随着中小企业逐渐成为全球经济发展的重要驱动力量，跨境电商的显著发展对传统贸易方式产生变革性影响，eWTP 倡议的落实与推进将为全球中小企业参与国际贸易带来更多机遇。

（三）外贸执法

2017 年，在全球贸易摩擦维持高发态势的背景下，中国面临的贸易救济调查形势依然非常严峻，全年共遭遇 21 个国家和地区发起的 75 起贸易救济调查，涉案金额高达 110 亿美元。与此相比，中国在对进口商品发起贸易救济调查方面保持了审慎克制。2017 年，商务部共对 12 个国家和地区发起反倾销调查 24 起、反补贴调查 1 起，涉案金额 42 亿美元，并作出原审裁决 5 起、复审裁决 9 起，涉案金额 56 亿美元，有力维护了公平贸易市场秩序。

在海关执法方面，2017 年，中国海关进一步推进全国海关通关一体化，“单一窗口”建设取得显著成效。目前，“单一窗口”标准版货物及舱单申报、许可证件申领、企业资质办理、出口退税及税费支付等 9 大基本功能已建设完成，有效将大通关流程由“串联”改为“并联”，对促进贸易便利化具有重要意义。2017 年 10 月 26 日，在世界海关组织（World Custom Organization，WCO）“全球贸易安全与便利标准框架”工作组会议上，由中国海关起草的《世界海关组织“经认证的经营者”（Authorized Economic Operator，AEO）互认实施指南》通过，标志着中国海关首次在 AEO 领域担当国际规则制定的引领者。

在知识产权执法方面，中国继续加强对知识产权侵权行为的打击力度。2017 年 5 月 16 日，国务院办公厅印发《2017 年全国打击侵犯知识产权和制售假冒伪劣商品工作要点》（国办发〔2017〕46号），要求加强互联网领域侵权假冒治理，深入开展中国制造海外形象维护“清风”行动，重点针对“一带一路”沿线国家和地区，突出跨境电子商务等重点环节，严厉打击跨境制售侵权假冒商品违法犯罪行为。中国进一步加强知识产权保护方面的国际合作，分别于2017年4月和8月与美国海关开展两次联合执法行动。目前，中国海关已与全球130多个国家和地区海关建立合作机制，与美国、欧盟等国家和地区海关签订专门的知识产权执法合作备忘录，为在知识产权领域开展常态化合作奠定了坚实基础。

（四）外贸司法

中国是WTO争端解决机制的深度参与者。截至2017年12月31日，WTO涉及中国争端解决案件数量达到54起，中国在15起案件中作为原告，在39起案件中作为被告。2017年，有1起新的案件涉及中国：中国原铝补贴措施案（China—Subsidies to Producers of Primary Aluminium）（DS519）。2018年1月12日，美国向WTO争端解决机构（DSB）申请磋商，认为中国向中国原铝生产商提供包括优惠银行贷款等金融优惠政策及低价原料、生产资料在内的一系列补贴措施，违反《补贴与反补贴措施协定》第5条（c）款、第6.3条（a）、（b）、（c）、（d）款以及《1994年关税与贸易总协定》第16：1条的规定。

二　中国与区域贸易协定

（一）概述

近年来，区域贸易协定（RTA）成为国际经贸规则谈判的焦点，协定数量迅速增长，对国际经贸规则发展的影响不断加深。具体表现为，区域贸易协定在货物贸易领域中对更多产品实施关税减让，对非关税贸易壁垒采取更严格限制；在服务贸易、知识产权保护等问题上，协定制定的规则更细，保护标准更高；尤其重要的是，不少区域贸易协定所涉及的范围扩展到WTO多边贸易规则之外，形成“新议题”规则，可能引领相关国际规则的制定与发展。

中国充分认识到当前区域贸易协定的重要作用，将建设高标准自由贸易区网络作为经济发展的战略目标。从2002年《中国-东盟全面经济合作框架协议》开始，中国先后与东盟、巴基斯坦、智利、新西兰、新加坡、秘鲁、哥斯达黎加、冰岛、瑞士、韩国、澳大利亚、格鲁吉亚和马尔代夫等签署自由贸易协定（FTA），积极推进《区域全面经济伙伴关系协定》等多项协定的谈判。其中，2017年签署的有《中华人民共和国政府和格鲁吉亚政府自由贸易协定》和《中华人民共和国政府和马尔代夫政府自由贸易协定》。

（二）中国-格鲁吉亚自由贸易协定

中格两国有良好的经济互补性。格经济体量小，主要产业为旅游业和农业，工业并不发达，基本不会给我国产业带来很大影响。目前，中国是格第四大贸易伙伴、第三大进口来源国和第二大葡萄酒出口市场。格方希望通过自贸协定可以促进对中国的农产品，特别是葡萄酒的出口，吸引中国游客去该国旅游。对我国而言，格自然资源丰富，向我国出口产品中金额居前的是矿产品。格地处“一带一路”重要节点，营商环境良好，对于我国企业海外投资具有吸引力。2014年格与欧盟签订联系协议，依据协议，格所有商品进入欧盟市场都免除关税。格还与俄罗斯等八个独联体国家以及土耳其签订了自贸协定。我国企业可以通过在格投资进入上述市场。目前，新疆华凌集团是格第一大外资企业，在该国经营银行、自由工业园、国际经济特区及木材深加工等项目。总之，中-格FTA的谈判和签署，对“一带一路”倡议的实施、我国高水平自贸区战略的推进具有重要意义。

由于双方经济的互补性，协定谈判十分迅速，从2015年12月启动到2016年10月实质性结束，历时不到一年，是我国在欧亚地区完成的第一个自贸协定谈判。2017年5月13日，两国在北京签署该协定。2018年1月1

日，协定生效。

1. 贸易自由化水平

在货物贸易开放水平方面，格方对中国 96.5%的产品立即实行零关税，覆盖格自中国进口总额的 99.6%；中国对格 93.9%的产品实施零关税，覆盖中国自格进口总额的 93.8%，其中 90.9%的产品（42.7%的进口总额）立即实施零关税，其余 3%的产品（51.1%的进口总额）降税过渡期为 5 年。

葡萄酒是格的优势出口产品之一，该国是酿酒工艺的发祥地之一，其传统的陶缶（Qvevri）酿酒法被列入联合国非物质文化遗产名录。统计数据表明，2015 年我国葡萄酒进口总额达到 20 亿美元，而自格进口额不到 600 万美元，仅占我国进口总额的 0.29%。2016 年，自格进口的葡萄酒增加至 1200 万美元，占年进口总额的 0.5%。不过，该进口量总体较小，再加上严格的“完全获得”原产地标准和相应的贸易救济措施，格葡萄酒不会对我国市场造成过大冲击。

在服务贸易领域，双方对诸多服务部门做出高质量的开放承诺。其中，格在金融、运输、自然人移动、中医药服务等领域，中方在旅游、海运、法律等领域满足了对方的重点关注。协定特别规定，按照格法律，格允许中国公民参加格注册会计师资格考试，对已通过格注册会计师考试的中国公民在当地注册和执业给予国民待遇。相应地，中方承诺，对通过中国国家注册会计师资格考试的格自然人发放执业许可方面，给予国民待遇。协定还为运输及相关基础设施建设、中医药服务制定专门附件，以促进双方合作。

2. 规则制定

协定共有 17 章，涵盖货物贸易、服务贸易、原产地规则、海关程序和贸易便利化、卫生与植物卫生措施、技术性贸易壁垒、贸易救济、知识产权和合作等领域，也就环境和竞争新议题作出了规定。值得注意的是，协定未设投资章节，而两国双边投资条约签订于 1993 年。协定仅在第十二章“合作领域”提及，将进一步评估该双边投资条约，在必要时启动修订投资协定的谈判。总体而言，协定的规则创新程度较低，较为引人注目的主要有以下几点。

（1）技术法规的等效性问题

在卫生与植物卫生措施方面，协定第五章第八条“等效性”明确规定：如果出口方能客观地向另一方展示其措施达到了另一方的合理化保护水平，则每一缔约方应将另一方的卫生与植物卫生措施视为与己方措施等效而予以接受。为此，应请求，应给予进口方检查、检验及其他相关程序的合理化通道。这是在我国 FTA 首次出现的条款，也是本协定的亮点之一。

但是，在技术法规方面，协定第六章“技术性贸易壁垒”未提及等效性问题，而较早的中国-澳大利亚 FTA 第六章第六条曾规定：“一方应积极考虑将另一方的技术法规作为等效法规予以接受。”

上述两问题体现出来的贸易开放程度差异契合中格双边贸易的特点：格方希望中方农业市场的开放，中方也不大担心开放农业市场给国内生产者带来的冲击，因而能够接受卫生与植物卫生领域的等效性规则。但由于双方工业品出口能力的巨大差别，在（更多适用于工业品的）技术贸易壁垒方面则难以就等效性达成一致。

（2）反倾销规则

协定规定，缔约双方保留在 WTO 反倾销协定下的权利义务，但明确规定，任一缔约方在计算倾销幅度时，不得为确定正常价值而使用基于第三国替代价格的方法。这是继中-韩 FTA 后，中国 FTA 第二次作出此项规定。

（3）环境与贸易

协定虽然为环境与贸易问题专设一章（第九章），但仅包括 6 条 7 款，且规则较为简略，与中-韩 FTA 差距较大。后者是中国签署的环境规则最为丰富的 FTA，其第十六章“环境与贸易”有 9 条 24 款。

其中，最为重要的“环境措施的执行”义务，中-韩 FTA 第 16.5 条作出了两个方面的规定：第一，缔约方不得通过持续或不间断的作为或有意的不作为，未能有效执行其包括法律法规在内的环境措施，以影响到缔约双方之间的贸易或投资的方式；第二，缔约方不应以削弱或减少环境措施实施来鼓励贸易或投资，即“不得减损”义务。中-格 FTA 则仅包括后一“不得减损”义务。

此外，缔约双方仅重申，各自拥有确定各自环保水平和制定环境法律的权利，承诺在各自法律和实践中有效实施双方的多边环境协定。针对本章项下事项，缔约双方仅可在协定框架下进行磋商，而不适用协定争端解决规则。

（4）竞争

协定设专章处理的另一“新议题”是竞争问题。协定第十章“竞争”的规定较为详细，11 个条款具体为：目标；定义；竞争法和竞争机构；执法原则；透明度；合作；信息保密；技术合作；竞争机构的独立性；争端解决；磋商。

与中-韩 FTA 的对应章节即第十四章基本相当。两者的主要差别体现在两个方面。

第一，中-韩 FTA 专门为公用企业、消费者保护问题作出规定，这是中-格 FTA 所没有的内容。

第二，当缔约双方竞争机构分享信息时，中-格 FTA 就信息接受方应履行的信息保密义务作出了更加明确的规定。

（三）中国-马尔代夫自由贸易协定

中国-马尔代夫自由贸易协定谈判启动于 2015 年 12 月，2017 年 12 月 7 日，两国在北京正式签订协定。它是中国签署的第 16 个自由贸易协定，是马尔代夫签署的第一个双边自由贸易协定。

截至 2018 年 4 月，该协定尚未生效，协定文本也未正式公布。根据中国商务部有关人士的介绍，该协定共有 15 章，具体为：总则；一般适用的定义；货物贸易；原产地规则与实施程序；海关程序与贸易便利化；技术性贸易壁垒和卫生与植物卫生措施；贸易救济；服务贸易；投资；经济技术合作；透明度；管理与机构条款；争端解决；例外；最终条款。此外，协定还包括货物贸易关税减让表、服务贸易具体承诺表、产品特定原产地规则等 9 个附件。这表明，该协定关注的是传统的贸易自由化问题，与近年来其他中国自由贸易协定不同，没有包含涉及新议题的专门章节。此外，该协定的重要意义还在于，由于此前两国并未签订双边投资条约，本协定的投资章节包含完整的投资保护实体规则和投资者-争端解决机制。

在货物贸易自由化方面，马尔代夫最终实现零关税的产品将达到全部税目数的95.6%，覆盖自中国进口额的95.1%。其中，占税目数70.3%的产品将在协定生效后立即取消关税，另有20.3%和5%的产品将分别在5年内和8年内逐步取消关税。在具体产品方面，马尔代夫将对税目数97.3%的中国工业品取消关税，并对花卉、蔬菜等中国出口优势农产品取消关税。

中国最终实现零关税的产品将达到全部税目数的95.4%，覆盖自马尔代夫进口额的96.4%。其中，占税目数91.1%的产品将在协定生效后立即取消关税，另有4.3%的产品将在5年内逐步取消关税。在具体产品方面，中国将对税目数95.8%的工业品和税目数93.6%的农水产品取消关税，其中包括马尔代夫重点关注的绝大部分鱼和水产品。

在服务贸易自由化方面，马尔代夫做出开放承诺的服务部门数量从WTO下的5个增加到86个，在电信、中医等中国关注的部门做出了有商业意义的承诺。中国在建筑、旅游等部门对马尔代夫做出了高于WTO的承诺。

三　中国参与联合国国际贸易法委员会和国际统一私法协会活动

（一）参与联合国贸易法委员会活动

1. 概况

联合国国际贸易法委员会（以下简称“贸易法委员会”）于1966年成立，是联合国大会的一个附属机构，基本任务是促进国际贸易法的逐步协调和统一，增加适用法律的可预测性，使法律适应时代，以促进国际商务发展。

贸易法委员会编写的文件内容涉及贸易法或对国际贸易有影响的商法。贸易法委员会制定的法规包括公约、示范法、法律指南、立法指南、规则以及惯例说明。涉及国际商事仲裁和调解、国际货物销售及有关交易、担保权益、破产、国际支付、国际货物运输、电子商务、采购和基础设施发展。

贸易法委员会每年举行一次会议。贸易法委员会法规案文由联合国国际贸易法委员会提出、起草和通过。观察员国、国际政府间组织和非政府间组织也参与其中。贸易法委员会成员由联合国大会选举产生。贸易法委员会最初由 29 个国家组成，1973 年扩大到 36 个国家，2004 年又扩大到 60 个国家。成员组成代表了不同地域以及世界上的各大经济和法律体系。中国在贸易法委员会的任期为 1983~2019 年。

2. 2017年中国参与的活动

中国参加了联合国贸易法委员会和各工作组会议，并向联合国贸易法委员会文本的案例库提交案例。

在 2017 年贸易法委员会第十五届大会上，中国对《电子可转让记录示范法草案》提出修改意见①；对解决商事争端投资人与国家间争端解决框架提出意见②。

2017 年 10 月，联合国贸易法委员会亚太代表处举办第二届联合国贸易法委员会亚太司法峰会，得到中国香港特别行政区相关部门、香港特区司法机构、海牙国际私法会议亚太办公室、香港国际仲裁中心支持，解释适用联合国贸易法委员会文件，促进司法机关进步。贸易法委员会官员到中国高校举办讲座。中国机构协助委员会主办模拟法庭竞赛：上海模拟法庭（2017 年 3 月），第 14 届东方 Vis East Moot（中国香港，2017 年 3 月 4 日）。中国政府与委员会地区中心建立非立法活动联络机构，中国官员与委员会亚太地区中心定期磋商。

① 参见“电子可转让记录示范法草案-政府和国际组织意见汇编”，A/CN. 9/921/Add. 3。

② 参见“解决商事争端投资人与国家间争端解决框架意见汇编”，A/CN. 9/918/Add. 1。

（二）参与国际统一私法协会活动

2017 年，中国参加了国际统一私法协会大会、理事会、财务委员会年度会议。中国参加统一私法协会农地投资、《〈开普敦公约〉空间物体议定书》、《〈开普敦公约〉采矿、农业和工程设备议定书》相关活动。

2017 年 3 月，中国证监会与中国证券登记结算有限责任公司、国际统一私法协会在北京主办国际统一私法协会新兴市场委员会第四次会议。会议主题为“加强并保证当前与未来持有体系的法律确定性”。会议围绕证券持有体系的最新实践和相关法律问题进行讨论，并探讨如何增强证券持有体系的法律确定性，切实保护投资者的权益。会议还讨论了《关于中介化证券的实体法公约》。

2017 年 3 月，罗马国际统一私法协会、商务部条法司和对外经贸大学在北京共同主办《移动设备国际利益公约》项下《卢森堡铁路车辆议定书》研讨会。介绍了《开普敦公约》项下《卢森堡铁路车辆议定书》与中国的采纳情况及存在问题。

2017 年 3 月，罗马国际统一私法协会、对外经济贸易大学、中国国际经济贸易仲裁委员会在北京共同主办“一带一路与争议解决：以国际商事合同通则与中国仲裁和司法实践为视角”国际学术研讨会。

（三）存在的问题及建议

中国积极参与贸易法委员会和国际统一私法协会的立法活动，对其提出的法律文件草案提出评论和修改建议，尽可能保证其通过的文件符合中国立法和利益。

中国较少提出通过某项法律文件的建议，且提出评论意见数量不多；起草文件阶段参与的专家较少。中国未有专家担任贸易法委员会主席、贸易法委员会工作组主席、国际统一私法协会秘书长，参加贸易法委员会工作组、国际统一私法协会专家组的人员也不多。因此，不能有效在国际上推广我国法律规定，且难以抵制与我国法律不一致的法律文件被通过。

建议中国更积极地参与国际民商事实体规则制定，必要时积极主动提出法律文件草案，掌握主导权；对于贸易法委员会和国际统一私法协会提出的法律文件草案进行深入研究，提出适应我国法律和我国当事人需要的意见，影响国际规则制定；在扩大政府参与的同时，促进实务界、学者以私人身份参与贸易法委员会和国际统一私法协会的立法活动，参加贸易法委员会工作组、国际统一私法协会专家组。

四　中国与国际民商事司法协助

（一）概述

2017 年，中国通过参与国际民商事司法协助条约的谈判，完善国内相关立法，积极为他国提供各种形式的民商事司法协助，为推动国际民商事司法协助的发展做出应有的贡献。目前，中国进行国际民商事司法协助的主要法律依据是国际公约、双边司法协助条约、国内立法及司法解释等规定。值得指出的是，2017 年至 2018 年 3 月，我国最高人民法院相继颁布了一系列有关司法协助的司法解释，主要有《最高人民法院关于审理仲裁司法审查案件若干问题的规定》（2017）、《最高人民法院关于审理仲裁司法审查案件报核问题的有关规定》（2017）、《最高人民法院关于仲裁司法审查案件归口办理有关问题的通知》（2017）、《最高人民法院关于内地与香港特别行政区法院就民商事案件相互委托提取证据的安排》（2017）以及《最高人民法院关于人民法院办理仲裁裁决执行案件若干问题的规定》（2018）。

首先，三个有关仲裁司法审查的司法解释进一步明确了仲裁司法审查案件中的法律适用问题，切实有效地规范了仲裁案件的审查程序，为人民法院充分发挥司法职能作用提供了有效的法律支撑。其次，司法解释规定国内案件和涉外案件统一适用相关规定，符合对国际、国内仲裁司法审查案件统一归口管理的趋势。最后，关于人民法院办理仲裁裁决执行案件的司法解释适当调整了仲裁裁决执行案件的管辖，明确了裁决执行内容不明确具体的认定标准及处理方法，适当拓展了申请不予执行的主体范围，统一了不予执行仲裁裁决案件的审查标准。明确了撤销仲裁裁决与不予执行仲裁裁决司法审查的程序衔接。这些司法解释对于完善我国仲裁法律制度，提高仲裁的公信力，促进我国仲裁制度与国际接轨起重要作用。

自 1987 年正式加入海牙国际私法会议以来，中国一直积极参与海牙国际私法会议的各种活动。2017 年，中国政府代表团参与了海牙国际私法会议很多重要的会议。2017 年 2 月 16 日至 24 日，海牙国际私法会议《外国法院判决承认与执行公约》政府间谈判的第二次特委会会议在荷兰海牙和平宫举行。来自外交部、最高人民法院、国家知识产权局、中国驻荷兰大使馆、武汉大学、外交学院、上海邦信阳中建中汇律师事务所及香港特别行政区、澳门特别行政区的代表参加了此次特委会谈判。2017 年 11 月 13 日至 17 日，海牙国际私法会议《外国法院判决承认与执行公约》第三次特委会会议在荷兰海牙和平宫召开，56 个海牙会议成员国和一个区域经济一体化组织（REIO）的 164 名代表，以及 5 个非成员国家和 15 个政府间和非政府间国际组织派员参加了会议。中国派出由外交部、最高人民法院、国家知识产权局、国家版权局、中国驻荷兰大使馆、香港及澳门特区政府官员以及学界与实务界代表共同组成的中国代表团参加了此次特委会会议。

在双边司法协助条约方面，中国自 1985 年开始与有关国家谈判缔结有关司法协助条约以来，中国在司法协助条约缔结方面成绩显著。在双边司法协助条约方面，截至 2018 年 2 月，中国共签订了 19 项民刑事双边司法协助条约（全部生效），签订 20 项民商事司法协助条约（18 项生效）①。

（二）中国与民商事案件域外送达

在民商事司法文书域外送达方面，中国于 1991 年 3 月 2 日加入《海牙送达公约》，该公约于 1992 年 1 月 1 日起对中国生效。中国批准加入《海牙送达公约》时，指定中华人民共和国司法部作为中央机关和有权接受外国

① 参见外交部官网，http://www.fmprc.gov.cn/，最后访问日期：2018 年 3 月 21 日。

通过领事途径转递文书的机关。从中国加入《海牙送达公约》到现在，中国法院和外国法院相互委托送达民商事案件司法文书的数量，已从最初的每年不足10件上升到每年3000余件，案件类型已由简单的经济纠纷、婚姻家庭纠纷扩展到知识产权纠纷、股权纠纷等多领域的纠纷。据统计，2017年，中国共接收外国文书送达请求1557件，向国外提出送达文书请求1194件[①]。

（三）中国与民商事案件域外取证

在民商事案件域外取证方面，中国于1997年12月8日加入《海牙取证公约》。该公约已于1998年2月6日对中国生效。但是，中国在加入《海牙取证公约》时对部分条款作了保留。另外，根据公约第39条第4款规定："对公约的加入只有在加入国和声明接受其加入的缔约国之间有效。"截至2017年12月30日，公约已经在中国与56个国家之间有效[②]。近年来，外国利用公约或司法协助条约在中国取证的案例一直较为稳定。据统计，2017年，中国共接受国外提出的调查取证请求36件，没有向国外提出调查取证请求[③]。从实践来看，中国法院主动向外国提出取证请求的数量依然十分有限。

（四）中国与外国法院判决的承认与执行

目前，中国没有加入任何一个承认与执行外国判决的专门性的国际公约，不过，中国加入的少数其他国际公约含有外国法院判决承认与执行的规定。因此，中国现阶段承认和执行外国法院判决的主要法律依据是双边司法协助条约和国内立法。值得指出的是，2017年9月12日，中国政府签署了《选择法院协议公约》。签署公约后，中国正在加紧研究公约批准事宜，以

① 参见司法部官网，http://www.moj.gov.cn/organization/node_sfxzjlzx.html，最后访问日期：2018年4月5日。

② See https://www.hcch.net/en/instruments/conventions/status-table/acceptances/?mid=493, visited on April 10 th, 2018.

③ 参见司法部官网，http://www.moj.gov.cn/organization/node_sfxzjlzx.html，最后访问日期：2018年4月5日。

期公约早日对中国生效，为中国在民商事判决承认与执行领域开展对外合作提供新的法律基础。

近几年来，中国每年提出和接收的域外判决承认与执行的请求数量都不多。据统计，2017 年，我国共收到承认与执行外国法院判决请求 9 件①。

值得指出的是，随着我国“一带一路”倡议的不断推进，近年来我国对外国法院判决在中国承认与执行的条件日趋灵活。例如，2017 年 6 月 30 日，湖北省武汉市中级人民法院依法审结一起申请承认和执行美国法院判决案件，裁定承认并执行美国加利福尼亚州洛杉矶县高等法院所作判决。该案系中国法院首次依照互惠原则认可美国法院商事判决效力的案件。该案申请人刘某及被申请人陶某、童某均系旅美华人。2014 年 7 月，美国加利福尼亚州洛杉矶县高等法院以缺席判决形式，就原告刘某诉被告陶某、童某的股权转让纠纷作出裁判，判决陶某、童某连带偿还刘某 12.5 万美元股权转让款，并承担相应利息和诉讼费用。因陶某和童某在武汉市均有房产，刘某遂向武汉中院提出申请，请求承认并执行美国加利福尼亚州洛杉矶县高等法院的判决。由于中美两国之间尚未缔结也未共同参加相互承认和执行民商事判决的国际条约，此前中国法院也未曾依据互惠原则认可过美国法院民商事判决，此案审理在全国尚无先例可循。武汉中院在对美国法院对诉讼案件的管辖权、被申请人是否受到合法通知、是否存在美国法院认可中国法院判决的互惠前提，以及承认和执行该判决是否违反我国法律基本原则或者损害我国国家主权、安全、社会公共利益等相关问题进行审查后，裁定对该美国法院判决予以承认和执行②。

（五）中国与国际商事仲裁裁决的承认与执行

在国际商事仲裁裁决的承认与执行方面，中国于 1986 年 12 月 2 日加入《纽约公约》，该公约于 1987 年 4 月 22 日对中国生效。2017 年，中国严格

① 参见司法部官网，http：//www.moj.gov.cn/organization/node_ sfxzjlzx.html，最后访问日期：2018 年 4 月 5 日。

② （2015）鄂武汉中民商外初字第 00026 号。

恪守公约义务，较好地践行了“有利于执行”的公约理念。笔者统计了来自中国裁判文书网、Openlaw 等数据库中 2017 年中国法院收到的外国仲裁裁决在中国承认与执行的 31 件案例，其中 25 件仲裁裁决得到了中国法院的承认与执行，2 件移送管辖，2 件部分予以执行，1 件当事人达成和解，另有 1 件当事人主动撤回执行申请。总体而言，中国较好地履行了作为《纽约公约》缔约国的义务。

中国促进国际法治专题研究

构建“人类命运共同体”

新时代的中国国际体系观*

张　辉**

党的十九大报告系统阐述了构建“人类命运共同体”的主张和愿景，这是在社会主义建设的新时代中国对国际体系的性质、未来发展指向所给出的新观点和新认知。从20世纪50年代的社会主义和资本主义两个阵营对峙，到70年代的三个世界划分，再到80年代中国改革开放融入当今国际体系，从和平共处到合作共赢、共商共建共享，中国对国际体系以及自身与之关系的理解在不断发展变化。中国经过近40年快速发展，已经从一个体系边缘国家成长为体系内具有举足轻重影响的核心国家。中国的发展得益于世界的发展，中国对国际社会和人类未来的发展也承担了更大的义务和责任。人类命运共同体理念正是中国国际体系观在新时代发展的成果，将对未来中

* 本文系教育部人文社会科学重点研究基地2016年度重大项目“构建人类命运共同体与中国国际法理论创新”（16JJD820011）阶段性研究成果。

** 张辉，武汉大学国际法研究所教授，副所长，国家领土主权与海洋权益协同创新中心研究员，研究方向为海商法、国际法。

国的国际实践以及国际法、国际关系、国际政治等学科研究产生重要的指导作用。

一 人类命运共同体理念的提出及其内涵

用“命运共同体”来描述国际体系未来发展方向的提法源于2011年《中国的和平发展》白皮书，其中提出：“不同制度、不同类型、不同发展阶段的国家相互依存、利益交融，形成‘你中有我、我中有你’的命运共同体。”“中国把中国人民的利益同世界各国人民的共同利益结合起来，扩大同各方利益的汇合点，同各国各地区建立并发展不同领域不同层次的利益共同体，推动实现全人类共同利益，共享人类文明进步成果。”

2012年党的十八大报告在谈及“促进人类和平与发展”问题时正式提出“人类命运共同体”概念，报告指出：“要倡导人类命运共同体意识，在追求本国利益时兼顾他国合理关切，在谋求本国发展中促进各国共同发展，建立更加平等均衡的新型全球发展伙伴关系，同舟共济，权责共担，增进人类共同利益”。此后，习近平总书记又在不同场合对人类命运共同体的内涵进行了阐述，形成了比较完整的主张。

2015年9月，在联合国成立70周年系列峰会上，习近平总书记全面阐述了人类命运共同体理念的内涵。他援引《礼记》中孔子的话——“大道之行也，天下为公”，指出国际治理的终极原则和目标在于世界为全人类所共有，并进而指出，“和平、发展、公平、正义、民主、自由，是全人类的共同价值，也是联合国的崇高目标”。现在，这些目标远未完成，还需要人类持续努力。为此他提出，要建立平等相待、互商互谅的伙伴关系，营造公道正义、共建共享的安全格局，谋求开放创新、包容互惠的发展前景，促进和而不同、兼收并蓄的文明交流，构筑尊崇自然、绿色发展的生态体系，这五个方面形成了人类命运共同体的基本内涵和构建路径。

2017年1月17日，习近平总书记在联合国日内瓦总部发表了题为《共同构建人类命运共同体》的主旨演讲，进一步阐释了中国对于构建人类命运共同体的观点和主张。他指出，让和平的薪火代代相传，让发展的动力源源不断，让文明的光芒熠熠生辉，是各国人民的期待，也是当代政治家应有的担当，中国主张通过构建人类命运共同体，实现共赢共享，实现人民的期待。他强调，联合国宪章明确规定的四大宗旨和七项原则，以及60多年前万隆会议倡导的和平共处五项原则等国际关系演变积累形成的一系列公认的原则，应该成为构建人类命运共同体的基本遵循，应在主权平等、沟通协商的基础上推进国际法治和国际关系民主化。

党的十九大报告进一步突出了“人类命运共同体”理念在习近平新时代中国特色社会主义思想中的重要地位，将“坚持推动构建人类命运共同体”作为新时代坚持和发展中国特色社会主义的基本方略之一，指出“中国人民的梦想同各国人民的梦想息息相通，实现中国梦离不开和平的国际环境和稳定的国际秩序。必须统筹国内国际两个大局，始终不渝走和平发展道路、奉行互利共赢的开放战略，……始终做世界和平的建设者、全球发展的贡献者、国际秩序的维护者”。报告强调，“中国将高举和平、发展、合作、共赢的旗帜，恪守维护世界和平、促进共同发展的外交政策宗旨，坚定不移在和平共处五项原则基础上发展同各国的友好合作，推动建设相互尊重、公平正义、合作共赢的新型国际关系”，呼吁“各国人民同心协力，构建人类命运共同体，建设持久和平、普遍安全、共同繁荣、开放包容、清洁美丽的世界”。

二　人类命运共同体理念的思想渊源

（一）中华优秀传统文化

人类命运共同体理念的内涵与五千年中华文化有着紧密的联系，它是中国传统文化的智慧和洞见在现代环境下的发展和体现。中国儒家思想强调“四海一家”的“天下观”，认为“四海之内皆兄弟”，这种朴素的“国际”秩序观，对人类命运共同体理念的构建和发展具有重要的传承和启迪作用。中国人强调天人合一的世界观，追求内外、上下的和谐。而“和”的根本在于“中庸之道”。儒家著作这样解释“中庸”：“不偏之谓中，不易之谓庸。”[1] 中庸就是待人接物不偏不倚，是在矛盾中维系和谐，寻求天人合一的理念。但是，中庸并不等于无原则的调和，而是认为“君子和而不同”，“小人同而不和”。中庸强调人与人之间的道德联系及对社会和世界的道德教化，主张从自身做起，完善自我，进而促进家庭、社会、国家和世界的和谐，即“修身、齐家、治国、平天下”[2]。在对他人关系上，中国古代儒家思想强调“仁者爱人”，推己及人。孟子说，“天时不如地利，地利不如人和”[3]，人和是最重要的条件。因此，中国历来主张国家与国家之间和睦相处，友好往来，在国家关系中拒绝和排斥使用武力或其他胁迫手段。

在五千多年的文明发展中，中华民族秉承以和为贵，与人为善，己所不欲、勿施于人等理念，这对中国的对外交往行为具有深刻影响。中国传统观念中对“和”的追求强调相互尊重，相互理解。其中包含的“和而不同”思想承认事物发展的差异性和多样性，尤其对当代国际关系发展具有借鉴价值，是人类命运共同体理念的重要来源。中国一贯主张通过当事方之间直接的对话、协商和沟通方式，努力积聚共识，增进理解，化解矛盾，这实际是“和而不同”思想在国际关系领域的具体运用。中国传统文化中的“和”思想可以成为构建人类命运共同体的重要借鉴，它提出了国家之间相处、合作、发展的基本价值原则，使全球治理变革的中国方案具有深厚的历史渊源。

（二）国际共同体思想

康德在《论永久和平》中指出，国家之间将实现永久和平，各民族和国家将逐渐形成一个国际国家（International State）[4]。康德对国际关系的这

---

① 《河南程氏遗书・第七》。

② 《礼记・大学》。

③ 《孟子・公孙丑下》。

④ 参见〔德〕康德《论永久和平》，载〔英〕H.S. 赖斯编《康德政治著作选》，金威译，中国政法大学出版社，2013，第84~99页。

一描述被归结为国际共同体的理念，康德主义认为，在人类共同体中，人类利益在本质和终极上是一致的[①]。在社会学中，共同体和社会是有所区别的两个概念。共同体是基于血缘、文化、价值、信仰等因素联结成为一体的人的组合，具有共同的情感和认同，而社会则是差异性的个体的集合，虽然保持着秩序和合作，但彼此之间存在着紧张和隔阂。这种对共同体和社会的区分也延伸到国际法和国际关系领域，形成了国际共同体和国际社会的区分。随着国家间联系与合作的日益密切，对国家间关系的定性也逐渐从国际社会向国际共同体转变，即认为主权国家之间所形成的关系总和正日益呈现出国际共同体的特征。在全球化的今天，国家之间利益彼此交织，形成了你中有我、我中有你的错综复杂关系，而人类所面临的许多全球性问题也不再是一个国家所能单独应对的。这种形成国际共同体的利益基础即共同体利益，它特别体现在维持国际和平与安全、保护人权、保护环境领域，但又不限于此，在消除贫困、发展、军备控制、疾病控制、外交与领事关系等领域也可以发现这种共同体利益[②]。联合国秘书长安南曾在 1999 年一次非政府组织会议上发表过题为“国际共同体的含义”（The Meaning of International Community）的演讲，他说：“是什么联结我们成为一个国际共同体？宽泛而言，是因为我们有一个为所有人寻求更美好世界的共识，正如联合国宪章中所载明的；是因为我们面对气候变化和大规模杀伤性武器的共同的脆弱感；是因为国际法框架；是因为感受到共同的机遇，这使我们建立共同市场以及联合国等机构。联合起来，我们更强大。”[③] 人类命运共同体理念与国际共同体思想的目标是一致的，都旨在为人类构建一个更美好的家园，它是国际共同体思想的提升和发展，并在其中赋予了中国传统文化的智慧和特征。

---

① 〔英〕赫德利·布尔：《无政府社会》，张小明译，世界知识出版社，2003，第 20 页。

② See Santiago Villalpando, “The Legal Dimension of the International Community: How Community Interests Are Protected in International Law,” *European Journal of International Law* 21 (2010): 394-395.

③ Secretary-General Examines “Meaning of International Community” in Address to DPI/NGO Conference, http://www.un.org/press/en/1999/19990915.sgsm7133.doc.html, visited on November 15, 2017.

（三）新中国外交思想与实践

新中国成立不久，就在国际舞台发出了不同以往的独立声音，与缅甸、印度共同倡导国家间互相尊重主权和领土完整、互不侵犯、互不干涉内政、平等互利、和平共处五项原则。这一原则成为新中国外交和国际实践的基本立场和政策基石，并被载入中国宪法。经过了 60 多年的风雨实践，和平共处五项原则为推动建立公正合理的新型国际关系做出历史性贡献，并在今天依旧焕发强大生命力。习近平总书记指出，和平共处五项原则已经成为国际关系基本准则和国际法基本原则，有力维护了广大发展中国家的权益，为推动建立更加公正合理的国际政治经济秩序发挥了积极作用，“新形势下，和平共处五项原则的精神不是过时了，而是历久弥新；和平共处五项原则的意义不是淡化了，而是历久弥深；和平共处五项原则的作用不是削弱了，而是历久弥坚”①。当今世界正在发生深刻复杂的变化，和平、发展、合作、共赢的时代潮流更加强劲，国际社会日益成为一个命运共同体，维护世界和平、促进共同发展依然任重道远，人类命运共同体的构建更加需要贯彻和践行和平共处五项原则。

现在，中国已经进入实现中华民族伟大复兴的关键阶段。中国与世界的关系发生深刻变化，同国际社会的互联互动变得空前紧密，中国对世界的依靠、对国际事务的参与在不断加深，世界对中国的依靠和影响也在不断加深。在新的历史时代，习近平总书记指出，中国必须有自己特色的大国外交，要坚持合作共赢，推动建立以合作共赢为核心的新型国际关系，坚持互利共赢的开放战略，把合作共赢理念体现到政治、经济、安全、文化等对外合作的方方面面②。

和平共处五项原则体现的精神和内涵是人类命运共同体的起点和基础，

① 习近平：《弘扬和平共处五项原则建设合作共赢美好世界——在和平共处五项原则发表 60 周年纪念大会上的讲话》，《人民日报》2014 年 6 月 29 日，第 2 版。

② 习近平：《在纪念中国人民抗日战争暨世界反法西斯战争胜利 70 周年大会上的讲话》，《人民日报》2015 年 9 月 4 日，第 2 版。

而新时代合作共赢为核心的新型国际关系原则则是人类命运共同体的更高要求和体现。

三 人类命运共同体理念的时代价值和意义

（一）推动世界共赢发展

二战后伴随着跨国经济活动的快速发展，经济全球化的大潮席卷而来，几乎所有国家和地区主动或被动地参与到全球经济体系中，形成了你中有我、我中有你的利益交错状态，世界不再是简单的零和博弈，而是一荣俱荣一损俱损的关系。与此同时，人类社会的发展也面临越来越多的共同挑战和难题，全球气候变化、恐怖主义、重大传染性疾病、网络攻击等，都不是单个国家或集团所能解决的，而是必须集合国际社会整体的力量予以应对。在这种国际现实面前，人类命运共同体理念突出了人类共同的命运和使命，高举合作、发展和共赢的旗帜，主动承担起中国作为一个发展中大国应承担的责任，倡导多边主义，反对单边主义和孤立主义，倡导共同发展，反对以邻为壑，倡导同舟共济，反对将自身利益凌驾于他国利益之上。在晚近国际关系中反全球化、自我中心主义大行其道的背景下，人类命运共同体理念以理想主义和理性主义的方式指明了人类社会的发展方向，具有十分重要的指导意义。

（二）引领全球治理体系变革

当今世界正面临着更为复杂和尖锐的矛盾，现行全球治理体系已经越来越不能适应广大发展中国家和新兴市场国家对于公平、正义的诉求。联合国宪章的宗旨和基本原则应在国际关系中得到更为充分的实现，国际关系应朝着民主化、法治化、合理化的方向进一步发展。现行的全球治理体系未能充分反映国际社会新兴力量的发展，也未能将新兴力量有效地整合进国际治理体系发挥其应有的作用，这导致了当前全球治理体系的失灵和运行不畅。旧的全球治理体系是在二战后冷战格局下形成的，主导者是发达国家，更多地反映了发达国家的利益和主张，发达国家在其中占据着支配地位。伴随着冷战后世界政治、经济格局的大变动，旧有的治理体系已经无法适应新的形势，从理念到制度都需要进行新的调整和变革。中国倡导构建人类命运共同体，为全球治理体系变革提供了重要的理念资源，为人类社会发展进步描绘了美好蓝图，将对全球治理制度层面的完善和发展起到重要引领作用。

（三）营造中华民族伟大复兴的良好外部环境

经过改革开放40年的发展，中国已经成为世界第二大经济体，人均国内生产总值超过8000美元，人民生活不断改善，我国社会主要矛盾已经转化为人民日益增长的美好生活需要和不平衡不充分的发展之间的矛盾。现在中国国家实力大幅增强，世界影响力日益提升，在全球治理中的作用不容忽视。自1840年以来，今天的中国比历史上任何时期都更加接近世界舞台的中央，比以往任何时候都更加接近实现民族复兴的目标。在民族复兴道路上，中国与世界的前途命运紧密地联系在一起，国际社会整体的发展、全球治理体系的变革关系到中国的发展以及国家利益的实现。中国倡导并推动人类命运共同体建设，把中国人民的利益同各国人民的共同利益结合起来，体现了中国将自身发展与世界共同发展相统一的负责任姿态。一方面，中国的发展是世界共同发展的重要组成部分，作为世界主要经济体之一，目前中国对世界经济增长的贡献率超过30%，未来中国依然是世界经济的火车头。另一方面，中国的发展也得益于世界的发展，没有外部良好的发展环境，中国也不可能获得发展的持续保障。构建人类命运共同体的主张将中国和世界紧密相连，赋予了中华民族伟大复兴更加深刻的世界意义。

（四）增进中国同世界的沟通认知

人类命运共同体理念传承和弘扬“世界大同”“和而不同”等中国优秀传统思想文化，具有深厚的文化渊源。同时，它也反映了世界各国人民追求发展进步、促进人类社会更加美好的共同愿望，借鉴了一些区域和国家建立不同形式共同体的有益经验。因此，人类命运共同体理念既具有鲜明的中国特色，又蕴含全人类共同价值。这一理念寻求各国建设美好世界的最大公约数，不断增进各国人民之间的思想和心灵沟通，加强了中国同世界各国彼此间的认知和认同。

四　中国构建人类命运共同体的基本政策与国际实践

（一）中国构建人类命运共同体的基本政策

1. 坚持维护世界和平

实现中国梦离不开和平的国际环境和稳定的国际秩序，中国必须始终不渝走和平发展道路，树立共同、综合、合作、可持续的新安全观①。中国传统文化历来崇尚“以和为贵”，主张慎战、不战。中国古代王朝与周边国家建立了体系化的朝贡制度，以朝贡贸易代替了边境战争，在大尺度历史时空内维持了彼此和平。几千年来，和平主义融入了中华民族的血脉和基因。1840 年鸦片战争后的 100 多年里，中国频遭殖民主义、帝国主义侵略和蹂躏之害，饱受战祸和动乱之苦。孔子说，“己所不欲，勿施于人”②。中国人民深信，只有在和平安宁环境下国家才能繁荣发展。中国人民靠勤劳奋发，而不是对外军事扩张和殖民掠夺，将一个积贫积弱的国家发展成为世界第二大经济体，中国成为和平发展的范例。中国将始终不渝走和平发展道路。无论中国发展到哪一步，中国永不称霸、永不扩张、永不谋求势力范围。历史已经并将继续证明这一点③。

2. 积极促进国际社会共同发展

中国发展得益于国际社会，中国也为全球发展做出了贡献。中国将继续奉行互利共赢的开放战略，将自身发展机遇同世界各国分享，欢迎各国搭乘

---

① 习近平：《决胜全面建成小康社会夺取新时代中国特色社会主义伟大胜利——在中国共产党第十九次全国代表大会上的报告》，人民出版社，2017，第 25 页。

② 《论语·颜渊》。

③ 参见习近平《共同构建人类命运共同体》（2017 年 1 月 18 日在联合国日内瓦总部的演讲）。

中国发展的“顺风车”。1950 年至 2016 年，中国累计对外提供援助款达 4000 多亿元人民币，今后将继续在力所能及的范围内加大对外帮扶。国际金融危机爆发以来，中国经济增长对世界经济增长的贡献率年均在 30% 以上。中国市场持续扩大对外开放，进口数额不断增长，对外投资迅速发展，人员交流不断扩大，都将为世界各国发展带来更多机遇。中国提出“一带一路”倡议，积极推动与沿线国家的经济合作，努力实现共赢共享发展。目前，已经有 100 多个国家和国际组织积极响应支持，一大批早期收获项目落地开花。中国支持建设亚洲基础设施投资银行、金砖国家开发银行等新型多边金融机构，将为国际社会提供更多公共产品，进一步促进发展中国家基础设施改善和经济增长①。

3. 继续打造伙伴关系

中国坚持独立自主的和平外交政策，在和平共处五项原则基础上同所有国家发展友好合作。中国率先把建立伙伴关系确定为国家间交往的指导原则，同 90 多个国家和区域组织建立了不同形式的伙伴关系。中国将努力构建总体稳定、均衡发展的大国关系框架，积极同美国发展新型大国关系，同俄罗斯发展全面战略协作伙伴关系，同欧洲发展和平、增长、改革、文明伙伴关系，同金砖国家发展团结合作的伙伴关系。中国将继续坚持正确义利观，深化同发展中国家务实合作，实现同呼吸、共命运、齐发展。中国将按照亲诚惠容理念同周边国家深化互利合作，秉持真实亲诚对非政策理念同非洲国家共谋发展，推动中拉全面合作伙伴关系实现新发展②。

4. 坚定支持多边主义

多边主义是维护和平、促进发展的有效路径。长期以来，联合国等国际机构做了大量工作，为维护世界总体和平、持续发展的态势做出有目共睹的贡献。中国是联合国创始成员国之一，是第一个在联合国宪章上签字的国家。中国将坚定维护以联合国为核心的国际体系，坚定维护以联合国宪章宗

---

① 参见习近平《共同构建人类命运共同体》（2017 年 1 月 18 日在联合国日内瓦总部的演讲）。

② 参见习近平《共同构建人类命运共同体》（2017 年 1 月 18 日在联合国日内瓦总部的演讲）。

旨和原则为基石的国际关系基本准则，坚定维护联合国权威和地位，坚定维护联合国在国际事务中的核心作用。中国-联合国和平与发展基金已经正式投入运营，中国将把资金优先用于联合国及日内瓦相关国际机构提出的和平与发展项目。随着中国持续发展，中国支持多边主义的力度也将越来越大①。

（二）中国践行人类命运共同体理念的国际实践

1. 平等相待、互商互谅的伙伴关系

大国之间相处，要不冲突不对抗、相互尊重、合作共赢。大国与小国相处，要平等相待，践行正确义利观。2013 年出席博鳌亚洲论坛年会时，习近平总书记强调各国应牢固树立“命运共同体”意识。随后习近平主席在印尼国会发表重要演讲，提出全方位建设“中国-东盟命运共同体”，强调要坚持讲信修睦、合作共赢、守望相助、心心相印、开放包容，使双方成为兴衰相伴、安危与共、同舟共济的好邻居、好朋友、好伙伴。在 2014 年召开的中央外事工作会议上，习近平强调要打造“周边命运共同体”，中国与周边国家共同发展进入新的历史阶段。

国际关系中的主导性因素是大国关系，在人类命运共同体理念之下，中国与传统大国正在着力构建新型大国关系。近 5 年间，中美两国元首实现多次互访，构建中美新型大国关系形成重要共识，两国把握不断增长的共同利益，管控彼此间的分歧和敏感问题，推动两国关系持续健康稳定发展，并建立了外交安全对话、全面经济对话、社会和人文对话、执法及网络安全对话 4 个高级别对话机制，深化了各领域交流合作，中美关系行稳致远。中俄全面战略协作伙伴关系日益巩固提升，中俄在国际舞台相互支持，在多个全球热点问题上有力地维护了国际秩序，维护了联合国在国际安全事务中的主导地位，促进了世界的和平，中俄关系处于历史最好时期。2015 年习近平对英国进行国事访问，双方同意建立面向 21 世纪全球全面战略伙伴关系，开

① 参见习近平《共同构建人类命运共同体》（2017 年 1 月 18 日在联合国日内瓦总部的演讲）。

启中英关系“黄金时代”，为中欧合作注入了新动力。中法全面战略伙伴关系也得到进一步提升和发展，中法在气候变化、全球金融治理体系改革等方面达成许多共识。

以金砖国家为核心的新兴市场国家合作更为紧密有效。2015 年习近平出席在俄罗斯举行的金砖国家领导人第七次会晤，在会议发言中呼吁金砖各成员国共同构建维护世界和平、促进共同发展、弘扬多元文明、加强全球治理的“四大伙伴关系”，并就如何强化金砖国家合作提出具体建议，获得了普遍赞同和响应。2017 年厦门金砖国家领导人峰会取得丰硕成果，五国共同推动经济务实合作实现新突破，政治安全合作取得新进展，人文交流合作成为新支柱，确立了经济、政治、人文“三轮驱动”的合作架构。厦门峰会还形成了“金砖+”模式，指的是金砖国家进一步加强与其他发展中国家和新兴经济体的联络、互动、对话及合作，通过金砖国家合作更好地体现发展中国家的共同立场和集体意愿。这是金砖国家合作在总结迄今有益做法基础上的重大创新。

中国与非洲、拉美、阿拉伯国家关系全面快速发展，得益于双方对构建命运共同体的强烈愿望。2015 年初，习近平与拉美和加勒比四国领导人共同出席在北京举行的中拉论坛首届部长级会议。此次会议标志着中拉关系进入双方合作与整体合作并行发展、相互促进的新阶段，实现了中方倡导、面向发展中国家的地区多边合作框架全球覆盖。2015 年底，习近平对津巴布韦和南非进行国事访问并在约翰内斯堡主持中非合作论坛峰会，将中非关系提升为全面战略合作伙伴关系。2016 年 1 月，习近平对沙特、埃及、伊朗进行国事访问，并访问阿盟总部。习近平在阿盟面向整个中东发表了重要演讲，提出中国要做中东和平的建设者、发展的推动者、工业化的助推者、稳定的支持者和民心交融的合作伙伴，有针对性地提出了促进稳定、创新合作、产能对接、增进友好等四项行动计划。

2. 公道正义、共建共享的安全格局

2014 年 5 月，习近平在亚洲相互协作与信任措施会议第四次峰会上发表讲话，倡导树立共同、综合、合作、可持续安全的新观念。共同，就是要尊重和保障每一个国家安全。综合，就是要统筹维护传统领域和非传统领域安全。合作，就是要通过对话合作促进各国和本地区安全。可持续安全，就是要发展和安全并重以实现持久安全。

中国还积极参与伊朗核问题谈判，斡旋南苏丹国内和解，提出政治解决叙利亚问题“四步走”方案，促成阿富汗政府与塔利班首轮和谈，努力为重启朝鲜半岛核问题六方会谈创造条件，为解决热点问题提出中国建议。

中国作为联合国安理会常任理事国向世界多个热点地区派驻 2700 余名维和人员，已经成为维和行动主要出兵国和出资国，为维护世界和平和安全做出积极贡献。中国宣布加入新的联合国维和能力待命机制，决定为此组建常备维和警队，并建设 8000 人规模的维和待命部队，未来将在联合国维和行动中发挥更大作用。中国还将向非盟提供总额为 1 亿美元的无偿军事援助，以支持非洲常备军和危机应对快速反应部队建设，加强非洲地区维和行动，促进非洲和平安全和稳定。

3. 开放创新、包容互惠的发展前景

2014 年北京 APEC 第 22 次领导人非正式会议取得丰硕成果，为亚太未来合作绘就了蓝图。各方一致同意本着互信、包容、合作、共赢精神，构建面向未来的亚太伙伴关系；着力打造发展创新、增长联动、利益融合的开放型亚太经济格局；推动实现共同发展、繁荣和进步的亚太梦。

2016 年 1 月 16 日，中国发起设立的亚洲基础设施投资银行在北京开业，这是中国为世界经济增长、改善亚洲各国基础设施状况所提供的国际公共产品，受到世人瞩目，得到了广大发展中国家和大多数发达国家的响应和支持。习近平在开业仪式上表示，他坚信亚投行一定能成为专业、高效、廉洁的 21 世纪新型多边开发银行，成为构建人类命运共同体的新平台，为改善全球经济治理增添新力量。亚投行致力于支持域内基础设施建设和互联互通，将为亚洲经济增长注入长久动力。

2016 年，二十国集团杭州峰会制定了《二十国集团落实 2030 年可持续发展议程行动计划》，其中包含了一些高级别原则，例如，重申可持续发展议程具有普遍、变革、不可分割、融合的特性，以及不让任何一个人掉队、在地球上生活的每个人享有尊严、实现以人为中心的可持续发展的重要性。在此框架中，二十国集团承诺将加强可持续发展政策协调，重申将根据各自国情并充分发挥二十国集团比较优势，将自身合作与全球落实议程等结合起来，同时承认联合国在全球落实和审议上述议程方面的领导作用。

中国还建设性地参与制定2030年可持续发展议程，努力将合作共赢、共同发展的理念转化为实际行动。中国设立了“南南合作援助基金”，首期提供20亿美元支持发展中国家落实2030年可持续发展议程；中国还将继续增加对最不发达国家投资，力争2030年达到120亿美元。中国还宣布开展“6个100”务实项目，在减贫、卫生、农业等领域帮助发展中国家解决实际困难。

2017年5月14日至15日，中国在北京主办“一带一路”国际合作高峰论坛。这是各方共商、共建“一带一路”，共享互利合作成果的国际盛会，也是加强国际合作，对接彼此发展战略的重要合作平台。高峰论坛期间，各国政府、企业等达成一系列合作共识、重要举措及务实成果，主要涵盖政策沟通、设施联通、贸易畅通、资金融通、民心相通5大类、76大项、270多项具体成果。

4. 和而不同、兼收并蓄的文明交流

习近平指出：“不同文明凝聚着不同民族的智慧和贡献，没有高低之别，更无优劣之分。文明之间要对话，不要排斥；要交流，不要取代。”“要促进不同文明不同发展模式交流对话，在竞争比较中取长补短，在交流互鉴中共同发展。”十九大报告再次提出，要尊重世界文明多样性，以文明交流超越文明隔阂、文明互鉴超越文明冲突、文明共存超越文明优越。这一系列文明交流主张，成为增进各国人民友谊的桥梁、推动人类社会进步的动力、维护世界和平的纽带。

2015年4月，习近平在亚非领导人会议上提出，中国未来5年内将向亚非发展中国家提供10万个培训名额；连续在华举办亚非青年联欢节，共邀请2000名亚非青年来华访问并参加联欢；将成立中国-亚非合作中心，进一步推进亚非各国交流合作。2016 年分别举办中拉文化交流年，中埃文化年，中俄媒体交流年等文化交流活动。

习近平在巴西国会题为“弘扬传统友好共谱合作新篇”演讲中明确倡议，“建立多边、民主、透明的国际互联网治理体系”。在第二届世界互联网大会上习近平更是明确强调，网络空间是人类共同的活动空间，网络空间前途命运应由世界各国共同掌握，各国应加强沟通、扩大共识、深化合作，共同构建网络空间命运共同体，并就构建网络空间命运共同体提出“五点主张”。在 2016 年 11 月举行的第三届世界互联网大会上，习近平发表视频讲话，再次指出：“互联网发展是无国界、无边界的，利用好、发展好、治理好互联网必须深化网络空间国际合作，携手构建网络空间命运共同体。”

5. 尊崇自然、绿色发展的生态体系

2015 年 12 月 12 日，巴黎气候大会达成包括《巴黎协定》和相关决定在内的巴黎成果，这是国际应对气候变化进程中历史性的一天。为推动巴黎谈判取得成功，习近平就此与有关国家领导人发表联合声明，并在开幕式上系统阐述加强合作应对气候变化的主张，为谈判提供了重要政治指导。在巴黎气候大会开幕式上习近平强调，《巴黎协定》是对建设“人类命运共同体”的推动，并就未来全球治理模式提出三点主张。中美两国元首于 2014 年 11 月在北京、2015 年 9 月在华盛顿发表了两份中美气候变化联合声明。这有力地推动了《巴黎协定》的达成，标志着多边气候外交的新时代的开启。中法两国元首于 2015 年 11 月发表气候变化联合声明，为《巴黎协定》最终达成奠定了坚实基础。在气候变化国际合作方面，多年来，中国政府认真落实气候变化领域南南合作政策承诺，支持发展中国家特别是最不发达国家、内陆发展中国家、小岛屿发展中国家应对气候变化挑战。为加大支持力度，中国宣布设立 200 亿元人民币的中国气候变化南南合作基金。中国同时积极敦促发达国家承担历史性责任，兑现减排承诺，并帮助发展中国家减缓和适应气候变化。在特朗普就任美国总统宣布退出《巴黎协定》的情况下，中国再次重申了自己对全球气候变化多边体制的支持，重申减排承诺不变，体现了一个负责任大国的担当，这是中国以实际行动对构建人类命运共同体做出的贡献。

五　国际社会对“人类命运共同体”理念的理解和接纳

“人类命运共同体”理念提出后，逐渐获得国际社会的理解和接受。2017年2月10日，联合国经社理事会下属机构社会发展委员会第55届会议协商一致通过“非洲发展新伙伴关系的社会层面”决议建议稿[①]，“人类命运共同体”理念首次被写入联合国机构文件中。根据社会发展委员会的建议，2017年6月8日，联合国经社理事会正式通过该决议，呼吁国际社会本着合作共赢和构建人类命运共同体的精神，加强对非洲经济社会发展的支持。同时，决议欢迎并敦促各方进一步促进非洲区域经济合作进程，推进“一带一路”倡议等便利区域互联互通的举措[②]。

联合国安全理事会2017年3月17日第7902次会议通过了关于阿富汗问题的第2344（2017）号决议。决议“强调指出，本着合作共赢的精神推动区域合作极为重要，作为有效方式以促进阿富汗和该区域安全、稳定和经济社会发展，构建人类命运共同体”[③]。这是在联合国体系内第一次明确将“人类命运共同体”概念写入正式决议，表明国际社会不仅明了这一概念的内涵，而且接纳这一概念所蕴含的精神和价值，承认这一概念在推动国际合作发展中的作用。

2017年3月21日，联合国人权理事会第34届会议通过关于“食物权”的决议，指出“决心为实现国际社会的承诺采取新的步骤，以通过加强国

---

① Commission of Social Development，Draft Resolution Social Dimensions of the New Partnership for Africa's Development，https：//undocs. org/E/2017/26，visited on January 4，2018.

② UN DOC E/RES/2017/11，http：//www. un. org/ga/search/view_ doc. asp？symbol = E/RES/2017/11&referer = /english/&Lang = E，visited on January 4，2018.

③ UN DOC S/RES/2344（2017），http：//www. un. org/en/ga/search/view_ doc. asp？symbol = S/RES/2344（2017），visited on January 4，2018.

际合作和团结，坚持不懈地做出努力，争取在实现食物权方面取得重大进展，从而建设人类命运共同体"[①]。同日，人权理事会还通过了“在所有国家实现经济、社会及文化权利问题”的决议，指出“回顾《联合国千年宣言》，其中各国国家元首和政府首脑确认，他们决心不遗余力促进民主和加强法治以及和平、发展及尊重一切国际公认的人权和基本自由，包括发展权；并相信需要做出广泛而持久的努力，来建设人类命运共同体"[②]。

2017 年 11 月 1 日，第 72 届联大负责裁军和国际安全事务的第一委员会通过了“防止外空军备竞赛进一步切实措施"[③] 和“不首先在外空放置武器"[④] 两份安全决议，“人类命运共同体”理念再次写入联合国决议，这也是这一理念首次纳入联合国安全决议。这体现了国际社会对中国理念的广泛支持，也表明中国将为新时期的全球安全治理做出不懈努力的决心和信心。国际社会对构建“人类命运共同体”理念被载入联大一委决议纷纷给予积极评价。联合国副秘书长、裁军事务高级代表中满泉表示，构建“人类命运共同体”理念与联合国宪章的宗旨高度契合，与联合国共同安全的和平理念高度契合，给充满不确定的世界指明了方向，提供了中国方案，符合国际社会的共同利益。本届联大一委主席、伊拉克常驻联合国代表阿鲁罗姆大使表示，中国关于构建“人类命运共同体”的理念具有前瞻性，是破解全球安全治理困境的有效办法，应该在多边领域加以推广。中国在致力于自身发展的同时，还在为人类的安全和未来贡献智慧和力量。俄罗斯出席联大一委代表团代理团长伊尔马科夫表示，联大一委是设置国际安全议程的重要平

---

① Human Rights Council, The Right to Food, UN DOC A/HRC/34/L. 21, https: //documents-dds-ny. un. org/doc/UNDOC/LTD/G17/071/08/PDF/G1707108. pdf? OpenElement, visited on January 4, 2018.

② Human Rights Council, Question of the Realization in All Countries of Economic, Social and Cultural Rights, UN DOC A/HRC/34/L. 4/Rev. 1, https: //documents-dds-ny. un. org/doc/UNDOC/LTD/G17/072/08/PDF/G1707208. pdf? OpenElement, visited on January 4, 2018.

③ First Committee, Further Practical Measures for the Prevention of an Arms Race in Outer Space, A/C. 1/72/L. 54, http: //undocs. org/A/C. 1/72/L. 54, visited on January 4, 2018.

④ First Committee, No First Placement of Weapons in Outer Space, A/C. 1/72/L. 53, http: //undocs. org/A/C. 1/72/L. 53, visited on January 4, 2018.

台，人类命运共同体理念写入一委决议，意义重大。巴基斯坦常驻联合国代表洛迪表示，构建“人类命运共同体”理念体现了中国在相互依存的世界中大力推动国际合作的远见卓识，是21世纪促进国际和平与可持续发展最为重要和最具雄心的理念。它为国际社会提供了一种创新思维，即通过强化利益融合和深化全面合作，建立更加公平合理的国际体系①。

国际社会对“人类命运共同体”理念的接纳，充分说明这一理念反映了国际社会的现实需要，说明这一理念是各国人民的共同向往。在未来，我们还需要进一步用世界各国可以理解的话语方式、实际可行的中国方案以及实实在在的中国实践逐步推进构建“人类命运共同体”，为世界和平和发展、为人类更美好的未来做出更大的中国贡献。

① 《外交部：国际社会积极评价人类命运共同体理念写入一委决议》，http：//world. people. com. cn/n1/2017/1103/c1002-29626393. html，visited on January 4，2018。

从和平共处到合作共赢

——中国国际法治观的认知迭代

何志鹏　都　青*

一　导论

在中国共产党第十九次全国代表大会的报告中，数次提到了合作、共赢的国际秩序理念①。这实际上是中国在国家建设和社会发展的新时代确定和开展外交事务的重要原则，是中国在世界局势关系的新时代所确立的国际关系新思路。从国际法的角度看，也是国际法治中国观念、中国话语、中国方案的重要锚点。

如果说，作为中国文化、中国制度、中国理念的一部分，中国的国际法治观与其他方面一秉持着“不忘本来、吸收外来、面向未来”的品格的话，那么，包括合作共赢在内的国际法治理念当然也有它的历史根基和时代背景。由此就有必要进一步分析，中国的国际法治理念是如何从当初的“和平共处”走向现在的“合作共赢”，这种历史发展轨迹的物质基础、思想基础是什么？世界政治经济格局的变化、中国国内经济的发展对中国的国际法

* 何志鹏，法学博士，“2011 计划 · 司法文明协同创新中心”、吉林大学理论法学研究中心、法学院教授，研究方向为国际公法。都青，吉林大学法学院博士研究生，研究方向为国际公法。

① “中国将高举和平发展合作共赢的旗帜，恪守维护世界和平、促进共同发展的外交政策宗旨”，“推动建设相互尊重、公平正义、合作共赢的新型国际关系”。“要同舟共济，促进贸易和投资自由化便利化，推动经济全球化，朝着更加开放、包容、普惠、平衡、共赢的方向发展。”《中国共产党第十九次全国代表大会文件汇编》，人民出版社，2017，第 46 ~ 47 页。

治观带来哪些影响？在国际法治的进程中，中国仍然扮演着被动的接受者的角色，还是已经在全球治理的格局中因自己的实践占据一席之地？全球化时代的国际法治究竟为我们带来了什么样的影响？本文拟通过环境审视、逻辑分析来理解与分析中国的国际法治观，而后对中国的规范和实践进行考察，以期得到答案。

二 环境审视：中国对国际法治格局判断的时代依据

历史不断证明，政治因素与经济因素在国际关系中起着重要的作用，这也符合马克思主义的辩证唯物主义观念①。自 1949 年中华人民共和国成立至今，无论是国际政治、经济的外部环境，还是民族经济增长、社会发展的内部环境都处于不断发展变化的态势之中，对国际关系、对中国参加国际关系、处理国际事务都产生了深刻的影响，中国的国际法治观也不可能脱离和忽视这些环境因素。因此，对于中国国际法治观的考察首先要对环境进行审视。

（一）战争与和平是冷战时期的国际关系主题

20 世纪 40 年代中期以后，以美国为首的资本主义阵营与以苏联为首的社会主义阵营之间开始了长达数十年的冷战，现代历史上真正出现了权力极化②，因此出现了国际局势的紧张，此时，国际上的主要矛盾是战争与和平问题③。总体观察，国际关系的基调就是在为战争筹划的过程中维持脆弱的和平，国际法的基本问题就是如何避免大规模战争、如何维持一个基本和平的局面。

---

① 〔美〕罗伯特·吉尔平：《国际关系政治经济学》，杨宇光等译，上海世纪出版集团，2011，第 2 页。

② 〔美〕约翰·刘易斯·加迪斯：《长和平：冷战史考察》，潘亚玲译，上海人民出版社，2011，第 293 页。

③ 《周恩来外交文选》，中央文献出版社，1989，第 58 页。

而对于中国本身而言，中华人民共和国成立之初，国内存在着尖锐而复杂的矛盾：解放战争仍在推进，祖国统一远未完成；对外面临着紧张的国际局势，可以说处于内忧外患的状态。1950 年爆发的朝鲜战争更是雪上加霜，我国的国际生存环境愈加严峻。受到美国支持的台湾当局又窃据了我国在联合国的席位，这些都使得我们举步维艰，很难参与到广泛的全球性国际事务中去。在这种时代背景下，一个和平稳定的国际环境对中国的发展而言至关重要。因此，自 1949 年以来，中华人民共和国政府就一直坚持和平的外交方针[①]。

中国和平的外交政策，也被明确地规定在《共同纲领》中："中华人民共和国外交政策的原则，为保障本国独立、自由和领土主权的完整，拥护国际的持久和平和各国人民间的友好合作，反对帝国主义的侵略政策和战争政策。""中华人民共和国可在平等互利的基础上，与各外国的政府和人民恢复并发展通商贸易关系。"[②]

在这一时期，毛泽东和周恩来都强调和平，反复说明中国人民是爱好和平的[③]，中国要为持久和平而努力[④]。1950 年，毛泽东在中国共产党第七届中央委员会第三次全体会议上做报告认为"世界各国争取和平反对战争的人民运动有了发展，新的世界战争是能够制止的"[⑤]，并且认为全世界都需要和平，一切爱好和平的国家和人民要团结起来，为全世界的和平而努力[⑥]。1954 年日内瓦会议召开，达成了关于印度支那停火的协定，又大大推动了世界政治的和平化发展[⑦]。1953 年底，中印代表团在进行谈判时，周恩来在我国既有的外交理念基础上提出了互相尊重领土主权、互不侵犯、互不干

① 《周恩来外交文选》，中央文献出版社，1989，第 48 页。

② 当代中国研究所编《中华人民共和国史编年（1949 年卷）》，当代中国出版社，2004，第 553 页。

③ 《周恩来外交文选》，中央文献出版社，1989，第 22 页。

④ 《周恩来外交文选》，中央文献出版社，1989，第 1 页。

⑤ 《毛泽东外交文选》，中央文献出版社、世界知识出版社，1994，第 135~136 页。

⑥ 《毛泽东外交文选》，中央文献出版社、世界知识出版社，1994，第 148 页。

⑦ 肖娴：《刘少奇外交思想与实践研究（1949—1966）》，中国社会科学出版社，2013，第 52 页。

涉内政、平等互惠和和平共处的和平共处五项原则。随后，这五项原则被正式写入了《关于中国西藏地方和印度之间的通商和交通协定》中[①]。在之后的中印、中缅联合声明中都重申了和平共处五项原则，并在中印联合声明之后，中国将“平等互惠”改为“平等互利”，在1954年的中苏联合宣言中将“互相尊重领土主权”改成“互相尊重领土和主权完整”。随后，在1954年《中华人民共和国宪法》的序言中申明了这一立场[②]。“我们认为，这五项原则不应该只限于处理中印和中缅关系，它也可以适用于全亚洲，甚至于全世界各国。”[③] 在1955年的万隆会议上，中国也强调并重申了和平共处五项原则[④]。在这一时期，和平共处五项原则是我国处理国际关系的一个长期的方针。毛泽东在与印度总理尼赫鲁、缅甸总理吴努、印度尼西亚总理阿里·沙斯特罗阿米佐约谈话时都强调了这一点，认为和平共处五项原则应推广到所有的国家关系中去[⑤]，国家间的合作必须是互利的[⑥]，五项原则适合亚洲、非洲绝大多数国家的情况，我们要追求稳定，不仅是国际上要稳定，国内也要稳定[⑦]。我们要团结起来，不能互相损害，而是互利，不仅在商业上和文化上如此，在政治上也进行合作[⑧]。1954年周恩来在日内瓦会议上发言表示，“亚洲国家应该互相尊重各国的独立和主权，而不互相干涉内政；应该以和平协商方法解决各国之间的争端，而不使用武力和威胁；应该在平等互利的基础上建立和发展各国之间的正常的经济和文化关系，而不容许歧视和限制”[⑨]。根据和平共处五项原则，社会制度不同的国家也是可以共处的[⑩]。周

① 《周恩来外交文选》，中央文献出版社，1989，第63页。
② 当代中国研究所编《中华人民共和国史编年（1954年卷）》，当代中国出版社，2009，第674页。
③ 《周恩来外交文选》，中央文献出版社，1989，第91页。
④ 《周恩来选集（下卷）》，人民出版社，1984，第149~151页。
⑤ 《毛泽东外交文选》，中央文献出版社、世界知识出版社，1994，第163~167页。
⑥ 《毛泽东外交文选》，中央文献出版社、世界知识出版社，1994，第167页。
⑦ 《毛泽东外交文选》，中央文献出版社、世界知识出版社，1994，第177~196页。
⑧ 《毛泽东外交文选》，中央文献出版社、世界知识出版社，1994，第208~213页。
⑨ 《周恩来外交文选》，中央文献出版社，1989，第70页。
⑩ 《周恩来外交文选》，中央文献出版社，1989，第112~120页。

恩来认为我们开国以来就根据平等互利的原则同外国做买卖[①]。在中英、中日关系中，我们也倡导和平合作、和平共处[②]。在平等互利的基础上进行合作，发展前途是无限的[③]。刘少奇也认为，要以和平共处原则为基础推动新中国的和平外交[④]。我们要坚定不移地根据这五项原则来进行外交活动，争取在这五项原则的基础上同一切资本主义国家建立和改善关系[⑤]。

总而言之，中国密切关注着冷战的国际局势，并针对这一局势坚持和平的外交政策，坚持以和平共处五项原则为核心处理国际关系。和平共处五项原则提出了国际法的“不结盟道路”，确立了国际法中国立场的基调[⑥]。和平共处五项原则是中国对国际法的贡献，坚持和平共处五项原则也为我们的稳定、发展奠定了基础。

（二）和平与发展在20世纪80年代成为世界基调

在 20 世纪 80 年代以后，冷战的对立格局逐渐弱化，国家之间趋向对国际问题进行和平处理，国际局势和缓，世界局面显得更加理性化，国家之间的冲突在事项领域和地域上越来越局限[⑦]。在和平的大环境下，国家处于一种较为稳定的态势之中，有条件考虑本国的发展问题。在这一时期，国家更注重如何促进经济发展、社会稳定、文化繁荣，和平与发展成了世界的基本旋律。

在这一时期，中国也进入了稳定的发展阶段。在国际关系上，中华人民共和国政府于 1971 年恢复了在联合国的合法席位，与美国、日本、苏

---

① 《周恩来外交文选》，中央文献出版社，1989，第 51 页。

② 《周恩来外交文选》，中央文献出版社，1989，第 79～93 页。

③ 《周恩来外交文选》，中央文献出版社，1989，第 412～421 页。

④ 肖娴：《刘少奇外交思想与实践研究（1949—1966）》，中国社会科学出版社，2013，第 57 页。

⑤ 《建国以来刘少奇文稿》第 7 册，中央文献出版社，2008，第 116 页。

⑥ 何志鹏、孙璐：《大国之路的国际法奠基——和平共处五项原则的意义探究》，《法商研究》2014 年第 4 期，第 22～23 页。

⑦ 何志鹏、孙璐：《中国的国际法观念：基于国际关系史的分析》，《国际关系与国际法学刊》第 5 卷，第 84 页。

联等国家的关系都迅速步入正常化轨道。在这种和平的国际环境中，中国也开始考虑本国的发展问题，特别是在1978年十一届三中全会之后，中国正式大步走向了现代化大国的道路，解放思想，进行民主和法制建设，营造改革开放的政治和社会环境①。

在这种时代背景下，邓小平敏锐地判断：当前世界主要有两个问题，一个是和平问题，一个是发展问题②。在处理国际关系的问题上，邓小平指出，“中国的对外政策是独立自主的，是真正的不结盟”③。“现在国际形势不可测的因素多得很，矛盾越来越突出。……第三世界有一些国家希望中国当头。但是我们千万不要当头，这是一个根本国策。这个头我们当不起，自己力量也不够。”④ 这一时期，逐渐壮大的中国积极参与国际事务，对于国际政治经济秩序，邓小平认为，“目前是建立国际政治新秩序的时期。国际政治领域由对抗转向对话，由紧张转向缓和，出现了许多新的情况，因此应该提出一个建立国际政治新秩序的理论”⑤。并且，应当以和平共处五项原则为准则建立国际新秩序。可以说，在20世纪80~90年代，邓小平提出的指导对外关系的方针原则的核心是“不结盟、不干涉内政、不当头”⑥。在20世纪末，中国的目标是争取和平，在争取和平的前提下，一心一意搞现代化建设，发展自己的国家⑦。

可以说，到20世纪末，中国抓住了和平与发展这一世界的基本旋律，并努力地求和平、谋发展，在处理国际关系问题和国际法律事务上，和平共处五项原则并没有丧失生命力，仍然是我们处理外交事务的核心理念。我们

---

① 何志鹏、孙璐：《国际法的中国理论》，法律出版社，2017，第94~95页。
② 《邓小平文选》第三卷，人民出版社，1993，第281页。
③ 《邓小平文选》第三卷，人民出版社，1993，第57页。
④ 《邓小平文选》第三卷，人民出版社，1993，第363页。
⑤ 《在会见日本国际贸促会访华团时邓小平倡议建立国际政治新秩序，希望新秩序以和平共处五项原则为基础，超级大国和地区性的霸权主义及集团政治非约束不可》，《人民日报》1988年12月3日。
⑥ 李文、沈予加：《论邓小平外交思想对构建新型国际关系的指导意义》，《政治学研究》2015年第2期，第3页。
⑦ 《邓小平文选》第三卷，人民出版社，1993，第57页。

在维护世界和平的同时，亦追求发展，在经济、社会、文化等内政和外交的维度上都不断推进，中国也逐渐成为世界上重要的政治经济体，步入现代化大国的行列。

（三）发展在新世纪国际事务中的重要性日渐提升

21世纪以来，全球化越来越深刻地影响着世界，国家之间的联系愈加密切，在这个时代，很难有国家能够像孤岛一样存在于国际社会中，即使是一些高度“闭关锁国”的国家，也必须和其他国家至少在经济上互有往来。随着国家之间相互依赖的提升，开放包容、多元互鉴成为国际关系的主基调，相互联系、相互依存成为世界事务的大潮流，和平、发展、合作、共赢被视为外交战略的主旋律①。但是，同时也应该看到，有一些问题需要全人类共同面对，国家单凭自己的力量无法解决；需要国际社会予以关注、共同合作，比如气候变化、恐怖主义等问题。很多时候，世界和平与安全的问题是发展不充分、不平衡所导致的，也只能通过发展的手段予以解决。因此，这个充满全球性风险的时代要求国际社会进行更加密切的合作，而全球治理是最好的回应方式。国际法治在公正、合理、有效地开展全球治理中具有更加举足轻重的地位②。

在全球化的时代背景下，我国通过改革开放取得了巨大而显著的发展成就，经济总量跃升至世界第二位，成为世界上第二大经济体。综合国力、国际竞争力、国际影响力都迈上了一个大台阶③。中国正在努力以一个负责任的大国的形象活跃在国际舞台上，积极参与国际事务，倡导国际政治经济新秩序，推进全球治理。这种观念明确地体现于我国在新世纪处理国际关系的准则和在继承中创新的外交思路与观念之中。2012年的中共十八大报告指

① 习近平：《共倡开放包容共促和平发展——在伦敦金融城市长晚宴上的演讲》，《人民日报》2015年10月23日，第2版。

② 黄进：《习近平全球治理与国际法治思想研究》，《中国法学》2017年第5期，第6页。

③ 资料来源于新华网，http：//news. xinhuanet. com/18cpcnc/2012－11/17/c_ 113711665. htm，最后访问日期：2017年11月26日。

出：过去十年来，我们加强同世界各国合作交流，推动全球治理机制变革，积极促进世界和平与发展，在国际事务中的代表性和话语权进一步增强，未来我们要坚持和平发展，增进人类共同利益，中国将以更加积极的姿态参与国际事务，发挥负责任大国作用，共同应对全球性挑战①。十八大以来，中国政府对于国际社会的基本格局有了更为积极的判断，也就是国家之间以互利为基础的合作十分重要。习近平主席认为，加强全球治理、推进全球治理体制变革已是大势所趋②。中国所理解的全球治理体系要义在于全球共商、共建、共享。作为世界上最大的发展中国家和第二大经济体，中国是现行国际体系的参与者、建设者、贡献者③。

三　逻辑考察：国家之间的交往方式与国际法治层次

由上文所述，随着时代背景的演变，中国的国际法治观随之也有相应的革新，从和平共处到合作发展再到全球治理，这种变化背后有着国家发展的基本法则，有着国际关系发展的基本规律。

（一）国家需求的层次

这一部分将借鉴和拓展美国社会心理学家马斯洛的需求层次理论进行阐释。马斯洛于 1943 年在《心理学评论》上发表论文《人类动机的理论》（A Theory of Human Motivation），在这篇文章中他提出了需求层次理论（hierarchy of needs）④，1954 年他在《动机与人格》一书中将需求层次理论进行了完整的阐释⑤。根据马斯洛的需求层次理论，人的需求分为不同的层

① 资料来源于新华网，http：//news. xinhuanet. com/18cpcnc/2012 - 11/17/c_ 113711665. htm，最后访问日期：2017 年 11 月 26 日。

② 《习近平在中共中央政治局第二十七次集体学习时强调：推动全球治理体制更加公正合理为我国发展和世界和平创造有利条件》，《人民日报》2015 年 10 月 4 日，第 1 版。

③ 《习近平接受华尔街日报采访时强调：坚持构建中美新型大国关系正确方向促进亚太地区和世界和平稳定发展》，《人民日报》2015 年 9 月 23 日，第 1 版。

④ A. H. Maslow，“A Theory of Human Motivation，” *Psychological Review* 50（1943）：370.

⑤ A. H. Maslow，*Motivation and Personality*（New York，NY：Harper，1954）.

次，分别是生理需求、安全需求、社交需求[①]、尊重需求、认知需求、审美需求、自我实现的需求[②]。这几个需求层次之间有着递升关系，不同层次要按照次序实现，由低层次一层一层向高层次递进，只有先满足低层次的需求才能满足高层次的需求[③]。比如说，生理需求是人最基本的需求，包括饮食、居住、睡眠等，只有当生理需求得到基本满足后，我们才能去考虑下一层次的需求，即安全需求。

国际关系学者的理论构建模式经常把国家类比为个人，这也是国家在多数情况下的决策模式。由此，马斯洛的需求层次理论有助于分析和解释理解国家在国际关系中的行为：国家也会有不同领域的需求。国家的需求可以按照层次形成一个自下而上的金字塔。最基本的需求是生存和安全，这是国家最基本、最核心的需求，国家首先要能保证自己的存续，才能考虑下一层次的安全问题。在一个和平的国际环境中保证本国的安全，进而就会考虑与其他国家的联系、合作，最后一个层次是一个国家的自我实现，也就是为世界提供公共物品[④]。没有低级需求的实现，就没有高级需求。国家之间没有共存，就谈不上合作。

（二）从和平发展到合作共赢是国家需求层次的提升

从这样一个格局上看，每一个国家的独立生存是最基础的，互利合作、形成一个全球的治理共同体、命运共同体是一个较高的阶段和层次。在这种逻辑范式下讨论国家之间的交往方式和国际法治的层次就有了一个清晰的脉络。由上文所述，中国的国际法治观从和平共处到合作发展，再到全球治

---

① 国内也有学者将社交需求表述为爱与归属，参见胡家祥《马斯洛需要层次论的多维解读》，《哲学研究》2015年第8期，第104页。

② 参见何志鹏、孙璐《国际法的中国理论》，法律出版社，2017，第134～135页；胡家祥：《马斯洛需要层次论的多维解读》，《哲学研究》2015年第8期，第104～108页；姚顺良：《论马克思关于人的需要的理论——兼论马克思同弗洛伊德和马斯洛的关系》，《东南学术》2008年第2期，第105～113页。

③ 何志鹏、孙璐：《国际法的中国理论》，法律出版社，2017，第135页。

④ 参见何志鹏、孙璐《国际法的中国理论》，法律出版社，2017，第136～137页。

理，正体现了从低级需求向高级需求实现的过程。中华人民共和国成立初期首先要保证自己的存续，即满足自己的安全需求。在满足安全需求的基础上，开始追求和平，只有在一个和平的、稳定的国际环境之中，才能保证自己的安全，才能与其他国家交往，才能考虑自身的发展问题。因此，在冷战时期，中国一直倡导维护世界和平，坚持以和平共处五项原则为开展外交活动的指导方针。而到了 20 世纪 80 年代，世界局势愈加理性化，国家之间的冲突有限，维持和平的国际环境的呼声愈发高涨，在这种态势下，和平与发展成为时代的主题。根据建构主义国际关系理论，国家与国际社会是在持续互动中建构的①。而随着国际经济相互依存关系的发展，以及更具战略性的国际环境的形成，一个国家的行动必然会影响其他国家的利益，这就增加了国际合作的必要性②。在这种时代背景下，国家之间来往密切，合作共赢，实现了更高层次的需求。在此基础上，21 世纪以来，中国在这种全球化的时代背景下，积极构建国际政治经济新秩序，促进全球治理，倡导人类命运共同体的构建正是为世界提供公共物品，是国家自我价值的实现，这也是实现国际法治最高层次的必经之路。

虽然根据马斯洛的需求层次理论，不同层次要按照次序实现，低层次到高层次的需求呈现出一种递升的关系，在低级需求未实现的情况下，高级需求无从谈起。但是值得注意的是，高层次需求的实现并不意味着将低层次的需求彻底剥离，即使实现了最高层次的需求，低层次的生存需求、安全需求对一个国家来说仍然是最根本的基石。这也是和平共处五项原则具有蓬勃生命力的内在动因。

（三）从和平共处到合作共赢是中国国际法治观的支柱理念

没有一个法治的国际环境，低层次的国家需求和高层次的国家需求大

---

① 〔美〕卡伦·明斯特、伊万·阿雷奎恩-托夫特：《国际关系精要》，潘忠岐译，上海人民出版社，2012，第 88 页。

② 〔美〕罗伯特·吉尔平：《国际关系政治经济学》，杨宇光等译，上海人民出版社，2011，第 338 页。

抵都不免付诸东流。国际法治是一种关于国际关系发展方向与存在状态的理念，要求“良法”和“善治”在不同的层面得以实现①。国际法治意味着法律规范在国际事务中得到了良好的遵守和实施②，是国际社会接受公正的法律治理的状态③。国家是国际关系最重要的参与者，是国际法治的核心主体，而国际法则是国际法治所依据的规范。在全球化的时代大背景下，国家已经不能脱离国际社会而存在，基于国际社会的无政府的特性，国际法治在国际关系中显得尤为重要。国际法治能够有助于构建并提升良好的国际秩序④、和平解决冲突，国际法治已经成为整个国际社会所共同关切的议题，在联合国的正式文件中也屡见不鲜。联合国大会自1992年以来将法治作为一个议程进行审议，自2006年以来重新予以关注⑤。2012年联合国大会决议通过《国内和国际的法治问题大会高级别会议宣言》，强调法治与发展密切关联，相辅相成，要同时推进国内和国际的法治，并确认各国作为国策的一部分将法治推向前进方面取得进展⑥。国际法治也是实现法治中国的重要部分。并且，对于中国而言，法治能够确立中国作为负责任的大国形象，我们的发展也需要有国际法治的环境支撑⑦。

法治在经历了许多艰辛与波折之后，幸运地进入中国的发展战略的高度。中共十八大报告明确提出全面推进依法治国，法治是治国理政的基本方式⑧。2013年的中共十八届三中全会作出的《关于全面深化改革若干重大问题的决定》提出了建设法治中国，坚持法治国家、法治政府、法治社会的

---

① 何志鹏：《国际法治论》，北京大学出版社，2016，第3页。

② 何志鹏：《国际法治何以必要——基于实践与理论的阐释》，《当代法学》2014年第2期，第134页。

③ 车丕照：《国际法治初探》、《国际经济法研究》，法律出版社，2015，第166页。

④ 参见何志鹏《国际法治论》，北京大学出版社，2016，第52~57页。

⑤ 资料来源于 http：//www. un. org/zh/ruleoflaw/，最后访问日期：2017年11月24日。

⑥ UN，A/RES/67/1.

⑦ 何志鹏：《国际法治论》，北京大学出版社，2016，第58~63页。

⑧ 资料来源于新华网，http：//news. xinhuanet. com/18cpcnc/2012 - 11/17/c_ 113711665_6. htm，最后访问日期：2017年11月26日。

一体化建设①。在2014年的中共十八届四中全会中首次专题讨论了依法治国问题，并通过了《中共中央关于全面推进依法治国若干重大问题的决定》，提出要积极参与国际规则的制定增强我国在国际法律事务中的话语权和影响力②。中华民族伟大复兴的“中国梦”和中国和平发展的伟大征程步入法治中国的新时代③。在全球化的大背景下，国内法治与国际法治并不是毫无关联的两个维度，不能将二者割裂开来，国家治理的现代化必须重视国际法，不能够无视国际法治④。

以时代环境的变化为线索纵观中国有关国际关系与国际法的基本方略，中国始终肩负着维护世界和平的使命。仅从改革开放以后的视角看，从中共十一大到中共十九大，中国一直坚持独立自主的和平外交政策，中国人民希望有一个和平的国际环境，中国一直致力于维护世界和平，坚持以和平共处五项原则为指导方针与世界各国交往，发展友好合作关系，不干涉他国内政，反对霸权主义，反对强权政治。20世纪80年代以来，中国的对外政策一直围绕着和平与发展这两大主题，十三大以来，我们不断加强和扩大与世界各国在平等互利基础上的合作，积极参与国际事务，重视联合国作用，倡导构建和平、稳定、公正、合理的国际新秩序，不断走向建设社会主义现代化强国之路。而进入了21世纪，面对全球化的世界，自中共十六大以来，我们依然坚定不移地维护世界和平，坚持走和平发展的道路，坚持和平共处五项原则。同时，作为一个负责任的大国，我们也肩负着维护人类共同利益的使命，承担着推进全球治理的责任。在十六大报告中，我们提出要“维护全人类的共同利益”。十八大报告也强调“要倡导人类命运共同体意识，

---

① 资料来源于新华网，http://news.xinhuanet.com/politics/2013-11/12/c_118113455.htm，最后访问日期：2017年11月26日。

② 《中共中央关于全面推进依法治国若干重大问题的决定》，2014年10月24日。

③ 曾令良、冯洁菡主编《中国促进国际法治报告（2014年）》，武汉大学出版社，2015，第2页。

④ 参见曾令良《国际法治视野下的国家治理现代化》，《法制与社会发展》2014年第5期，第39~41页；曾令良、冯洁菡主编《中国促进国际法治报告（2014年）》，武汉大学出版社，2015，第2页；赵骏：《全球治理视野下的国际法治与国内法治》，《中国社会科学》2014年第10期，第83~86页。

在追求本国利益时兼顾他国合理关切，在谋求本国发展中促进各国共同发展，建立更加平等均衡的新型全球发展伙伴关系，同舟共济、权责共担，增进人类共同利益"①。

在这些思想观念的基础上，中国的国际法治理念迭代升级。习近平主席提出了辩证统一的全球治理与国际法治的观点，即构建人类命运共同体、走和平发展道路、构建以合作共赢为核心的新型国际关系、维护以联合国宪章宗旨为核心的国际秩序和国际体系、推动国际秩序与全球治理体系朝着更加公正合理的方向发展、加强国际法治工作等②。在和平共处五项基本原则发表60周年纪念大会上，习近平主席提出，"我们应该共同推动国际关系法治化。推动各方在国际关系中遵守国际法和公认的国际关系基本原则，用统一适用的规则来明是非、促和平、谋发展"③。他在庆祝中国共产党成立95周年的大会上指出，"中国将积极参与全球治理体系建设，努力为完善全球治理贡献中国智慧，同世界人民一道，推动国际秩序和全球治理体系朝着更加公正合理的方向发展"④。10月24日是联合国日，王毅外长发表文章，提出"坚持推进国际法治，促进国际公平正义"⑤。在中共十九大报告中，更是进一步强调要构建人类命运共同体，积极推进全球治理体系和国际秩序的变革，秉持共商、共建、共享的全球治理观，倡导国际关系民主化⑥，不断推进全球治理体系的变革。中国将继续发挥负责任大国作用，积极参与全球治理体系改革和建设，不断贡献中国智慧和力量⑦。在全球化的21世纪，中国政府与人民仍然坚定不移地维护世界和平，倡导国际合作，实现互利共

① 资料来源于新华网，http://news.xinhuanet.com/18cpcnc/2012-11/17/c_113711665.htm，最后访问日期：2017年11月29日。

② 黄进：《习近平全球治理与国际法治思想研究》，《中国法学》2017年第5期，第5页。

③ 习近平：《弘扬和平共处五项原则建设合作共赢美好世界——在和平共处五项原则发表60周年纪念大会上的讲话（2014年6月28日）》，《人民日报》2014年6月29日，第2版。

④ 《习近平在庆祝中国共产党成立95周年大会上的讲话》，《人民日报》2016年7月2日，第2版。

⑤ 王毅：《中国是国际法治的坚定维护者和建设者》，《光明日报》2014年12月24日，第2版。

⑥ 《中国共产党第十九次全国代表大会文件汇编》，人民出版社，2017，第48~49页。

⑦ 《中国共产党第十九次全国代表大会文件汇编》，人民出版社，2017，第48~49页。

赢，和平共处五项原则仍然是我们处理国际关系的核心准则。中国将“始终不渝走和平发展道路、奉行互利共赢的开放战略，坚持正确义利观，树立共同、综合、合作、可持续的新安全观，谋求开放创新、包容互惠的发展前景，促进和而不同、兼收并蓄的文明交流，构筑尊崇自然、绿色发展的生态体系，始终做世界和平的建设者、全球发展的贡献者、国际秩序的维护者”①。

从和平共处到和平发展，再到合作共赢和全球治理，中国在发展对外关系、处理国际事务时所秉承的、不断发展丰富着的方针战略就是中国国际法治观的支柱理念。

四　策略分析：中国的规范与实践落实

中国对于国际法治的迭代认知不仅体现在思想和文件上，更体现在一系列的国际法律行动之中。国际法具有不成体系和变动性两个鲜明的特征，这使得国家在国际法面前不仅是一个被动的接受者，还是一个主动的参与者和引领者，国家可以通过自身的努力塑造国际法，通过自己的智慧与力量推进和完善国际法体系②。从历史的角度看，在新中国成立以前，中国的国际地位比较低，大多时候都只是国际事务的被动参与者，被动接受国际法，无从谈起中国的国际法治观。而在新中国成立之后，中国积极参与国际事务，主动参与国际规则的制定，逐渐使自己从国际法、国际法治的被动参与者转变为主动参加者和受益者③。这种在国际事务的法治化进程中表达自己的观点、阐述自己的立场、说明自己的实践、显示自己的存在、体现自己的参与的行为，就是国际法治的中国表达④。而中国在参与塑造国际法、完善国际

① 《中国共产党第十九次全国代表大会文件汇编》，人民出版社，2017，第20~21页。

② 何志鹏：《国际法治中的全球共识与中国贡献》，《光明日报》2015年5月13日，第14版。

③ 参见何志鹏《国际法治的中国表达》，《中国社会科学》2015年第10期，第159~160页。

④ 参见傅攀峰《第十二届国际法论坛“国际法治与全球治理”国际学术研讨会综述》，《国际法研究》2016年第1期，第121~122页；何志鹏：《国际法治的中国表达》，《中国社会科学》2015年第10期，第159~160页。

法体系，参与国际事务并表达观点、阐述立场、说明实践的过程中所体现、秉承的理念、原则等就是中国的国际法治观。

（一）和平共处表达了中国国际法治观的底线思维

如前所述，和平共处五项原则在20世纪50年代提出以后，一直受到中国政府、特别是领导人的高度肯定和反复重申。和平共处五项原则成为中国认识和参与国际治理的基调，是中国对于国际社会发展方向的底线思维，若国家之间没有和平的关系，没有对主权的尊重，没有对领土完整的维护，则以后更进一步的合作根本无法达成，所以，中国始终尊重国家主权和领土完整。和平共处五项原则是中国外交政策的长期立场、主导动机。在这个方面，我们主要维护国际和平的基本格局，比如，针对核武器，中国对核武器始终采取极为克制的态度，一贯倡导全面禁止和彻底销毁核武器，中国自拥有核武器之日起就郑重声明，在任何时候、任何情况下都不首先使用核武器，并承诺无条件地不对无核武器国家和无核武器区使用或威胁使用核武器，并一直推动所有核国家以法律形式确定上述承诺。中国对核武器的立场基本上被写进了历年的国防白皮书中①。此外，中国坚定支持《全面禁止核试验条约》和《不扩散核武器条约》。中国认为，核能利用必须以安全为前提。中国支持国际社会采取切实措施加强核能安全，积极开展相关国际合作，以促进核能的健康、可持续发展②。对于常规武器，中国是《特定常规武器公约》的缔约国，中国认为，应该在平衡处理各国军事安全和人道主义关切的基础上，不断加强和完善常规军控法律机制③。坚持和平解决国际争端的立场。中国政府积极倡导和平解决争端，是和平解决国际争端原则的坚定维护者和促进者，并且认为和平解决争端是国际法基本原则，与国际法

① 资料来源于 http：//www. mod. gov. cn/affair/book. htm，最后访问日期：2017年11月26日。

② 《第65届联合国大会中国立场文件》，资料来源于 http：//www. fmprc. gov. cn/web/ziliao_674904/tytj_ 674911/zcwj_ 674915/t751978. shtml，最后访问日期：2017年11月26日。

③ 曾令良、冯洁菡主编《中国促进国际法治报告（2015年）》，社会科学文献出版社，2016，第102页。

治建设密不可分，是法治原则的必然要求。同时，主张争端各方通过谈判、对话和协商等方法妥善解决国际争端，维护国际和平与安全，并且强调选择和平解决国际争端的方法须依法尊重当事国的自由选择权①。

（二）以和平安全的国际环境为基础追求共赢型合作

继而，在可以得到和平的外交环境、国际格局基本目标初步达到的前提下，中国政府也非常注重与其他国家在经济环境等事务领域的合作。其中在经济领域的合作，最为重要的显然是“一带一路”倡议；其次值得关注的是亚洲基础设施投资银行、金砖国家新开发银行等新机构。这样一些规则和机构都是为了促进国际发展而设计的新型国际法治思想和国际法治模式。

全球化带来的不仅是机遇，而且包括挑战。面对全球经济复苏乏力、区域经济多元发展的形势，面对中国经济发展的新阶段以及纷繁复杂的国际和地区局面②，习近平主席在2013年提出了“一带一路”的倡议③，“一带一路”经济带的范围包括历史上丝绸之路和海上丝绸之路行经的国家和地区。它的核心内容是促进基础设施建设和互联互通，对接各国政策和发展战略，深化务实合作，促进协调联动发展，实现共同繁荣④。在推进“一带一路”建设方面，习近平主席提出了“五通”的思想，即政策沟通、设施联通、贸易畅通、资金融通和民心相通。自“一带一路”经济带建设以来，中国与沿线国家在经济、文化上合作更为密切。比如，“一带一路”沿线国家贸易自由度不断提高，物流体系的建设、跨国铁路的建设，能源基础设施互相

① 《常驻联合国副代表王民大使在第66届联大六委关于“国内和国际的法治”议题的发言》，资料来源于 http：//www.fmprc.gov.cn/ce/ceun/chn/zgylhg/flyty/ldlwjh/t865157.htm，最后访问日期：2017年11月26日。

② 《共同建设丝绸之路经济带和21世纪海上丝绸之路的愿景与行动》，新华网，http：//news.xinhuanet.com/world/2015-03/28/c_ 1114793986.htm，最后访问日期：2017年11月29日。

③ 《共同建设“丝绸之路经济带”（2013年9月7日）》《共同建设“二十一世纪海上丝绸之路”（2013年10月3日）》，《习近平谈治国理政》，外文出版社，2014，第287~290、292~295页。

④ 《携手推进“一带一路”建设》（习近平在“一带一路”国际合作高峰论坛圆桌峰会上的开幕词），《习近平谈治国理政（第二卷）》，外文出版社，2017，第506~516页。

联通，加强旅游合作等都为中国和沿线国家带来了新的机遇。“一带一路”把沿线各国的经济紧密联系在一起，真正实现了沿线各国的合作共赢。对中国而言，以设施的联通为例，铁路的建设为像兰州一样的内陆城市带来了陆港货运的机遇，中欧班列的建设促进了我国内陆城市如成都、义乌等地的经济发展。而对于沿线国家，以数字来说明，2015 年与 2016 年，中国企业对“一带一路”相关国家直接投资额达 293.5 亿美元，截至 2016 年底，中国企业在“一带一路”沿线国家建立初具规模的合作区 56 个，入区企业 1082 家，为当地创造就业岗位近 18 万个①。在 2015 年 3 月的博鳌亚洲论坛开幕式上，习近平主席强调说：“‘一带一路’建设秉持的是共商、共建、共享原则，不是封闭的，而是开放包容的；不是中国一家的独奏，而是沿线国家的合唱。”中国经济和世界经济高度相连，是中国扩大和深化改革开放的需要，也是加强和亚欧非及世界各国互利合作的需要，中国愿意在力所能及的范围内承担更多的责任义务，为人类和平发展做出更大的贡献②。中国在经济领域倡导的合作除“一带一路”外，还有亚投行和金砖国家新开发银行等，亚投行为亚洲基础设施的建设筹集资金，加强了中国同亚洲其他国家和地区的合作，促进亚洲区域内的互联互通建设，推进亚洲的经济一体化进程。金砖银行的宗旨是为成员国、新兴市场国家和其他发展中国家提供基础设施和项目建设融资，并以此开辟发展中国家合作新模式。中国所倡导的经济领域的新的合作模式，促进了中国和这些合作国家的经济增长，同时也是中国作为负责任的大国参与国际合作、构建国际经济新秩序、推进全球治理的体现。

国际法正在走向人本主义，全球治理也重视个人的利益。在人权方面，中国政府认为，人权具有普遍性，其中最重要的人权是生存权和发展权③。中国已经加入近 30 项国际人权公约，包括《防止及惩治灭绝种族罪公约》

---

① 资料来源于 http://politics.people.com.cn/n1/2017/0414/c1001-29209934.html，最后访问日期：2017 年 11 月 29 日。

② 《推动共建丝绸之路经济带和 21 世纪海上丝绸之路的愿景与行动》，新华网，http://news.xinhuanet.com/world/2015-03/28/c_1114793986.htm，最后访问日期：2017 年 11 月 29 日。

③ 何志鹏、孙璐、王彦志、姚莹：《国际法原理》，高等教育出版社，2017，第 346 页。

《关于难民地位的公约》《儿童权利公约》《消除对妇女一切形式歧视公约》等。中国尊重和保障人权，积极参与人权全球治理，认真履行国际人权条约所规定的义务，并通过国内法予以保障。2004 年 3 月在修改《宪法》时，第 33 条增加一款“尊重和保护人权”。之后在对《刑事诉讼法》进行修改时将“尊重和保障人权”写入了总则。此外，中国也不断提升人权承诺[①]。比如，国务院新闻办公室在 2009 年、2012 年、2016 年分别发布《国家人权行动计划（2009—2010 年）》《国家人权行动计划（2012—2015 年）》《国家人权行动计划（2016—2020 年）》。中共十八大也强调以人为本，中共十九大报告中也明确指出要加强人权法治保障。但是我们坚决反对任何国家利用人权问题干涉别国内政，在中共十四大报告中强调，“人权问题说到底是属于一个国家主权范围的事”，我们反对任何国家利用人权问题推行自己的价值观念、意识形态、政治标准和发展模式[②]。

气候变化等环境问题是国际社会所共同关切的问题，涉及全人类的共同利益，需要国际社会的共同努力来进行全球治理。在环境合作方面，中国积极参与国际环境条约，认真履行国际条约所规定的义务，推进环境方面的全球治理。中国批准或加入了多项有关环境的公约或议定书，包括《国际油污损害民事责任公约》《生物多样性公约》《气候变化框架公约》《京都议定书》《巴黎协定》等。中国推动国际环境法基本原则的发展，推动国际气候大会谈判，比如，2015 年 12 月习近平主席在巴黎气候变化大会上强调，中国坚持正确义利观，积极参与气候变化国际合作，对谈判进程的推进起到了积极的促动作用。此外，中国也积极推动国际生物资源保护公约和议定书的谈判，推动世界文化和自然遗产保护公约的发展，积极主动解决国际环境争端，积极推进环境公约和议定书的实施[③]。中国坚持以合作应对气候变化[④]。

---

① 何志鹏、孙璐、王彦志、姚莹：《国际法原理》，高等教育出版社，2017，第 349~350 页。

② 何志鹏、孙璐、王彦志、姚莹：《国际法原理》，高等教育出版社，2017，第 346 页。

③ 曾令良、冯洁菡主编《中国促进国际法治报告（2015 年）》，社会科学文献出版社，2016，第 32 页。

④ 《中国共产党第十九次全国代表大会文件汇编》，人民出版社，2017，第 47 页。

环境法治的现状和行动表明，国际环境法治离不开中国的参与，中国将继续向世界展现一个负责任的环境大国的形象①。

作为负责任的大国，中国坚持以和平共处五项原则为指导方针，坚定不移地走和平发展的道路，秉持共商、共享、共建的全球治理观，推进国际关系民主化，倡导人类命运共同体，构建国际政治经济新秩序，积极参与全球治理的体系改革和建设。

五　结论

从和平共处到合作共赢，既不适合被认识为中国外交思路和国际法治观念的拨乱反正、弃旧图新，也不适合被视为中国外交思想和国际法治理念的范式转换、除旧布新。而是适于被理解为中国的外交思想与国际法治观念的层次增加和升级迭代，也就是在原有的思想基础上加入新的因素，是原有版本的继承与发展，是基于中国对于国际社会的格局注入了新的因素，中国自身发展进入了新的阶段而提出的新理解和新主张。这种理解和主张并不是对以往理念的摒弃和抛除，而是在以往的基础上进一步地提升层次，原来的理解和认知仍然存在，而且发挥着基础性的作用，而新的因素则面对新的状况、新的格局、新时代中国与国际社会互动而提出，是一种兼容的新模式。这种新并不是辞旧迎新，而是发展创新。不剥离、不放弃、不改变原有的主张，加入一些新的层次。这种新层次的加入使得原有的国际关系格局更为丰富，更符合时代的新要求。与此同时，原有的那些要求和理解仍然存在，在时代发生变革的时候，我们仍然有机会回到更加安全和稳定的基础系统。对国际关系提供多种层次、多重要求的理解是一个自下而上、自基础而高阶的做法，符合历史唯物主义的世界观和方法论，从而也会更坚实、更稳定地推进中国的建设与发展。

① 曾令良、冯洁菡主编《中国促进国际法治报告（2015年）》，社会科学文献出版社，2016，第32页。

论"一带一路"国际合作倡议的国际法意涵

余敏友*

当今国与国之间的界限正在逐渐淡化，各种挑战相互关联，在这样一个国家间相互依存日益加剧的世界，一个人遇到的挑战就是所有人面临的挑战，美国和欧洲某些国家的经济动向动摇了人们对未来经济发展的信心，人们普遍感到迷茫和失望。

"一带一路"国际合作倡议是中国发起和引领的塑造新型国际秩序、构建公正公平的新型全球治理的重要实践，是应对全球性威胁、解决全球治理失灵、世界失序、发展失衡的中国理念和中国方案①。"一带一路"国际合作倡议为解决下列国际经济关系中的重大现实问题指明了方向。

第一，现有国际经济秩序的基本法律框架不适应国际经济新格局，全球

* 余敏友，武汉大学国际法研究所教授，武汉大学边界与海洋研究院院长，国家领土与海洋协同创新中心副主任，研究方向为国际公法。

① 秦亚青、魏玲：《新型全球治理观与"一带一路"实践》，《外交评论》2018 年第 2 期。

国际经济权力格局的主导权正在从发达国家垄断向新兴经济体、中小发展中国家与发达国家分享转变；新技术变革、新产业形态、新经济交易正在推动全球产业链、供应链、价值链和全球经济社会生态的发展，如何应对全球发展的不可持续性与非公正性已经成为重大课题；第二次世界大战结束后建立的国际贸易体系、国际金融体系及其他国际经济合作安排，在先后经历冷战时期与冷战后的严峻考验后，又需要根据新的全球经济环境予以调整、更新甚至变革。

第二，美国国家安全战略把经贸关系视为国家安全的组成部分，特朗普政府推行经济民族主义与安全国际主义结合的“美国优先”和“使美国再伟大”的反全球化政策，对贸易伙伴采取“极限施压”战术，背离战后多边贸易体系七十年贸易与政治分开的传统，通过跨国经济交易与国家安全挂钩，使美国国际经济活动日益政治化，不仅严重危及现行全球多边贸易体系和国际经济治理体系的生存，而且造成国际经济局势紧张甚至滑向经济冷战的悬崖。

第三，在以《联合国宪章》为核心的全球性国际法体系中，进入调整关键期的国际经济秩序，面临着如何推动全球经济社会持续发展以维护持久公正的国际和平与普遍安全的挑战。

一　“一带一路”国际合作倡议具有深刻的国际法内涵

1. 维护国家主权平等，不干涉内政

国家主权平等原则的主要功能是管理而非消除国家间的不平等。国家主权平等通常被理解为各国在法律上的机会平等和地位平等。它保护小国、穷国和弱国，允许它们在某些领域与大国强国平等交往，至少表面上享有与大国同样的权利，从而维护了法治的底线。国家主权平等不是保证各国的政治与经济平等，更不是各国有义务消除国家之间实际存在的实力与能力的不平等。它不仅不禁止国家之间的不同待遇（国际环境法中的共同而有区别责任原则、世界贸易组织法中的特殊和差别待遇原则等），而且还赋予某些国

家特别的责任及其相应的特权（如联合国宪章关于安理会常任理事国及其责任与权利的规定），但前提是必须获得有关国家的自愿同意。

国家主权平等是国际法和国际社会中的一项最基本的原则，也是联合国及所有机构、组织共同遵循的组织原则。在联合国、世界贸易组织、世界卫生组织、世界知识产权组织、世界气象组织、国际电信联盟、万国邮政联盟、国际移民组织、国际劳工组织等机构，各成员平等参与决策，构成了完善全球治理的重要力量。

在新时代和新的历史形势下，中国奉行的主权平等，真谛在于国家不分大小、强弱、贫富，主权和尊严必须得到尊重，内政不容干涉，都有权自主选择社会制度和发展道路。中国倡导坚持主权平等，推动各国权利平等、机会平等、规则平等。

在现代国际关系中，不干涉内政原则是确保国家独立自主、抵御霸权主义和强权政治的坚强屏障。不干涉内政原则意味着国家不分大小、强弱均不应进行非法的武装干涉、经济干涉、外交干涉和其他方式干涉，任何国家均不得组织、协助、煽动、资助、鼓动或容许目的在于以暴力推翻另一国政权的颠覆、恐怖或武装活动，或干预他国的内政。国家或国际组织，经安理会依据《联合国宪章》授权或经他国同意，建设性地介入该国事务，不违反不干涉内政原则。

2. 平等互利，国际合作以谋发展

平等互利原则是国家间进行交往、开展合作的最起码的行为准则。平等互利强调国家间的真正平等。形式上的平等不一定是互利的，与互利密切相联系的平等才是真正的平等。各国不论大小、贫富、强弱，不论采取何种政治、经济、社会制度，都应一律平等，相互尊重，应通过平等协商处理国际事务。各国在追求本国利益时，应兼顾他国利益和维护国际社会共同利益，谋求互利共赢。

国际合作原则是现代国家间相互依存、共同发展的根本体现。自联合国成立以来，国际合作无疑已经发展成为一项具有普遍意义并且强制规范色彩日益增强的国际法基本原则，通过各种条约规定的国际合作义务和建立的国际合作机制已遍及国家间关系和人类生活的方方面面，不仅体现在国际海底、外空、极地等人类共同领域的法律制度中，而且具体反映在国际环境法、国际人权法、国际经济法、国际组织法、国际争端解决法和国际刑法中。《联合国宪章》还明确规定确保非会员国遵行宪章的宗旨与原则，其中包括有关国际合作的规定。国际合作是指两个或两个以上国家根据一定法律规定或制度性安排，为实现约定的某种特定目标而采取的自愿性协调行动。这种目标无法也不可能由一个国家的单独行动而只有通过各国的联合行动才能实现。因此，国际合作意味着国家负有为实现特定目标（如促进有关各国的利益，维护国际社会的共同利益）参与协调行动的义务，合作的意义与价值取决于所要实现的目标而非合作本身。实践表明，如果国家不履行有关的国际合作义务，它就必须承担违反此等义务而产生的一切责任。

在新时代和新的历史形势下，中国倡导各国应在联合国及其他区域合作组织框架下积极开展合作，不断完善合作应对全球性挑战和非传统安全威胁的国际机制，确保各国在国际经济合作中权益平等、机会平等，共商规则，共建机制，推进互利合作共赢，建立平等相待、互商互谅的伙伴关系。在国际和区域层面建设全球伙伴关系，走出一条“对话而不对抗，结伴而不结盟”的国与国交往的新路。大国之间相处，要不冲突、不对抗、相互尊重、合作共赢。大国与小国相处，要平等相待，奉行正确义利观，义利相兼，重义轻利。在自愿同意所建立的规则基础上，相互开放国内市场，维护政策空间，努力形成市场功能和政府职能有机协调与相互促进、兼顾效率和公平的全球经济秩序，共同维护世界贸易组织规则，支持开放、透明、包容、非歧视性的多边贸易体制，构建可持续发展的开放型世界经济。不搞“一国独霸”或“几方共治”，而由各国共同掌握世界命运，共同书写国际规则，共同治理全球事务，共享发展成果。

3. 善意履行国际义务，确保享有国际法所产生的权益

国际法的有效性和国际秩序的稳定性，主要取决于各国忠实遵守国际法的规范和善意履行其承担的国际义务。如果国际义务得不到善意履行，国际社会成员之间相互失去信任，国际法就会名存实亡，各种国际合作制度就无

法正常运作，国际秩序就无法维持。因此，无论是国家、国际组织，还是其他非国家行为体，都应善意履行其基于国际条约、习惯国际法和其他国际法渊源所产生的国际义务。甚至也要善意对待没有法律约束力的建议，如联合国大会的决议或者其他形式的软法。

4. 以正义与国际法和平解决国际经济争端

和平解决国际争端原则要求国际争端的解决过程和结果必须是和平的，和平方式是解决国家间争端的唯一手段，当事方应平等自由地选择一种或多种解决争端的和平方法，以求争端的迅速、公平解决。这就意味着，和平解决国际争端原则本身是强制性的，至于具体采用哪种和平方法，有关国家可以任意选择，但必须用和平方法。

以对话解争端、以协商化分歧。沟通协商是化解分歧的有效之策，政治谈判是解决冲突的根本之道。只要怀有真诚愿望，秉持足够善意，展现政治智慧，再大的冲突都能化解。在寻求国际争端的和平解决时，当事各方要通过协商谈判，其他各方应该积极劝和促谈，争端当事各方及其他国家均不得采取可能使情况恶化的任何行动，有关临时预防措施，均不得损害争端当事各方的权利、要求或立场。中国主张通过平等协商解决贸易争端，反对贸易保护主义，坚决捍卫自身合法权益。

5. 奉行可持续发展原则

可持续发展原则包括下列要素：自然资源的可持续利用、协调原则、共同而有区别的责任原则、发展权、代际公平（即当代人对后代人承担使发展得以持续的责任）、透明原则。“可持续发展系指满足当前需要又不削弱子孙后代满足其需要之能力的发展，却绝不包含侵犯国家主权的含义。”①通俗地说，可持续发展意味着既要处理“人与人”的关系，又要协调好“人与自然”的关系；可持续发展不仅强调地球系统观、生态文明思想和低碳经济观念，而且注重实现发展过程中动力、质量和公平的有机统一，不仅

① 参见1987年5月第15届联合国环境规划署理事会经过反复磋商通过的《关于可持续的发展的声明》。

要求创建和谐、稳定、安全的人文环境，而且尽可能体现经济、社会、环境诸要素的绿色作用。

“一带一路”国际合作倡议，在理念和目标上与联合国2030可持续发展议程十分契合，是中国提出的实现全球可持续发展目标的重要方案。2016年建立了“一带一路”倡议与联合国2030年可持续发展议程相结合的共同愿景。两年来，从分析“一带一路”倡议的经济和社会影响，研究“一带一路”倡议与联合国17个可持续发展目标相结合，到积极推动“一带一路”建设中可持续商业实践的落地，再到进一步探讨“一带一路”建设金融合作和可持续投资面临的挑战和机遇，谋求让更多“一带一路”建设国际合作伙伴国和人民分享发展的红利。“一带一路”国际合作倡议作为一个开放的国际合作机制，将创造全球性的公共福利，助推联合国可持续发展目标的实现①。

“一带一路”国际合作倡议所奉行的可持续发展原则，还特别强调发展与安全并重，以发展促安全，以安全保发展。发展是安全的基础，安全是发展的条件；没有共同发展就没有共同安全，没有可持续发展就没有可持续安全。“一带一路”沿线国家多为发展中国家，面临着与中国相似的发展与安全难题。“一带一路”国际合作倡议，以“五通”建设促进经济可持续发展，构建人与自然、人与人、国与国的和谐共处，推动建设基于共同利益和共同责任、共享繁荣与安全的人类命运共同体。

6. 坚持公平正义，维护国际法治

坚持公平正义（实体正义与程序正义），共同推进跨国经济交往的国际法治与国家法治。根据联合国相关文件，法治原则平等地适用于所有国家，适用于包括联合国及其主要机关在内的国际组织，尊重和推动法治与正义，不仅是各国和国际组织各项活动所应遵循的指导原则，而且为各国和国际组织的行动提供可预测性和合法性。任何个人、机构和实体，无论是公共还是

① 〔埃塞〕泰格艾格奈瓦克·盖图（联合国副秘书长）：《中国，全球金融治理的重要力量》，《人民日报》（2018年5月7日），http：//www.xinhuanet.com/world/2018-05/07/c_129865769.htm，最后访问日期：2018年5月25日。

私营部门，包括国家本身，都有责任遵守公正、公平和平等并且符合国际人权规范和标准的法律，有权享受法律的平等保护，不受任何歧视。

法治原则还要求采取措施，确保法律至上、法律面前人人平等、对法律负责、法律公平适用、权力分立、参与决策、法律确定性、避免任意性、程序和法律透明等各项原则得到遵守，在保护与维护合法行为和预防与惩罚违法行为中体现责任、公平与正义，必须采取各种办法和开展各种活动加强法治。各国和国际司法机构应该确保国际法平等统一适用，不能“合则用、不合则弃”。

没有安全就不会有发展，而没有发展就不会有安全。不尊重人权和法治，我们既不能享有发展，也不能享有安全。法治是各国间友好平等关系的基石，是公正、公平的社会得以建立的基础，是共同应对众多复杂的政治、社会和经济变革带来的种种挑战和机遇的必然选择。

二 共商共建共享的“一带一路”国际合作倡议是中国在新时代对国际法理论与实践的重大创新

“一带一路”国际合作倡议是公开、透明、开放、包容、互利共赢的中国方案，秉持共商、共建、共享的原则，按照市场规律和国际规则运作。共商、共建、共享是推进“一带一路”国际合作倡议的黄金法则，决定了“一带一路”国际合作议程的平等性、开放性和普惠性。

“共商”强调主权平等、相互尊重、求同存异、协商合作，兼顾各方利益和关切，寻求利益契合点和合作最大公约数，通过平等协商解决不同领域的责任分担和利益共享问题，为合作求共性，寻求和扩大共同利益。主权平等、相互尊重、求同存异、协商解决是合法性的前提条件，强加于人只会适得其反。“共建”意味着在自愿的基础上，共同建设开放包容的合作体系，探索灵活务实、切实照顾发展需求和安全关切的合作治理新模式。“共享”就是实现互利共赢，以公平发展、平衡发展和可持续发展为宗旨和目标，构建共同繁荣和共同安全的人类命运共同体。三者相互联系、相辅相成、不可分割，是一个有机的统一体。共商共建共享中的“共”字就是强调在全球治理体系中增加新兴市场国家和发展中国家的代表性和发言权，更加平衡地体现世界上绝大多数国家的意愿和利益。

第一，共商共建共享的“一带一路”国际合作倡议是建立在尊重各国主权基础上的平等参与、互利共赢的合作新模式，没有强加于人的意识形态和附加条件，而是遵循自愿互利的原则，构建一种协商共治格局。不求基于条约和高度制度化的超国家整合，不走“制度先行、承诺开道”的老路，只求平等协商、共同探索“项目先行”务实合作的新路，避免发展中国家曾经遭受过的不堪重负的开放压力。“五通”中的“政策沟通”既是政策对接，更是协商和构建共识的过程。“沟通”赋予各方平等地位，以自愿为基础，参与者具有自主权，合作空间弹性大。

第二，共商共建共享的“一带一路”国际合作倡议是一个协商发展倡议，沿线各国通过形成发展共识，共同创造发展的软硬条件，以实现共同发展。“一带一路”国际合作倡议，秉持发展为先、平等协商、务实高效、开放包容的合作理念。“发展为先”，就是把发展作为贯穿国际合作的优先方向，聚精会神促合作、集中全力谋发展，把经济互补性转化为发展互助动力，不因一时一事干扰发展与合作大局。“平等协商”，就是坚持国家不分大小、强弱、贫富一律平等，合作中有商有量，充分照顾彼此舒适度，不附加任何政治条件，不把自己的意志强加于他方。“务实高效”，就是以项目说话，减少繁文缛节，必要时特事特办，不做高大上的“清谈馆”，而做接地气的“行动派”，为所在地区人民带来看得见、摸得着的好处。“开放包容”，就是打开大门、敞开心扉开展合作，不搞封闭排他的“小圈子”，对有利于沿线地区发展的倡议和机制都持开放态度①。

第三，共商共建共享的“一带一路”国际合作倡议是开放的合作体系，包括成员开放、机制开放、过程开放和结果开放，相关各方基于共同需求和

---

① 参见《李克强在澜沧江—湄公河合作第二次领导人会议上的讲话》，《人民日报》（2018 年 1 月 11 日），http：//cpc. people. com. cn/n1/2018/0111/c64094 - 29757643. html，最后访问日期：2018 年 5 月 25 日。

共同利益自愿接近、建立符合需要的合作议程，自发自觉地开放合作，没有限制性和约束性的制度规定和成员资格要求，对世界所有国家和地区开放，基于而不限于古代丝绸之路的地理范围，各国和全球性、地区性国际组织均可参与，目的是“让共建成果惠及更广泛的区域”，它基于区域合作，而向全球开放。“一带一路”国际合作倡议，既强调政府的作用，又积极调动企业和私营部门的积极性，建立公私伙伴关系解决公平发展、平衡发展和贫困问题，尊重各国的发展多样性和文化多样性，主张各国自主选择适合国情的发展道路，不求全球同一个发展模式，而求发展战略对接，寻找利益契合点和发展的最大公约数，在推动各方经济和社会文化发展方面遵循“和而不同”的理念，包容共生，合作共赢。

第四，共商共建共享的“一带一路”国际合作倡议既是中国对于和平发展、开放合作的道路选择，也是致力于促进世界共同发展、繁荣和安全的责任和承诺，开辟了中国参与和引领全球开放合作的新境界①。“一带一路”建设是中国推动构建人类命运共同体的重要实践平台②。五年来，“一带一路”建设从理念到行动，发展成为实实在在的国际合作，取得了令人瞩目的成就。中国已同 80 多个国家和国际组织签署了共建“一带一路”合作协议；联合国大会、联合国安理会等国际机构的重要决议纳入“一带一路”建设内容；加入的国家、全球性与区域性国际组织日益增多，远远超出了古代丝绸之路的地理范围；设施联通不断加强，陆海天网立体发展；贸易畅通不断提升，合作纽带日益巩固；资金融通不断扩展，多元投融资支撑体系加快建设；民心相通不断深化，人文交流丰富多彩。当前，承载着各国发展与繁荣梦想的“一带一路”国际合作倡议，正进入全面推进阶段，建设规划和项目落地不断推进，国际合作不断结出硕果，推动全球共同发展、构建人类命运共同体的意义和影响日益彰显。

---

① 秦亚青、魏玲：《新型全球治理观与“一带一路”实践》，《外交评论》2018 年第 2 期。

② 参见《习近平主持召开中央外事工作委员会第一次会议》（2018 年 5 月 15 日），人民网，http：//politics. people. com. cn/n1/2018/0515/c1024 - 29992317. html，最后访问日期：2018 年 5 月 25 日。

三 结语

共商共建共享的“一带一路”国际合作倡议，体现了“相互尊重、公平正义、合作共赢”的新型国际关系的本质特征，反映了新时代新兴市场国家和其他众多中小国家建立真实平等、守望相助、休戚相关的国与国关系的愿望。

如果说，60多年前中印缅三国顺应广大发展中国家反帝、反殖、反霸的时代要求，在《联合国宪章》宗旨和原则的基础上，提出了和平共处五项原则，反映了发展中国家追求独立、自主、自强、发展的普遍诉求，开启了不同意识形态和社会制度国家之间共存与交往的旅程，那么，在新的历史时代，面对当今世界相互关联的各种挑战，共商共建共享的“一带一路”国际合作倡议，在坚持“和平共处五项原则”和七十年外交优良传统的基础上，更新观念，调整思路，更加强调国家间合作共赢，谋求世界各国和人类的高质量发展，不仅反映了新时代国际社会普遍共同的愿望，而且体现了中国作为新兴经济大国的责任担当，其所体现的“积极合作的国际法”将为推动建立“相互尊重、公平正义、合作共赢”的新型国际关系做出独特的基础性贡献，从而有助于更新对国际法的期望，增强对国际法的信心，强化国际法的权威，激发国际法的活力，最终形成一个以国际法规则为基础的持久和平、普遍安全与持续发展导向的有效合作多边体系。

“一带一路”争端解决机制创新研究

——国际法与比较法的视角*

廖　丽**

2013 年习近平主席在出访中亚与东南亚国家期间，提出“一带一路”倡议。2015 年，中华人民共和国国家发展和改革委员会、外交部、商务部联合发布了《推动共建丝绸之路经济带和 21 世纪海上丝绸之路的愿景与行动》，为“一带一路”构筑发展蓝图。《推动共建丝绸之路经济带和 21 世纪海上丝绸之路的愿景与行动》基本框架涵盖时代背景、共建原则、框架思路、合作重点、合作机制、中国各地方开放态势、中国积极行动、共创美好未来等八个方面，其传达了“一带一路”建设的总体思路与宏观设计。2017 年 5 月 14 日，“一带一路”国际合作高峰论坛在北京召开，5 月 15 日，中方发布了一份“一带一路”国际合作高峰论坛成果清单，主要涉及政策、设施、贸易、资金、民心五个方面，包括 270 多项具体成果。

2014 年 10 月 23 日，《中共中央关于全面推进依法治国若干重大问题的决定》由中共十八届四中全会表决通过，其明确指出我们在建设法治国家的过程中要坚持从中国实际情况出发。要围绕社会主义法治建设重大理论和实践问题，推进法治理论创新，发展符合中国实际、具有中国特色、体现社会发展规律的社会主义法治理论，为依法治国提供理论指导和学理支撑①。从这个意义上讲，“一带一路”建设的核心不仅限于经济发展战略，同时

* 本文系教育部青年基金项目“TPP 法律法规及中国自贸区战略研究”（16YJC820019）的阶段性成果之一。

** 廖丽，武汉大学法学院副教授，国家高端智库武汉大学国际法研究所副教授。

① 《中共中央关于全面推进依法治国若干重大问题的决定》，2014 年 10 月 23 日。

也是法治发展战略，对推进我国法治建设、宣传我国法治建设成果、树立法治大国乃至强国形象的作用不可估量①。只有实现法治化，形成完备的法律规范体系、高效的法治实施体系、严密的法治监督体系、有力的法治保障体系，实现科学立法、公正司法，将政治共识凝结为可供操作执行的法律制度，才能顺利保障“一带一路”从理念、顶层设计过渡到实践层面②。

在法治化的进程中，“一带一路”沿线国家和地区难免因贸易、投资、知识产权、金融、税务等产生争端，如何妥善处理这些争端是事关“一带一路”法治化的关键。本文拟从国际法和比较法的视角，在对现有国际和区域争端解决机制比较的基础上，结合“一带一路”争端的特点和适用的原则，分析“一带一路”争端解决机制的模式选择，即是直接援用现有的WTO争端解决机制、ICSID仲裁机制等解决“一带一路”争端，抑或为“一带一路”构建新的争端解决机制。

一　现有国际和区域争端解决机制比较

《联合国宪章》第2条第3款规定，各会员国应以和平方法解决其国际争端，避免危及国际和平、安全及正义③。1970年，联合国大会在援引宪章第2条第3款之后，作出决议并公开宣告：国家应当寻求谈判、调查、调停、调解、仲裁、司法解决、求诸区域性机构或安排，或者该国自行选择其他和平方法，及时公正地解决各国之间的国际争端④。二战后，随着全球化的深化和区域一体化的发展，全球性组织和区域性组织蓬勃发展，全球和区域争端解决机制也相应建立并逐步完善。

① 陈冀平：《“一带一路”建设法治意义重大》，《法制日报》2016年8月26日，第7版。

② 张鸣起：《推进“一带一路”建设的法治思考》，《中国人大》2016年8月20日，第24页。

③ Article 2 (3), Charter of the United Nations.

④ General Assembly Declaration on Principles of International law concerning Friendly Relations and Cooperation among states in Accordance with the Charter of United Nations, GA Res. 2625 (XXV), 24 October 1970.

（一）国际贸易领域

WTO 的建立和《关于争端解决规则与程序的谅解》的制定，标志着国际贸易争端的解决进入了一个崭新的时代，当事国以高度化的法治方法、法治思维解决国际贸易争端。WTO 争端解决机制构建的法律渊源主要包含 GATT1994 中第 22 条、第 23 条及其后续修正和编纂、《关于争端解决规则和程序的谅解》（DSU）文件，以及其他具体散落在诸如《与贸易有关的投资措施协议》（TRIMs）等协定中关于解决争端的条文。其中，DSU 是目前解决争端的一份基本法律文件，总共有 27 个条款与 4 个附件，条款包括：范围和适用，管理，总则，磋商，斡旋、调解和调停，专家组（设立、职权范围、组成、职能、程序），多个起诉方的程序，第三方，寻求信息的权利，机密性，中期审议阶段，专家组报告的通过，上诉机构，争端解决机构决定的时限，对执行建议和裁决的监督，补偿和中止减让，多边体制的加强，涉及最不发达国家成员的特殊程序，仲裁，非违反起诉等条款。WTO《关于争端解决规则和程序的谅解》的目的是为争端的解决提供多样方法，使贸易国在发生争端时能够运用相关程序，有效地维护自己的利益。WTO 争端解决机制也一直被称为“皇冠上的明珠”。

（二）国际投资领域

基于《华盛顿公约》而建立的国际投资争端解决中心（简称 ICSID），是一个专门解决国际投资争议的仲裁机构，也是世界上第一个解决相关争议的机构。根据《华盛顿公约》，该中心的目的是在外国投资者与东道国政府之间发生投资争端时，相关争端方可以依据该公约寻求有效的途径，在东道国国内司法程序之外，另设国际调解和国际仲裁程序，以此维护投资方的利益。国际投资争端解决中心可以受理的争端仅限于一缔约国政府与另一缔约国国民直接因国际投资而引起的法律争端。只有在各方同意的基础上才会诉诸国际投资争端解决中心寻求帮助，鉴于其庞大的会员量，国际投资争端解决中心在国际投资和经济发展领域扮演着重要角色。

（三）区域性协定组成区域性组织解决争端

除 WTO 和 ICSID 外，一些国家也纷纷缔结区域性协定组成区域性组织以解决争端，欧盟、北美自由贸易区、中国-东盟自由贸易区等组织比较具有代表性。1991 年 12 月 9~10 日，《欧洲联盟条约》（通称《马斯特里赫特条约）由欧洲共同体第 46 届马斯特里赫特首脑会议签署并通过。1993 年 11 月 1 日，《马斯特里赫特条约》正式生效，欧盟由此正式诞生。紧密协调成员国经济政策是欧盟建立的目的之一，其措施包括：欧洲内部市场的统一，并且逐步形成共同的经济政策，减少并取消各成员国之间的贸易壁垒；建立一个以欧盟为一个整体的商业政策；最终协调欧盟成员国的运输系统、农业政策和一般经济政策。但由于成员国需让渡主权，其模式仅适合一体化程度较高的区域贸易组织。

1992 年 8 月 12 日，北美自由贸易协议（North American Free Trade Agreement，NAFTA），由美国、加拿大和墨西哥三国签署。1994 年 1 月 1 日，该全面贸易协定正式生效，北美自由贸易区自此正式成立。成立时，美国、加拿大、墨西哥共有 3.6 亿人口，三个国家的国民生产总值总计达 6.45 万亿美元，年贸易总额达 1.37 万亿美元，论经济实力与市场规模，其都远远超过欧盟，北美自由贸易区成为当时世界上最大的区域经济一体化组织。《北美自由贸易协定》主协定及另外两个附属协定，即《北美环境合作协定》和《北美劳工合作协定》，是北美自由贸易区的重要法律文件。NAFTA 的目的是希望在自由贸易区内创造更多的贸易及投资机会，增加美、加、墨三国的就业机会，提升经济增长速度，以增强三国在全球市场的竞争力。

中国-东盟自由贸易区（China-ASEAN Free Trade Area，CAFTA），是中国与东盟十国组建的自由贸易区，于 2010 年 1 月 1 日正式建成。中国-东盟自由贸易区是中国第一个对外商谈的自贸区，同时也是发展中国家间最大的自由贸易区。《中国-东盟全面经济合作框架协议争端解决机制协议》于 2004 年 11 月签署，2005 年 1 月 1 日正式生效，它是落实《中国-东盟全面经济合作框架协议》的重要步骤和措施。中国－东盟自由贸易区的建立旨在使中国与东盟的经济得到迅猛发展，以增强其在国际贸易与投资中的竞争力。

上述国际和区域经济组织的争端解决机制基本代表了当今全球和区域贸易和投资协定争端解决机制的主流模式，各争端解决机制均与各经济组织特点相契合。除欧盟外①，比较现有其他几个国际和区域争端解决机制可以看出，WTO争端解决机制全面规定了磋商、斡旋、调解、调停、专家小组、上诉审查、仲裁和报复程序；ICSID机制则主要适用调解和仲裁机制，没有设立上诉机制；NAFTA机制规定了协商、调停、调解以及发起小组诉讼机制；CAFTA机制则规定了磋商、调解、仲裁三种争端解决方式（具体见表1）。

表1 国际与区域争端解决机制比较②

	WTO机制	ICSID机制	NAFTA机制	CAFTA机制
磋商程序	DSU第4条规定强制性的双边或多边磋商程序	无规定	NAFTA第11、20章规定了协商或谈判程序	CAFTA《中国－东盟全面经济合作框架协议争端解决机制协议》第4条规定了磋商程序
斡旋、调解和调停程序	第5条规定选择性的斡旋、调解和调停程序	《华盛顿公约》第3章主要包含请求调解、调解委员会的组成以及调解程序	NAFTA第20章规定贸易委员会的斡旋、调停、调解或其他方法	第5条规定争端方本身具有随时进行调解、调停的基本权利
专家小组程序	第6条规定，当磋商、斡旋、调解和调停等均难以解决的争端，当中的一方能够提出建立专家小组的要求	无规定	NAFTA第19章规定发起专家小组程序	无规定

① 因欧盟需要成员国让渡主权，该模式比较特殊，在此不予讨论。

② 以WTO、ICSID、NAFTA和CAFTA争端解决机制为比较对象。

续表

	WTO 机制	ICSID 机制	NAFTA 机制	CAFTA 机制
上诉审查程序	第 17 条规定 WTO 上诉机构应受理对专家小组案件的上诉	ICSID 没有常设的上诉机制	无规定	无规定
仲裁程序	第 25 条规定诉诸仲裁应根据当事各方的相互同意，各方应同意将要采取的程序	公约第 4 章主要包含请求仲裁、仲裁庭的组成、仲裁庭的权力和职能、裁决、裁决的解释、修改和撤销以及裁决的承认和执行	NAFTA 第 20 章规定仲裁程序	第 6 条规定，如果当事方获取磋商请求的 60 日（紧急案件时间限制为 20 日）内无法解决问题，申诉方具有要求建立仲裁庭的权利
裁决的执行	DSU 第 21 条和 22 条规定了执行裁决的多边监督、合理期限、执行裁决异议的复审等程序	公约第 54 条规定，所有缔约国均需要承认并履行裁决	NAFTA 第 11、19、20 章规定了不同裁决适用不同执行程序	第 12 条规定了执行裁决的意向和合理程序等
报复程序	DSU 第 3.7 条规定了针对另一成员中止实施适用协定项下的减让或其他义务	无规定	NAFTA 第 20 章规定了允许申诉缔约国以中止给付对方一定的协定利益作为实施报复的手段	第 12 条规定，仲裁裁决本身具备终局性特征，如果被申诉方没有履行裁决内容，则需要给予相应的赔偿

除上述争端解决特点外，WTO 争端解决机制中，斡旋、调解和调停都是自愿选择适用的程序，而且需要征得争端方的同意。这条规定立刻将它们与具有强制性的磋商相区分①。WTO 争端解决机制也是一种具有高度有效性和可靠性的争端解决制度。高度有效可靠地解决争端，是 WTO 有效运行的关键。为保证其有效性，DSU 规定了详尽具体的程序规则，包括允许一方

① 〔英〕J. G. 梅里尔斯：《国际争端解决》，韩秀丽等译，法律出版社，2013，第 254 页。

甚至在另一方不同意的情况下推动争端解决进程继续进行的各种规定。为保证其可靠性，DSU 赋予了 WTO 争端解决程序准司法性质[①]。在裁决的执行问题上，ICSID 裁决主要是金钱给付，其执行并不难。虽然 ICSID 没有常设的上诉机制，但在仲裁庭组成违法，显然超越职权、腐败，严重地背离基本程序，或者没有说明理由的情况下，可以废止裁定。在特定的情况下，当事人可以要求解释裁决或者纠正计算错误[②]。NAFTA 在一般性争端解决机制的基础上，设立了不同的争端解决机制，其中有投资方面争端解决机制，贸易和环境方面争端解决机制，劳工方面争端解决机制，反倾销、反补贴以及保障措施方面争端解决机制，以及除上述争端以外的争端解决机制。另外，当争议可以同时在关贸总协定和 NAFTA 机构得到解决时，NAFTA 规定控诉国可以择其一[③]。

然而，针对争端解决机制进行评价的标准是多元化的，制度构建仅仅是其中的一个方面，实际解决争端的效果也是评价标准中不可或缺的一部分。迄今为止，WTO 共受理 528 起争端[④]，ICSID 共登记 619 起案例[⑤]，NAFTA 争端解决机制甚少被启用[⑥]，CAFTA 区域虽然频发贸易争端，然而该区域大多数争端都通过国内行政程序予以解决。到目前为止，还未见相关国家采用仲裁程序。因此，从运行效果看，WTO 和 ICSID 争端机制优于 NAFTA 和 CAFTA 争端机制。

二　“一带一路”争端的特点和适用的原则

“一带一路”沿线横跨亚欧板块，涵盖东亚、东盟、西亚、南亚、中

① 余敏友、左海聪、黄志雄：《WTO 争端解决机制概论》，上海人民出版社，2003，第 75 页。

② Article 52, Washington pact.

③ Article 9, NAFTA.

④ 参见世界贸易组织网站。

⑤ The ICSID Case Load-Statistics (Issue 2017-2), ICSID.

⑥ 参见 NAFTA 网站。

亚、独联体和中东欧地区共 65 个国家[①]，各个国家资源禀赋各异，经济发展程度、模式不同，因此“一带一路”国家经济互补性强，有很大的合作潜力与空间。“一带一路”的发展目标是打造政治互信、经济融合、文化包容的“利益共同体、命运共同体和责任共同体”。由于“一带一路”在合作的空间上是包容的，随着“一带一路”倡议的逐步发展，更多国家都有机会参与“一带一路”的合作平台。

（一）“一带一路”争端的特点

1. 争端主体多元化

“一带一路”沿线的 60 多个国家大部分为发展中国家，其中很多国家都有着悠久的历史，并且基督教、伊斯兰教、佛教等各宗教散布于沿线国家，地缘政治复杂，经济发展水平不一。有的国家法律体系尚不健全、法治化程度不高；有的国家经济模式单一、经济增长可持续性易受到影响；还有的国家政局不稳定、政策朝令夕改。“一带一路”沿线国家之间、国家与地区之间、东道国与投资者之间都会产生各种各样的争端。

2. 争端种类多元化

“一带一路”谋划互联互通的合作路径，各国在经济贸易、人文发展、生态环境、科技发展、教育交流等各领域深化合作，制度上相互借鉴与学习。“一带一路”以亚洲国家和地区为重点方向，以经济走廊为依托，以交通基础设施为突破，以建设融资平台为抓手，以人文交流为纽带，实现互联互通。这些合作全面涵盖了贸易、投资、劳工、知识产权、金融、税务等诸

① “一带一路”沿线包括东亚（蒙古国）、东盟（新加坡、马来西亚、印度尼西亚、缅甸、泰国、老挝、柬埔寨、越南、文莱、菲律宾）、西亚（伊朗、伊拉克、土耳其、叙利亚、约旦、黎巴嫩、以色列、巴勒斯坦、沙特阿拉伯、也门、阿曼、阿联酋、卡塔尔、科威特、巴林、希腊、塞浦路斯、埃及的西奈半岛）、南亚（印度、巴基斯坦、孟加拉国、阿富汗、斯里兰卡、马尔代夫、尼泊尔、不丹）、中亚（哈萨克斯坦、乌兹别克斯坦、土库曼斯坦、塔吉克斯坦、吉尔吉斯斯坦）、独联体（俄罗斯、乌克兰、白俄罗斯、格鲁吉亚、阿塞拜疆、亚美尼亚、摩尔多瓦）、中东欧（波兰、立陶宛、爱沙尼亚、拉脱维亚、捷克、斯洛伐克、匈牙利、斯洛文尼亚、克罗地亚、波黑、黑山、塞尔维亚、阿尔巴尼亚、罗马尼亚、保加利亚、马其顿）地区共 65 个国家。

多领域，其争端种类多元。

3. 争端范围横跨亚欧，区域协定繁多

“一带一路”沿线国家和地区分布于东亚、西亚、南亚、中亚、东盟、中东欧等，其争端范围横跨亚欧，并且区域协定繁多。据亚洲开发银行统计，亚洲的自贸协定从2002年的70个，快速增加到2013年1月的257个。其中189个是双边协定，其余68个涉及多个国家（地区）①。但是，由于区域贸易协定的条文是比较柔性的软条款，或者是“尽最大努力”的意向性条款，缺乏强制执行力，又由于区域贸易协定还处于初步执行阶段，因此至今尚未有关于RTA的争议②。

综上，如何在此背景下协调相关的争端解决机制，建立公正、统一的法律适用标准，如何将原有争端解决规则体系融入丝路文化特色，创造和谐、稳定、高效的争端解决机制，如何构建一个适用于“一带一路”沿线各国的争端解决机制，是国际经贸规则和国际法治方面的重大突破。

（二）“一带一路”争端解决机制适用的原则

“一带一路”建设应坚持共商共建共享的原则。共商就是集思广益，好事大家商量着办，使“一带一路”建设兼顾双方或各方利益和关切，体现双方或各方智慧和创意；共建就是各施所长，各尽所能，把优势和潜能充分发挥出来，聚沙成塔，积水成渊，持之以恒加以推进；共享，就是让建设成果更多更公平惠及沿线各国人民，打造利益共同体和命运共同体③。2017年9月11日，第71届联合国大会在“联合国系统在全球治理中的核心作用”议题下通过关于“联合国与全球经济治理”决议，要求“各方本着共商、共建、共享原则改善全球经济治理，加强联合国作用”，同时重申“联合国

① 张小瑜：《全球自贸区快速发展》，环球时报，http：//www. huanqiu. com/www/coprdata/hqsb/2013-11/4516332. html。

② 张月娇：《“一带一路”战略实施的法律思考》，载王贵国等主编《“一带一路”的国际法律视野》，浙江大学出版社，2016，第18页。

③ 王家瑞：《共商共建共享是“一带一路”建设的核心要义》，人民网，2015年9月21日。

应本着合作共赢精神，继续发挥核心作用，寻求应对全球性挑战的共同之策，构建人类命运共同体"①。"一带一路"争端解决机制也应纳入共商共建共享的原则，在争端解决机制构建的过程中应兼顾"一带一路"沿线各国利益，适用多种争端解决方式，充分发挥各争端解决方式的比较优势，让"一带一路"争端解决机制平等保护中外当事方合法权益，营造公平公正稳定高效的法治营商环境。

此外，"一带一路"争端解决机制还应坚持公平、公正、公开的观念来处理当事方之间的纠纷。这要求争端方主体参与法律关系的机会平等；争端双方应得到平等的对待，应合理分配义务；争端方应合理地承担自己的责任。"一带一路"争端解决机制还应经济高效，并具有一定透明度。这要求整个争端解决过程中的诉讼成本、诉讼周期、程序以及裁判都要符合经济、高效的原则。与争端解决机制有关的协定、裁定、司法判决等都必须公布，使各成员国、地区及投资贸易商能公开获得，以防止成员方之间不公平的交易行为。

三　"一带一路"争端解决机制的模式选择——适用已有的争端解决机制

"一带一路"建设如何设计争端解决机制，是直接援用现有的 WTO 争端解决机制、ICSID 仲裁机制等争端解决机制，抑或构建专属"一带一路"的争端解决机制，是"一带一路"法治建设亟须解决的问题。

（一）援用 WTO 争端机制

就贸易争端而言，援用 WTO 争端解决机制具有一定可行性。"一带一路"沿线 65 个国家中有 52 个 WTO 成员，非 WTO 成员只有 13 个，分别是东帝汶、不丹、伊朗、伊拉克、黎巴嫩、叙利亚、巴勒斯坦、塞尔维亚、波

① 《首次纳入共商共建共享理念》，《南方日报》2017 年 9 月 13 日。

黑、乌兹别克斯坦、土库曼斯坦、白俄罗斯、阿塞拜疆[①]。其他诸如伊朗、伊拉克等数个国家也已成为 WTO 观察国，所以相关国家争端的解决具有适用 WTO 法的基础。自 2001 年中国入世以来，中方一直积极参与 WTO 争端解决机制，到目前为止，中国起诉案件为 15 件，被诉案件为 39 件，以第三方身份参与案件为 141 件[②]。对于其他尚未“入世”的国家以及对 WTO 争端机制有抵触情绪的国家，现阶段可以借鉴 NAFTA 争端解决机制，采用法律与外交结合，发挥磋商、调停、斡旋等传统争端解决手段的作用[③]。因此，“一带一路”的贸易争端可以在援用 WTO 争端解决机制基础上，借鉴其他争端解决机制、辅以其他外交手段灵活解决。

（二）援用 ICSID 争端机制

就投资争端而言，可援用 ICSID 争端解决机制。ICSID 主要选择临时仲裁庭进行仲裁，没有常设上诉机制，采用一审仲裁的方式，其本身的效力与败诉方国内最终裁决效力相当。当前 161 个 ICSID 成员国当中，“一带一路”沿线 65 个国家有 51 个国家加入了该条约。未加入《华盛顿条约》的 11 个国家分别是越南、老挝、缅甸、印度、巴勒斯坦、波兰、塔吉克斯坦、马尔代夫、不丹、阿联酋、伊朗。另外还有 3 个沿线国已经签署了该条约但尚未批准生效，分别是泰国、吉尔吉斯斯坦与俄罗斯[④]。1993 年 7 月，中国政府向 ICSID 交存批准加入书，成为 ICSID 的缔约国。总体而言，大多数“一带一路”沿线国都选择基于 ICSID 的法律基础，这就使“一带一路”的投资争端可以在援用 ICSID 争端机制的基础上，通过其他双边投资协定灵活解决。

---

① 参见世界贸易组织网站。

② See http：//wto. org/english/thewto_ e/countries_ e/china_ e. htm（last visited on October 1, 2017）.

③ 曾文革、党庶枫：《“一带一路”战略下的国际经济规则创新》，《国际商务研究》2016 年第 3 期，第 32 页。

④ 参见世界银行网站。

（三）双边协定

截至目前，我国已签订15个自贸区协定，涉及23个国家或地区。具体来看，已签协议的有中国与格鲁吉亚、韩国、冰岛、秘鲁、新西兰、巴基斯坦、澳大利亚、瑞士、哥斯达黎加、新加坡、智利、东盟等自贸区。正在谈判的自贸区协定有中国-海合会、中日韩、中国-斯里兰卡、中国-马尔代夫、中国-以色列、中国-挪威、中国-巴基斯坦自贸协定第二阶段谈判、中国-新加坡自贸协定升级谈判、中国-新西兰自贸协定升级谈判、中国-智利自贸协定升级谈判①。其中专门应用于解决争端的自由贸易协定主要为我国与新加坡、哥斯达黎加、智利、东盟、巴基斯坦、新西兰、秘鲁签订的自由贸易协定。至2016年5月，我国已与“一带一路”56个沿线国家签署了双边投资协定②。在2017年5月4~5日的“一带一路”高峰论坛上，中国商务部与60多个国家相关部门及国际组织共同发布推进“一带一路”贸易畅通合作倡议③。综上可以看出，在贸易和投资领域，中国与“一带一路”沿线国家和地区还可依据双边自贸协定和双边投资协定解决相关争端。

因此，倘若“一带一路”选择既有的争端解决机制，则可以以WTO贸易争端解决机制和ICSID投资仲裁机制为基础，辅以双边协定，灵活运用外交手段解决“一带一路”沿线国家和地区关于贸易、投资、金融、知识产权、税务等产生的争端。但是，中国缔结的双边协定中的争端解决条款过于原则化，灵活性太强，使得与中国缔结协定的国家和地区及其自然人和法人觉得不具有可操作性和可预见性，从而觉得根据这种协定进行贸易和投资缺乏一定的安全感④。

---

① 《中国已签署15个自贸区协定 涉及23个国家或地区》，中国经济网，2017年7月21日。

② 《中国已与“一带一路”沿线56个国家签署投资协定》，中华人民共和国商务部网站，http：//www.mofcom.gov.cn/article/difang/201606/20160601331178.shtml。

③ 《“一带一路”国际合作高峰论坛成果清单》，新华社，2017年5月5日。

④ 曾令良、余敏友主编《全球化时代的国际法——基础、结构与挑战》，武汉大学出版社，2005，第348页。

四 “一带一路”争端解决机制的模式选择——构建新的区域多元纠纷解决中心

在国际经济的发展过程中，始终贯穿着保持和扩大既得经济利益，维护既定的国际经济立法，坚持国际经济旧秩序与争取经济平权地位，更新国际经济立法，建立国际经济新秩序的斗争①。实践中，在“一带一路”沿线的52个WTO成员中，除中国、印度、巴基斯坦、菲律宾、印度尼西亚等少数几个成员外，其他成员援用WTO争端解决机制的频次较少，“一带一路”沿线两国间适用WTO机制的案例则更少②。倘若贸易纠纷发生在沿线WTO成员与非WTO成员之间以及非WTO成员之间，显然无法适用WTO的争端解决机制。此外，虽然中国是ICSID的缔约国，但长期以来，中国对国际投资仲裁都持非常谨慎的态度，中国也极少成为ICSID仲裁案件的当事国。“一带一路”涉及国家和地区众多，争端数量庞杂，建立一个较为统一的争端解决机制，处理“一带一路”沿线国家和地区之间发生的争端，能够提高争端解决的效率，进一步促进区域经济共同发展。

一是磋商。首先，对于“一带一路”沿线国家与国家之间的争端，可以将磋商作为争端解决的前置程序。通过磋商解决争端，人力物力可以得到极大的节省，同时也利于双方之间关系的维护。WTO《关于争端解决规则与程序的谅解》规定，磋商是案件进入实质审理之前的法定前置程序，只有在规定的时间内争端各方未能就争端解决达成一致的情况下，案件才能进入专家组审理程序，这一规则使得WTO成员之间的大量贸易争端在磋商阶段就已妥善解决，并未进入实质审理③。正是因为上述规定，使得WTO成员之间存在的诸多贸易争端在进入实质审理之前便可以得到解决，从而提高

① 陈安：《南南联合自强五十年的国际经济立法反思——从万隆、多哈、坎昆到香港》，《中国法学》2006年第2期，第100页。

② 参见世界贸易组织网站。

③ Article 4，DSU.

了争端解决的效率。

二是"一带一路"调解中心。国际上，1980年12月4日联合国通过了《联合国国际贸易法委员会调解规则》，其规定："认识到以调解作为友好解决国际商业关系上的争端的一种方法的价值，深信制订不同法律、社会和经济制度的国家都能接受的调解规则将有助于发展和谐的国际经济关系。"[①] 2002年，国际贸易法委员会正式公布了《国际商事调解示范法》（共4条），内容涉及适用范围、调解程序、调解后的问题等。调解可以提高争端解决的效率，避免资源的浪费，调解因此也获得"东方价值""东方瑰宝"的美誉。一带一路调解中心的性质属于调解机构，设立该调解中心旨在为争端各方提供调解平台，从场所、人员、资料等方面为当事各方提供服务。

三是"一带一路"仲裁中心。（1）"一带一路"商事仲裁中心。据相关统计，我国企业现阶段签订的各种涉外合同当中，主要存在三类90%现象，即争端解决方案当中90%是以仲裁为主；对于商事纠纷案件来说，我国企业中90%均是选择国外仲裁机构来解决纠纷；在发生争议的情况下，我国企业90%均以败诉告终[②]。国际商事活动中最主要的一种纠纷解决方式便是仲裁，与法院诉讼相比，仲裁具有执行难度低、效率高、保密性强等诸多优势，因此，"一带一路"的优选争议解决方式应当考虑商事仲裁[③]。"一带一路"倡议本身涉及的成员国和地区众多，并且当中大部分国家和地区的法治水平、经济水平相对落后，我国应当充分把握这个机会，争取形成"中国仲裁"的形象，并逐步发展本土优秀的仲裁机构和仲裁人员，使得越来越多的成员今后选择我国仲裁机构。如果是WTO成员，借鉴NAFTA模式，当争议可以同时在WTO和"一带一路"商事仲裁中心解决时，可以选择其一解决贸易纠纷。（2）"一带一路"投资仲裁中心。我国对外直接投资在2015年取得了突出的成绩，对外直接投资流量首次位列全球第二，占全

---

① UNCITRAL Conciliation Rules.

② 参见和佳《借力"一带一路"中国应提升解决国际商事争端的话语权》，《21世纪经济报道》2016年9月19日。

③ 张鸣起：《推进"一带一路"建设的法治思考》，《中国人大》2016年8月20日，第26页。

球的比重提升到9.9%，其投资额第一次超过吸引的外资基金，第一次成为资本净输出国，成为当之无愧的投资大国。同年，我国诸多企业参与“一带一路”倡议，针对“一带一路”倡议中的50个成员进行投资，相应的投资流量达到了189.3亿美元，同比增长38.6%。纵观2016年，我国企业的投资额达到了145.3亿美元；对外承包工程新签合同额度达到了1260.3亿美元；营业额达到了759.7亿美元①。从以上数据可以看出，中国显然已经成为投资大国。建立“一带一路”投资仲裁中心，可以将“一带一路”沿线的投资争端提交仲裁解决争议，这能够避免在不适用法治或法院并不独立审判的法域进行诉讼的风险。“一带一路”沿线很多国家和地区法治并不完善，“一带一路”投资仲裁中心的建立有利于集中解决投资争议，打造和谐稳定的投资环境。

四是诉讼。为使“一带一路”倡议从愿景变为现实，从理念变为行动，最高人民法院发布了《最高人民法院关于人民法院为“一带一路”建设提供司法服务和保障的若干意见》《最高人民法院关于审理独立保函纠纷案件若干问题的规定》《最高人民法院关于仲裁司法审查案件归口办理有关问题的通知》等，从国内司法层面为“一带一路”倡议提供争端解决保障。

综上，如果为“一带一路”专门构建一个新的多元纠纷解决中心，则可为沿线各国、各地区、投资者、行业等先行提供磋商、调解、仲裁和诉讼等服务，对于其他诸如金融、知识产权、税务、能源等争端则可后续逐步完善。具体这些程序和规则如何设计，则可以通过现行机制起草一个区域争端解决范本，再通过双方或者多方的谈判对相应内容进行修改、删减、增补，达成一致之后予以适用。在设计新的“一带一路”多元纠纷解决中心时，应全面地考虑方案优劣对比，适当吸纳WTO、ICSID、NAFTA、CAFTA等类似制度的一些经验积累。

---

① 《2016年我国对外投资同比增长44.1%》，中华人民共和国中央人民政府，2017年1月17日。

五 结语

“一带一路”要建成和平之路、繁荣之路、开放之路、创新之路、文明之路，离不开法治的保障，而争端解决机制是法治建设的重要一环。针对“一带一路”争端解决机制，有学者反对专门争端解决机制的构建，认为“专门机制适合‘一带一路’的特性，当然是更优选择，但目前来看，专门争端解决机制的生成难度较大，且难以保障运行。即便建立起专门争端机制，也难以保证遵守和实行”①。也有学者支持统一的争端解决机构的建立，“建议由‘一带一路’沿线国共同设立一个新的争端解决机构，负责‘一带一路’协定的解释。除了缔约国政府外，企业和个人亦可就政府的可能违约行为诉诸该机构，涉及的领域则可包括贸易和投资”②。还有学者指出，中国与“一带一路”沿线国家和地区共同参加的国际多边经贸组织争端解决机制，中国与沿线国家和地区之间签订的双边、地区性自贸协定和投资协定中的争端解决条款，根据“一带一路”特点设立全新的“一带一路”争端解决机制以及各沿线国家和地区的司法共同构建了“一带一路”争端解决的法律框架，从而保障“一带一路”建设及法治化进程的顺利进行③。此观点既包括适用已有的双边、多边争端解决机制，也包括设立全新的“一带一路”争端解决机制。

对于“一带一路”沿线国和地区之间的争端，正如上文所述，在国际争端解决制度实施的进程中，一些机制实施效果并不佳，然而这并不能否定国际制度存在的必要性，其仅仅证明国际制度本身存在不够健全的方面，也从侧面提出，制度本身需要持续地完善、创新，才能更好地适应需求。“一带一路”争端解决机制同样需要制度的设计和不断地创新，并构建有效的争端解决程序。构建新的“一带一路”多元纠纷解决中心，需要后续更为

① 曾文革、党庶枫：《“一带一路”战略下的国际经济规则创新》，《国际商务研究》2016年第3期，第25~36页。

② 王贵国：《“一带一路”战略争端解决机制》，《中国法律评论》2016年第2期，第36页。

③ 刘敬东：《构建公正合理的“一带一路”争端解决机制》，《太平洋学报》2017年5月，第22页。

详实的论证并且先行先试，在坚持共商共建共享原则的基础上，以磋商、调解、仲裁和诉讼为主要争端解决方式，先行构建“一带一路”调解中心、商事仲裁中心和投资仲裁中心，逐步打造完善的“一带一路”争端解决机构。综上，“一带一路”争端解决机制的构建需要中国与“一带一路”沿线国家和地区立足于原有国际争端解决机制，构建创新性争端解决机制，结合国内司法机制，形成预防与解决相结合，双边与多边联动，国际与国内互补的符合新时代国际法治要求的争端解决机制。

论“一带一路”国际民商事争议解决的机制创新*

漆　彤　芮心玥**

一　问题的提出

“一带一路”倡议于2013年首次被提出，此后在我国的积极推动下逐步得到各国的广泛支持，为沿线国家间开展政策沟通与战略对接提供了有益平台。贸易投资畅通是“一带一路”建设的重点内容，近年来发展迅猛、成就显著。2016年，我国对“一带一路”沿线国家直接投资达145.3亿美元，占同期总额的8.5%，同沿线国家双边贸易额达6.3万亿元人民币，同比增长0.6%①。近三年来，我国与“一带一路”沿线国家贸易额达3.1万亿美元，占对外贸易总额的26%②。经贸合作的日益深化在推动区域经济发展的同时也会带来各类争议的数量上升。企业是“一带一路”建设的主要参与者和实践者，私人主体间的民商事争议构成“一带一路”经贸争议的主要类型。当前，“一带一路”建设已进入全面务实新阶段。如何构建一套行之有效、普遍接受的纠纷解决机制，是推进“一带一路”建设亟待解决

* 本文原载于《国际法研究》2017年第5期。

** 漆彤，武汉大学国际法研究所教授、博士生导师，研究方向为国际经济法。芮心玥，武汉大学法学院国际经济法专业2016级硕士研究生。

① 《2016年中国与“一带一路”沿线国家进出口总额达到6.3万亿元人民币》（2017年2月21日），人民网，http://finance.people.com.cn/n1/2017/0221/c1004-29096880.html，最后访问日期：2017年6月20日。

② 《一带一路今年将进入黄金发展期》（2017年2月13日），新浪网，http://finance.sina.com.cn/stock/t/2017-02-13/doc-ifyamkpy9025217.shtml，最后访问日期：2017年6月20日。

的现实问题。

国际民商事争议解决方式众多，一般而言分为诉讼与非诉讼两种途径，包含自行协商、第三方调解、提交仲裁和诉诸法院四种方法。当事人可基于争议类型和自身情况、结合不同手段的优势特点，自愿选择纠纷解决方式。总体来看，虽然“一带一路”沿线国家争议解决机构数量众多，但现有机制在实践中存在较为明显的不足，就解决民商事争议尚未形成有序状态，无法有效满足“一带一路”建设对公正、高效解决民商事争议的迫切需求，亟须进行配套机制完善与制度设计创新。在调解方面，调解协议效力不足使得调解结果的终局性与可执行性处于不确定状态。在仲裁方面，沿线国家仲裁制度国际化水平不一，在仲裁规则与程序、裁决的承认与执行等方面存在较大差异，客观上制约了仲裁机制的作用发挥。在诉讼方面，沿线国家法律体系不同，且部分国家社会局势动荡、法律制度不健全，无法及时为当事人提供充分救济，此外，诉讼程序的烦琐冗长、司法判决的执行困难亦是当事人选择以诉讼方式解决争议所面临的重大障碍。

随着国际民商事争议所涉领域不断拓宽，当事人争议解决需求日趋多样，协商、调解、仲裁和诉讼在实践中逐渐呈现相互融合、协调、对接、互补的趋势，完善多元化纠纷解决机制的必要性与日俱增。“一带一路”国际民商事争议解决的机制创新应当顺应客观规律、注重兼收并容，不可孤立地、割裂地看待上述争议解决方法。我国作为“一带一路”倡议的积极推动者，可尝试从调解、仲裁、诉讼三个层面入手，积极探索、大胆实践，在归纳和借鉴现有机制自身特点及其晚近发展先进经验的基础上，结合“一带一路”建设实际有针对性地进行制度创新，在完善个体机制构建的同时统筹争议解决方式间的协调与衔接，构建兼具高效性与公正性、灵活性与稳定性的多元化国际民商事争议解决机制。

二　“一带一路”国际民商事调解机制的完善

调解，即当事人双方基于自愿的基础，在第三方的主持和调解下就争议内容自愿达成谅解协议。作为非诉讼争议解决方式的代表，调解在规则适用以及程序与时间安排上更具灵活性，具有保密性更强、效率更高、成本更低等诸多优势。不同于仲裁和诉讼方式，在调解程序中，争议双方通过友好沟通及时解决纠纷，对争议处理结果享有更多决定权，从而有助于维护当事人友好合作关系、实现互利共赢。但与此同时，调解协议效力不足导致调解结果不具有终局性、缺乏强制执行力，从而为争议的妥善解决增加了较大的不确定性，一定程度上影响了当事人对调解方式的选择。

调解在国际民商事争议解决中一直发挥着不可替代的关键作用。国际商会国际仲裁院、伦敦国际仲裁院、美国仲裁协会等主要国际商事仲裁机构在受理仲裁案件的同时亦为当事人提供调解服务。新加坡国际调解中心等专门机构的建立，也极大地推广了调解在解决国际民商事争议中的运用。就国内而言，被誉为“东方经验”的调解制度是我国民商事争议解决的一大特色。我国一贯重视调解方式的运用，近年来充分整合利用调解资源，基本形成人民调解、行政调解、行业调解、商事调解等多种调解机制共同发展的良好局面。中国国际贸易促进委员会调解中心、上海经贸商事调解中心、厦门国际商事调解中心等专业商事调解机构的陆续设立与蓬勃发展，为商事纠纷的公正、灵活、高效解决提供了有力的机构保障。

充分发挥调解在解决“一带一路”民商事争议中的积极作用，一方面符合亚洲文化“以和为贵”的价值理念，契合“一带一路”倡议秉承的互利共赢、和谐包容的共建原则，另一方面也有助于促进争议的友好、高效解决，维护沿线国家间的长远合作关系。“一带一路”沿线调解机构众多，其中既有各仲裁机构下设的调解中心，也有新加坡国际调解中心、克罗地亚经济商会调解中心①、阿布扎比商务调解仲裁中心等专门性调解机构。2016 年 10 月 19 日，由北京德恒公益基金会联合中国五矿化工进出口商会等发起的

① 参见《对外投资合作国别（地区）指南-克罗地亚》（2016 年版）（2017 年 5 月 24 日），中国一带一路网，https://www.yidaiyilu.gov.cn/wcm.files/upload/CMSydylgw/201705/201705240139019.pdf，最后访问日期：2017 年 6 月 20 日。

“一带一路”首家调解中心——“一带一路”国际商事调解中心正式成立。该中心受理包括但不限于“一带一路”相关的国际商事争议，并就调解前置程序确立、在线调解系统搭建、诉调对接平台设立等方面积极开展制度创新，在进一步提高效率的同时有效降低成本，为促进以调解方式解决“一带一路”民商事争议贡献了独特的“中国方案”①。

完善“一带一路”国际民商事调解机制，尤其需要抓好以下几项重点工作。

1. 增强调解协议强制执行力

为使调解在“一带一路”民商事争议解决中的优势和作用得以更好发挥，增强调解协议强制执行力、保证调解结果终局性是关键，而完善机制衔接则是提升调解协议效力的重要举措。深圳国际仲裁院近年来积极推进调解与仲裁的有机衔接，允许当事人在调解成功后，向仲裁机构申请通过快速程序依照和解协议内容作出仲裁裁决，赋予其强制执行效力，在弥补调解协议效力不足的同时提高纠纷解决效率②。“一带一路”国际商事调解中心对此也进行了有益探索，将与司法机关合作推动国际商事调解和司法程序的衔接作为其职能之一，并于2016年12月27日与北京市第四中级人民法院签订诉调对接合作协议，为调解协议的司法确认及执行奠定了制度基础，有效地增强了调解协议的执行力③。完善“一带一路”国际商事调解机制，我国可以从加强商事调解组织与仲裁机构及法院的协调配合入手，一方面落实仲裁与调解相结合制度，通过将调节协议转化为仲裁裁决赋予其强制执行力，另一方面依托诉调对接机制完善调解协议的司法确认与执行，以弥补

① 《“一带一路”首家调解中心挂牌暨在线调解系统上线运行》（2016年10月19日），一带一路国际商事调解中心，http：//www. bnrmediation. com/Home/Article/detail/id/181. html，最后访问日期：2017年6月20日。

② 参见刘晓春《中国商事调解的最新发展——以深圳国际仲裁院的创新为视角》，《中国法律》2014年第4期，第38页。

③ 《北京四中院与一带一路国际商事调解中心签订诉调对接合作协议并进行新闻发布》（2016年12月28日），北京市第四中级人民法院，http：//bj4zy. chinacourt. org/article/detail/2016/12/id/2501190. shtml，最后访问日期：2017年6月20日。

调解协议效力不足的缺陷，吸引“一带一路”沿线当事人选择调解方式解决争议。

2. 加强调解机构国际合作

国际交流合作的加强是商事调解机制晚近发展的重要趋势之一。粤港澳商事调解联盟、内地-香港联合调解中心、中国-阿拉伯商事调解中心等合作平台的设立为跨境、跨国商事争议当事人提供了更加便捷、高效的纠纷解决渠道。完善“一带一路”国际商事调解机制需要建立具有国际竞争力与影响力的商事调解机构。为此，可在国内推动有条件的商会、行业协会、商事仲裁机构等设立商事调解组织，更重要的是进一步加强我国同“一带一路”沿线国家和地区调解机构的国际交流与合作，通过设立跨区域联合调解中心等合作方式不断提高我国商事调解机构的国际竞争力与影响力。

3. 提升调解机构公信力与竞争力

提升调解机构公信力与竞争力既是吸引“一带一路”沿线当事人的现实需要，也是公平妥善处理争议的重要保障。为此，首先有必要完善我国商事调解立法，为调解机构的公信力提升提供法律基础。其次，加强商事调解专业化、职业化建设，不断完善调解员名册，构建专业化团队，吸收具备“一带一路”相关领域专业知识和丰富调解经验的调解员参与纠纷解决，使“一带一路”国际商事调解机制为当事人所信任。最后，在“互联网+”的时代背景下，可充分利用在线纠纷解决机制在跨境纠纷解决中的显著优势，以专业、便捷、高效的纠纷解决服务突出自身竞争优势，吸引更多当事人将争议提交至该机构解决。

4. 完善多元化纠纷解决机制

完善调解、仲裁、诉讼相衔接的多元化纠纷解决机制，是及时化解“一带一路”民商事争议的现实需求和重要保障。《最高人民法院关于人民法院进一步深化多元化纠纷解决机制改革的意见》指出，应推动多元化纠纷解决机制的国际化发展，发挥各种纠纷解决方式的优势，充分尊重和支持中外当事人自愿选择争议解决方式，满足其纠纷解决的多元需求，为“一带一路”建设提供司法服务与保障①。“一带一路”民商事争议解决机制目前尚处于探索阶段，因而更多地着眼于对调解、仲裁、诉讼机制创新的个体探讨，但其构建最终应当落脚于形成功能互补、程序衔接、相互协调、兼收并容的多元化纠纷解决机制，拓宽“一带一路”相关争议的解决渠道，营造良好的法治化营商环境，为“一带一路”建设保驾护航。

三 “一带一路”商事仲裁机制的创新

仲裁，即争议双方依据合同仲裁条款或书面仲裁协议，将争议提交至常设仲裁机构或临时仲裁庭仲裁，以解决其纠纷。作为国际民商事争议解决最主要的方式之一，国际商事仲裁具有充分尊重当事人意思自治的重要特征，体现在当事人可对仲裁机构、仲裁程序、仲裁地点及仲裁员进行灵活选择，并就仲裁范围等事项进行约定。国际商事仲裁程序灵活、一裁终局，与诉讼机制相比具有高效便捷的显著优势。其保密性强、成本较低的特点亦是吸引当事人的重要原因。在裁决的承认与执行方面，截至 2017 年 6 月 21 日，全球已有 157 个国家成为《承认及执行外国仲裁裁决公约》（简称《纽约公约》）缔约国②，为仲裁裁决在全球范围内得到广泛的承认与执行提供了有力保障。

国际商事仲裁近年来高速发展，方兴未艾。一方面，国际商会国际仲裁院、伦敦国际仲裁院、斯德哥尔摩商会仲裁院等传统国际商事仲裁机构受案量稳中有升，在保持良好发展态势的同时不断更新其制度规则，以适应国际民商事争议多元化、复杂化的发展趋势。与此同时，新加坡国际仲裁中心、迪拜国际仲裁中心、伦敦国际仲裁院等国际商事仲裁机构发展迅速，在制度设计与机构运行上高度接轨国际规则，业已成为国际民商事争议解决中不可

---

① 《关于人民法院进一步深化多元化纠纷解决机制改革的意见》（2016 年 6 月 29 日），中华人民共和国最高人民法院，http：//www. court. gov. cn/fabu-xiangqing－22742. html，最后访问日期：2017 年 6 月 20 日。

② 关于《纽约公约》缔约国的具体信息，参见 http：//www. uncitral. org/uncitral/en/uncitral_ texts/arbitration/NYConvention_ status. html，最后访问日期：2017 年 6 月 20 日。

忽视的力量。完备的法律支持、便利的交通条件、专业的仲裁员队伍使得伦敦、新加坡等地成为享誉全球的国际商事仲裁中心，为国际经贸活动的有序进行提供了重要保障。

我国商事仲裁近年来蓬勃发展，目前已建成一批包括中国国际经济贸易仲裁委员会、上海国际仲裁中心、深圳国际仲裁院等在内的具有国际影响力的涉外商事仲裁机构。随着对外开放日益深化、贸易投资不断发展，我国仲裁机构受案量已连续22年保持增长，年均增长率超过30%，其中2016年全国共有62家仲裁机构受理涉外及涉港、澳、台案件3141件，同比增长51%，创20多年来最大增量及增幅[①]。依托上海、广东等地的自贸区建设，部分仲裁机构率先尝试引进临时仲裁、友好仲裁等国际先进制度，与国际仲裁机构积极开展交流合作，在推动仲裁国际化方面迈出了重要步伐，国际影响力及受认可度显著提升。

《最高人民法院关于人民法院为“一带一路”建设提供司法服务和保障的若干意见》指出，要促进国际商事海事仲裁在“一带一路”建设中发挥重要作用，支持“一带一路”建设相关纠纷的仲裁解决[②]。现有仲裁机制在发展迅速、成就瞩目的同时，就解决“一带一路”民商事争议而言仍然存在一定局限性。商事仲裁现已成为不同仲裁机构间颇具竞争性的专业性商业行为[③]。“一带一路”沿线国家和地区仲裁机构众多，包括中国国际经济贸易仲裁委员会、新加坡国际仲裁中心、泰国仲裁协会、柬埔寨国家商务仲裁中心等，其中我国仲裁机构在2016年就已达到251家[④]。全球仲裁市场日趋

① 《中国仲裁事业发展进入加速期全国仲裁年受案量首次突破20万件》（2017年5月3日），中国普法网，http://news.youth.cn/jsxw/201705/t20170504_9657686.htm，最后访问日期：2017年6月20日。

② 《最高人民法院关于人民法院为“一带一路”建设提供司法服务和保障的若干意见》（2015年7月7日），中华人民共和国最高人民法院，http://www.court.gov.cn/zixun-xiangqing-14900.html，最后访问日期：2017年6月20日。

③ 参见王贵国《“一带一路”战略争端解决机制》，《中国法律评论》2016年第2期，第34页。

④ 张维：《中国仲裁事业发展进入加速期全国仲裁年受案量首次突破20万件》，http://www.legaldaily.com.cn/index/content/2017-05/03/content_7131550.htm?node=20908，最后访问日期：2017年6月20日。

激烈的竞争一方面为当事人提供了更加广泛的选择空间，同时也可能导致潜在的无序竞争状态。沿线当事人目前迫切需要的是既与国际最新规则高度对接，又能契合“一带一路”争议解决需求的商事仲裁机制，而现有机制似乎难以满足这一要求。虽然“一带一路”沿线65个国家中有35个国家根据《国际商事仲裁示范法》制定了本国仲裁法①，但各国仲裁制度差异较大，部分国家对当事人意思自治的尊重程度仍有待提升。此外，“一带一路”沿线国家中仍有伊拉克、也门等国家不是《纽约公约》缔约国，使得仲裁裁决在相关国家的承认与执行存在一定潜在风险，无形中为当事人选择以仲裁方式解决争议造成了诸多障碍。

创新“一带一路”商事仲裁机制，应着重从以下几个方面入手。

1. 完善我国《仲裁法》配套支持

“一带一路”商事仲裁机制的构建是一个系统性工程。我国仲裁机构推进规则创新、参与国际竞争，首先需要《仲裁法》为其提供完备的配套支持与保障。临时仲裁是国际商事仲裁与机构仲裁并行的一种仲裁形式，因具有程序灵活、针对性强的特点在实践中得以广泛运用。作为依法仲裁的有力补充，友好仲裁是尊重当事人意思自治原则的重要体现，目前已得到大部分国家的仲裁立法以及众多公约和仲裁规则的肯定，在国际商事争议解决中备受青睐。与我国《仲裁法》不承认临时仲裁且长期以来对友好仲裁采取回避态度不同，国内部分自贸区商事仲裁机制已尝试对此进行创新并取得一定突破性进展。2017年3月23日颁布的我国第一部临时仲裁规则——《横琴自由贸易试验区临时仲裁规则》首次突破了《仲裁法》对临时仲裁的限制，从制度规范层面保障了临时仲裁制度在自贸区内得以顺利推行。2014年4月8日颁布的《中国（上海）自由贸易试验区仲裁规则》首次引入友好仲裁制度，允许仲裁庭在当事人合意的基础上依据公允善良原则做出裁决，对我国仲裁制度的未来发展具有重要的示范

① 关于采用《国际商事仲裁示范法》的国家的详细信息，参见 http://www.uncitral.org/uncitral/en/uncitral_texts/arbitration/1985Model_arbitration_status.html，最后访问日期：2017年6月20日。

意义。为使临时仲裁与友好仲裁灵活、自治的独特优势在“一带一路”民商事争议解决中得到充分发挥，我国可在广泛吸收国外先进立法实践的基础上对《仲裁法》加以完善，引入临时仲裁、友好仲裁等国际先进制度。这一方面是接轨国际通行规则的客观要求，另一方面也体现了对当事人意思自治的尊重，有助于为“一带一路”沿线当事人提供更加多元化的纠纷解决途径。

2. 充分整合利用现有仲裁资源

创新“一带一路”商事仲裁机制，仲裁机构的培育整合是关键。就现阶段而言，在现有仲裁机构众多但竞争无序的背景下，与单独设立一个全新的商事仲裁中心相比，充分整合利用现有仲裁资源、依托交流合作机制形成良性有序竞争，既有助于我国商事仲裁机构迅速有效切入市场，也避免了新设机构可能造成的资源浪费、竞争力不足等弊端，是创新“一带一路”商事仲裁机制的更优选择。近期，国内仲裁机构大胆尝试、举措频频。例如武汉仲裁委发起设立的我国首个服务“一带一路”建设的专门仲裁院——“一带一路”（中国）仲裁院①，中国国际经济贸易仲裁委员会发起成立的“政府与社会资本合作（PPP）争议解决中心”②，上海国际仲裁中心与非洲替代性争议解决中心共同设立的中非联合仲裁上海中心③等。这些新设机构固然进一步丰富了“一带一路”民商事争议解决的平台，但从一定意义上来说也必然存在重复建设、加剧仲裁市场的碎片化、不利于国际竞争等弊端。就“一带一路”商事仲裁机制的机构设置而言，我国首先应当及时对各类仲裁机构进行适当引导，有效整合现有力量，积极打造“一带一路”

---

① 《武汉仲裁委发起组建“一带一路”（中国）仲裁院》（2016 年 10 月 29 日），新华网，http://www.hb.xinhuanet.com/2016-10/29/c_1119810615.htm，最后访问日期：2017 年 6 月 20 日。

② 《首家 PPP 争议仲裁中心成立，为“一带一路”建设保驾护航——贸仲委 PPP 争议仲裁中心揭牌仪式在京隆重举行》，中国国际经济贸易仲裁委员会，http://www.cietac.org/index.php?m=Article&a=show&id=14248，最后访问日期：2017 年 6 月 20 日。

③ 参见中非联合仲裁上海中心网站，http://www.cietac-sh.org/CAJAC/index.aspx，最后访问日期：2017 年 6 月 20 日。

商事仲裁品牌，提升国内仲裁机构在解决“一带一路”民商事争议方面的整体竞争优势。其次，可在整合现有平台的基础上加强仲裁专业化、精细化发展，就“一带一路”争议多发领域建立有针对性的仲裁机制，吸引沿线当事人将争议提交至我国仲裁机构解决。最后，可借助现有平台积极开展国际合作，完善我国同沿线国家仲裁机构的双、多边仲裁合作机制，尝试根据沿线地区的不同特点打造跨区域仲裁中心，进而提升我国仲裁机构的国际竞争力与影响力。

3. 提升仲裁机构公信力与竞争力

创新“一带一路”商事仲裁机制，公信力与竞争力的提升是保障。“一带一路”民商事争议所涉领域广、案件复杂性强，对仲裁机构及人员的专业化程度要求较高，对我国商事仲裁发展而言既是机遇、更是挑战。结合晚近国际商事仲裁机制创新的先进经验，我国可从以下几方面提升仲裁机构的公信力与竞争力。首先，增强仲裁机构独立性，充分发挥司法对仲裁的支持与监督作用，在营造仲裁友好型司法环境的同时以统一的司法审查标准保障仲裁裁决正当性。其次，建立专业化、国际化的仲裁员队伍，扩大仲裁员选任及互纳范围，提高“一带一路”沿线国家仲裁员在外籍仲裁员中所占比重，借鉴上海自贸区采用的仲裁员名册开放制，根据当事人推荐吸纳具有相关领域专业背景的人士参与争议解决。再次，创新仲裁规则设计，充分吸收主要国际商事仲裁机构晚近规则修改的先进经验。针对“一带一路”争议解决的高效性、便捷性、自治性需求，在仲裁规则中纳入快速程序、紧急仲裁程序、临时仲裁、友好仲裁等先进制度，允许当事人选择适用《联合国国际贸易法委员员会仲裁规则》，完善网络仲裁程序规则，促进在线争议解决机制建设，不断提升仲裁规则国际化程度，以吸引“一带一路”沿线当事人将争议提交至我国仲裁机构解决。最后，加强仲裁裁决的承认与执行，通过促进与沿线国家立法、司法部门的交流合作，统一仲裁裁决执行标准，依法、高效承认和执行相关仲裁裁决。对于伊拉克、也门等尚未加入《纽约公约》的沿线国家，可通过双边安排积极推动仲裁裁决的相互承认与执行，或尝试在将仲裁裁决转化为法院判决后通过相关双、多边相互执行法院判决条约得以执行。

四　“一带一路”国际商事法庭的探索

诉讼，即争议发生后一方当事人向法院提起诉讼，由有管辖权的法院就争议内容依法作出判决，以解决当事人之间的纠纷。与仲裁、调解等非诉讼机制相比，诉讼方式的适用范围更加广泛，具有透明度高、公正性强、判决执行有保障等独特优势，是民商事争议最基本的解决方式。与此同时，传统诉讼机制在实践中存在程序烦琐复杂、案件耗时较长、诉讼成本高昂等明显缺陷，在当前国际商事交往日益密切的趋势下相对不利于争议的高效、便捷解决。

近年来，我国涉外诉讼案件数量显著增加。2016 年我国各级人民法院年审结各类涉外案件 25916 件，同比增长 9.38%[①]。诉讼机制是“一带一路”司法保障的重要组成部分。最高人民法院通过《关于海事诉讼管辖问题的规定》《最高人民法院关于审理独立保函纠纷案件若干问题的规定》等司法解释明确相关领域案件的管辖权问题及裁判规则，借助信息化技术和大数据平台建立健全“一带一路”沿线国家法律查明机制，依托“一带一路”司法研究中心加强理论探究，凭借国际司法协助信息化管理平台创新国际司法协助工作，在为“一带一路”建设创造公平公正的营商环境、提供有力的司法保障方面发挥了重要作用。

“一带一路”沿线国家法律体系各异，英美法系、大陆法系、中东法系并存。各国法律制度差异很大，部分国家法制不健全，使得当事人在寻求沿线国家诉讼救济时面临很多阻碍。传统诉讼机制程序烦琐、周期较长、成本较高的弊端，与“一带一路”建设对高效、便捷解决争议的需求不相适应。

---

① 《最高法民四庭负责人谈“一带一路”司法保障》（2017 年 3 月 17 日），中国法院网，http：//www.chinacourt.org/article/detail/2017/05/id/2850825.shtml，最后访问日期：2017 年 6 月 20 日。

我国与“一带一路”沿线国家司法合作发展程度不均衡，目前仅与不到三分之一的沿线国家签署了相互承认和执行民商事判决的司法协助条约[①]。判决的承认和执行主要依靠互惠原则，具有较大的不确定性。鉴于传统诉讼机制无法满足“一带一路”民商事争议解决需求，我国可考虑在借鉴外部经验的基础上，建立专门性的“一带一路”国际商事法庭，为“一带一路”建设提供更加先进的司法服务和保障。

1. 建立“一带一路”国际商事法庭的外部参考

成立于2015年的新加坡国际商事法庭（SICC）是国际商事诉讼机制晚近创新的典型代表，也是新加坡迈向国际争议解决中心的一座里程碑。考虑到新加坡是“一带一路”沿线重要国家之一，新加坡国际商事法庭的创设经验与机制设计可作为设立“一带一路”国际商事法庭的外部参考，为其提供有益借鉴与启示。新加坡国际商事法庭的创新之处在于其为专门法庭司法审判制定了灵活的诉讼程序，是兼采诉讼与仲裁二者独特优势的重要探索。

在诉讼程序方面，作为专门审理国际商事争议的司法审判机构，新加坡国际商事法庭主要受理当事人协议提交和新加坡高院移交的国际商事案件，兼具仲裁管辖的合意性与法院管辖的强制性[②]。SICC 允许当事人选择适用证据规则，而不适用普通法上的外国法证明程序，允许外籍律师参与诉讼，并设置了来自大陆法系及普通法系的外国法官名单供当事人选择，通过将国际商事仲裁通行做法融入诉讼程序体现了鲜明的意思自治特征[③]。在判决的承

① 《最高法发布涉“一带一路”建设十起典型案例》（2017年5月15日），人民网，http://legal.people.com.cn/n1/2017/0515/c42510-29276815.html，最后访问日期：2017年6月20日。这些国家分别是：蒙古国、新加坡、泰国、老挝、越南、哈萨克斯坦、乌兹别克斯坦、塔吉克斯坦、吉尔吉斯斯坦、土耳其、阿联酋、科威特、希腊、塞浦路斯、埃及、俄罗斯、乌克兰、白俄罗斯、波兰、立陶宛、匈牙利、波黑、罗马尼亚、保加利亚。

② 参见王欣濛《新加坡国际商业法庭的司法制度及启示》，《湖北社会科学》2015年第6期，第162页。

③ Anselmo Reyes, “Recognition and Enforcement of Interlocutory and Final Judgments of the Singapore International Commercial Court,” *Journal of International and Comparative Law* 2 (2015): 339.

认与执行方面，新加坡国际商事法庭作为新加坡最高法院的组成部分，其判决与最高法院判决具有同等效力，目前主要通过互惠执行条款在他国得到承认和执行。此外，新加坡国际商事法庭还计划从双边条约、多边条约以及法院间协议这三个层面对判决的可执行性进行进一步提升，从而充分发挥法院执行保障机制的重要作用①。

2. 创新“一带一路”类仲裁性国际商事诉讼机制

国际商事法庭的设立避免了传统诉讼机制存在的程序烦琐、非必要拖延等弊端，为国际商事争议的专业、高效解决提供了更多选择和可能。在“一带一路”框架下，我国可对新加坡国际商事法庭的设立经验加以借鉴，在最高人民法院专门负责涉外案件审判的民四庭基础上设立国际商事法庭，从以下几个方面开展制度构建与创新。首先，探索构建类仲裁性诉讼程序，以国际商事仲裁最新制度为模型，构建灵活、高效、便捷的诉讼程序，在保证司法机制自身特点与优势的同时充分尊重当事人意思自治。其次，以国际商事法庭为完善多元化纠纷解决机制的试点和依托，实现“一带一路”民商事争议调解、仲裁和诉讼的融合和对接。再次，坚持专业化、国际化发展路线。一方面，可考虑通过建立高水平的外国律师、仲裁员、法官专家库提升国际化水平，并在现有法律框架内探索如何发挥其在解决争议中（尤其是调解和仲裁方面）的实际作用；另一方面，可通过培养选拔打造高素质人才队伍，强调专家审案，充分发挥最高院在推进专业化审判方面的积极作用，为“一带一路”建设营造公平、公正的法治环境。最后，提升司法公信力，通过提高案件处理透明度、设立必要的纠错机制以增强案件处理结果的统一性与可预期性，在促进沿线民商事争议的公正、高效解决的同时，将“一带一路”国际商事法庭建成具有国际影响力的争议解决机构。

---

① Report of the Singapore International Commercial Court Committee, p. 20, November 2013, available at http: //www. sicc. gov. sg/documents/docs/Annex%20A%20-%20SICC%20Committee%20Report. pdf, (last visited on June 20, 2017) .

五　结语

“一带一路”倡议不仅是一项在经济、政治层面上富有远见的伟大构想，对于推动中国的国内法建设乃至为构建国际法治贡献中国智慧而言也提供了一个十分重要的理念。中国的对外开放，不应仅仅停留在商品和资本的输出上，更要积极地探索规则的构建、完善、衔接与输出。作为推进“一带一路”建设的重要保障，如何构建一套公正、高效的争议解决机制，是当前我国所面临的重要时代使命。完善“一带一路”民商事争议解决机制，可从调解、仲裁、诉讼三个方面入手，对症下药、大胆实践，在充分借鉴国内外晚近争议解决发展经验的基础上有针对性地进行制度创新。同时，应当顺应不同类型争议解决方式在实践中的融合、互补趋势，注重兼收并容，在完善个体机制构建的同时统筹争议解决方式间的协调与衔接，构建兼具高效性与公正性、灵活性与稳定性的多元化民商事争议解决机制。

中国批准《选择法院协议公约》的利弊分析及对策

肖永平*

中国全程参与谈判与磋商的《选择法院协议公约》（又称《海牙公约》）于 2015 年 10 月 1 日正式生效。目前，其成员方包括欧盟（丹麦除外）、墨西哥和新加坡，乌克兰、美国和中国已经签署暂未批准。随着中国提出并大力推进“一带一路”倡议，中国是否批准何时批准《海牙公约》，既是国际社会普遍关心的问题，也是我国学术界近年来讨论的热点问题，更是需要我国政府尽快作出明确决策的现实问题。本章通过分析中国批准《海牙公约》的积极意义和潜在的消极影响，论证中国尽快批准《海牙公约》的必要性，并对中国如何克服《海牙公约》的消极影响提出具体建议与应对办法。

一 批准《选择法院协议公约》的积极意义

作为海牙国际私法会议近年来取得的一项重要成果，《海牙公约》对各国明示协议管辖权制度及其法院判决的承认与执行规则进行了协调，为尊重当事人的意思自治、保障争议由适当的法院管辖、增强司法的确定性和促进法院判决的跨国流动提供了统一的规则，有利于国际民商事活动者在诉讼与仲裁之间选择适当的纠纷解决方式。我国如果批准该公约，其积极意义表现在以下几方面。

* 肖永平，教授，博士生导师，武汉大学国际法研究所所长，研究方向为国际私法。

（一）促进我国法院判决的跨国执行

当前，无论是外国判决在我国的承认与执行，还是我国法院判决在外国的承认与执行，都困难重重，效果很不理想。如果我国批准该公约，必然有利于我国判决在国外获得承认与执行，这是因为以下几个方面。

第一，公约把判决承认与执行事项明确为“关键条款”，缔约国必须承担承认与执行被选择法院判决的义务。依据公约规定，被请求法院只能依据公约规定的例外事由，不得依据其他事由尤其是被请求国国内法规定的事由拒绝被选择法院作出的判决。这种义务性规定强化了判决的承认与执行，对于我国判决在外国的承认与执行，无疑会提供明确、统一的法律基础。

第二，公约有关对外国判决形式审查标准的规定有利于我国判决的承认与执行。首先，公约规定被请求法院不得审查判决的实体问题；否则，被请求法院就成了原审法院的上诉法院①。其次，公约要求被请求法院受原审法院为确认管辖权所作之事实认定的约束。对此，公约解释报告认为，这个规定适用于有关协议的形式有效性与实质有效性的事实认定，也适用于有关协议适用范围的事实认定②。很显然，公约形式审查标准的确立，不仅会提高判决承认与执行的效率，还会提升判决承认与执行的效率，更多的判决能够获得公约的保障。我国法院的判决也不例外。

第三，公约关于外国判决效力的判断标准有利于化解我国判决“终局性”的疑问，从而有利于我国判决的承认与执行。对判决终局性的要求，是各国承认与执行外国判决的一个前提条件，只有具备了终局性或确定性的外国判决，才有可能获得承认与执行。但对外国判决的终局性问题，几乎是一个难以逾越的障碍。《海牙公约》有关判决效力判断标准的灵活规定，显然能够缓解目前的尴尬境地。公约规定：“判决只有在原审国有效才能获得

① Trevor C. Hartley & Masato Dogauchi, Convention on Choice of Court Agreements: Explanatory Report (First Draft) of May 2006, Paragraph 166.

② Trevor C. Hartley & Masato Dogauchi, Convention on Choice of Court Agreements: Explanatory Report (First Draft) of May 2006, Paragraph 167.

承认，判决只有在原审国有执行力才能获得执行。”因此，只要被选择法院所做判决依据其本国法有效且具有执行力，该判决就能根据公约获得承认或执行。这有助于解决我国判决在外国的终局性难题。

第四，公约有关拒绝承认与执行事由的穷尽性规定有利于我国判决的承认与执行。公约第 9 条明确了外国判决承认与执行的 7 项例外事由①。对于上述例外事由，虽然公约和公约解释报告均未明确其穷尽性特征，但公约的目标显然要求上述例外事由具有穷尽性。可以说，上述例外事由不仅确定、合理，也有利于避免被请求国法院依据其国内法片面保护其本国利益和本国国民利益。

综上所述，我国批准公约，将极大促进我国法院判决在外国的承认与执行，这既有利于保护私人利益，实现私人间的公平，也有利于提升中国司法的国际吸引力和公信力，为吸引更多当事人选择中国法院诉讼打下制度基础。

（二）促进我国协议管辖制度的完善

《海牙公约》本质上是以协议管辖为基础的判决公约，它对协议管辖制度作了相应规定②，并要求各国遵循。因此，批准公约对完善我国的协议管辖制度具有积极意义。

---

① 公约第 9 条规定的例外事由包括：协议无效、当事人无缔约能力、通知的缺陷、欺诈例外、公共政策、被请求法院国存在一个不一致判决、另一外国存在一个不一致判决。具体内容参见王吉文《2005 年海牙〈选择法院协议公约〉研究》，东南大学出版社，2008，第 164～172 页。

② 公约有关排他性选择法院协议制度的规定体现在多个方面。其中，第 3 条是涉及排他性选择法院协议的专门规定。（1）排他性选择法院是指两个或多个当事人所缔结的符合本条第 3 款条件，以及为解决与某一特定法律关系有关的业已发生或可能发生的争议的目的，而指定一个缔约国法院，或一个缔约国一个或多个特定法院，从而排除任何其他法院的协议。（2）除非当事人另有明确约定，指定一个缔约国法院，或一个缔约国的一个或多个特定法院的选择法院协议应被认为是排他性的。（3）排他性选择法院协议必须以下列方式缔结或者获得证明：一是书面方式；二是通过任何其他能够提供可获取的供后来援用的信息的通讯方式。（4）构成合同依部分的排他性选择法院协议应被视为独立于该合同其他条款之外的独立协议。排他性选择法院协议的有效性不得仅因该合同无效而被认为无效。

第一，关于协议管辖的形式，我国立法规定了严格的书面要求。《海牙公约》第3条第3款明确了选择法院协议的形式要件，即书面形式；或其他任何能够提供可获取的供后来援用的信息的通信方式。对此，公约解释报告声称："公约中的形式要件既是必要的也是充足的：如果选择法院协议不符合公约的条件，它就不能适用于公约范围之内，即使它符合被选择法院国家的法律也是如此；但是，如果该协议符合公约的条件，在其形式方面不能附加更多的国内法要求。"[①] 公约关于选择法院协议形式要件的宽松化规定，有利于实现我国协议管辖制度形式要件的合理转向。

第二，关于被选择法院的范围，我国现行民事诉讼法把涉外协议管辖制度的"实际联系"扩张适用于国内协议管辖制度，但如何理解"实际联系"与"客观标志地"的关系，认识上还存在很大差异。《海牙公约》第6条对未被选择法院的义务规定了一些例外事由，允许未被选择法院可以因此拒绝承担公约义务。例如，对于"明显不公正"，公约解释报告认为："明显不公正主要包括以下3种情形：或许因为偏见或腐败的原因，一方当事人在被选择法院将得不到公平审判；因一方当事人的特殊原因而阻止他在被选择法院进行诉讼；选择法院协议是一方当事人受到欺诈的结果。"[②] 由于"明显不公正"具有一定的灵活性，未被选择法院可以根据案件的具体情形来判断管辖协议是否存在某种"明显不公正"的状况，从而以表面公开、实际隐蔽的方式来达到保护本国当事人、维护本国司法管辖权的目的。相比"实际联系"方式，公约的这种机制显然能够起到保护我国当事人利益和维护我国司法管辖权的目的。而且，公约机制富有灵活性，允许法院根据案件具体情形作出判断，无疑更有利于我国法院的具体运用。

第三，对于协议管辖是否具有排他性，我国立法没有作出明确规定，

① Trevor C. Hartley & Masato Dogauchi, Convention on Choice of Court Agreements: Explanatory Report (First Draft) of May 2006, Paragraphs 107-108.

② Trevor C. Hartley & Masato Dogauchi, Convention on Choice of Court Agreements: Explanatory Report (First Draft) of May 2006, Paragraph 154.

这会影响不同法院适用该制度的明确性和一致性，尽管我国法院在大多数情况下肯定了协议管辖的排他性效力。而《海牙公约》关于协议管辖排他性的规定，显然有利于弥补和加强我国立法明确性的不足。另外，最高人民法院 2015 年的“民诉法解释”肯定了当事人选择两个以上法院的管辖协议的效力，允许当事人选择两个以上实际联系地的法院①。这种规定实际上关乎协议管辖的唯一性问题，即是否当事人只选择一个法院的协议才被视为排他性。这种规定改变了我国 1992 年《民诉法解释》把协议管辖的排他性与唯一性混为一谈的不足②。因为，在涉外协议管辖领域，概括选择一个国家法院或者对一个国家多个具体法院，都被认为符合协议管辖的排他性。公约第 3 条第 2 款明确规定，当事人选择缔约国的一个或多个法院并不影响协议管辖的排他性。我国现行的司法解释正是受到了公约的影响。

第四，关于协议管辖的限制，除了有关适用范围、形式要件、实际联系等条件外，我国法律还规定了级别管辖和专属管辖问题。虽然国内协议管辖有必要规定级别管辖，但对涉外协议管辖，规定级别管辖可能导致当事人对我国法院的选择无效，等于自动放弃我国法院的管辖权，实在没有必要。对专属管辖的限制也存在同样问题，例如，发生在外国的港口作业纠纷当事人选择我国法院，我国法院如果因为当事人的协议管辖违反了我国的专属管辖规定而拒绝行使管辖权，而外国法院又因为当事人存在排他性协议管辖不能行使管辖权，导致当事人处于投诉无门的尴尬境地。

《海牙公约》第 5 条第 3 款规定了国内管辖权分配规则之例外③。按照

---

① 2015 年《民诉法解释》第 30 条第 2 款规定：管辖协议约定两个以上与争议有实际联系的地点的人民法院管辖，原告可以向其中一个人民法院起诉。

② 最高人民法院 1992 年《民诉法解释》第 24 条规定：合同的双方当事人选择管辖的协议不明确或者选择民事诉讼法第二十五条规定的人民法院中的两个以上人民法院管辖的，选择管辖的协议无效，依照民事诉讼法第二十四条的规定确定管辖。

③ 公约第 5 条第 3 款第 2 项规定：公约关于被选择法院应当行使管辖权的规定不影响被选择法院地国国内管辖权分配规则。不过，如果被选择法院就是否移送案件享有自由裁量权，则需要对当事人的选择给予适当考虑。

这个规定，当事人的协议管辖并非强加给被选择法院必须行使的义务，它可以依据国内管辖权分配规则移送案件。这种规定有利于解决我国级别管辖的限制问题，在肯定当事人协议管辖效力的基础上，在我国法院之间进行案件移送。这样做，既尊重了当事人的意思自治，也有利于当事人对我国法院的选择，还可增强我国法院被选的概率，进而增进我国法院审理涉外协议管辖案件的经验和水平。

《海牙公约》第 21 条“特殊事项的声明”制度①则可以缓解我国对专属管辖的特殊关注问题。这种声明制度的目的是为某些缔约国提供有效的灵活性机制，把对该国具有强烈利益的事项排除在公约适用范围之外。如果我国经过严格的论证和慎重的考虑仍然强调现行的专属管辖规则，则可以通过声明制度把相关事项排除在外。这种声明对当事人而言可能具有更明确的意义，能够更清楚地获悉不得进行协议管辖的相关事项。

（三）促进我国承认与执行外国法院判决制度的完善

由于我国立法和司法解释确立的承认与执行外国法院判决制度还存在一些不足，批准《海牙公约》对完善我国判决的承认与执行制度的积极意义是显而易见的。

第一，虽然《海牙公约》并不涉及普遍管辖权规则，仅规定了选择法院协议问题，但公约第 6 条有关未被选择法院的义务，第 8 条关于形式审查义务的规定，都说明了间接管辖权对于判决承认与执行的意义，国际社会普遍强调原审法院间接管辖权的合格性要求，否则将会遭到被请求法院的拒绝。事实上，各国立法不仅强调了间接管辖权对判决承认与执行的重要性，一些国家甚至以本国管辖权标准决定外国法院的间接管辖权。如德国的“映像原则”（Spiegelbild prinzip），“如果德国法院按照德国法对某一涉外民商事事件具有直接国际裁判管辖权，外国法院对该事件就具有

① 公约第 21 条第 1 款规定：“如果一国有强烈的利益不将本公约适用于特别事项，该国可以声明她将不适用于本公约于该特别事项。作出此种声明的国家应保证所作的声明不超过必要的范围，以及该被排除的特别事项要清楚与准确地予以界定。”

间接国际管辖权……所以外国法院的间接国际裁判管辖权是德国法院直接行使国际裁判管辖权的反映，就像镜子的映像一样”①。所以，公约有关尊重被选择法院管辖权的义务性规定，有助于我国构建相应的间接管辖权规则。

第二，公约在判决效力问题上作了灵活规定，不仅区分了判决的承认和执行，还明确了各自的条件，客观上解决了“终局性”困境。对处于上诉期或被审查的判决，公约允许被请求国自由决定是否认可其效力。这些规定有利于我国法院判决在外国（其他法域）获得承认与执行，消除国际社会因为我国的再审制度而怀疑甚至否定我国法院判决效力的不利后果；而且，公约的明确规定也有利于合理构建我国有关外国判决效力的规则。

第三，《海牙公约》明确了判决承认与执行的 7 项例外事由。虽然公约对这些例外事由是否具有穷尽性未予明确，公约解释报告也未置一词，综合公约期望实现判决自由流动的目标，当然应该是穷尽性的。对于外国判决承认与执行规定例外事由，不仅是借鉴《纽约公约》的结果，也是在外国判决承认与执行问题上只进行形式审查的必然结果，以消除各国对不合理、不公平的外国判决获得承认与执行的担心。我国现行立法仅借助公共政策这一例外是不够的，显然无法避免外国不合理判决获得承认与执行，也不利于我国被请求法院的司法审查。借鉴公约例外事由的合理规则，是增强我国判决承认与执行规则合理性的可行之举。

（四）倒逼我国国际商事仲裁制度的完善

《海牙公约》的一个重要目标，就是期望诉讼能够成为与国际商事仲裁同等重要的争议解决方式，从而为从事国际商事活动的当事人提供多种争议解决方式。对此，参与公约谈判的我国代表和美国代表都希望公约成为与 1958 年《纽约公约》并行的机制，从而吸引更多的当事人选择法院诉讼，

① 李浩培：《国际民事程序法概论》，法律出版社，1996，第 120~121 页。

就像《纽约公约》之于国际商事仲裁一样[①]。因此，公约的缔结与生效，将倒逼国际商事仲裁制度不断完善。由于各国国际商事仲裁制度基本上处于同一起跑线上，如果我国尽快批准公约，不仅赋予当事人更多的选择权，在仲裁和诉讼中形成良性竞争，还能给我国的国际商事仲裁带来“先发优势”，使我国国际商事仲裁能够尽快实现转型，发挥自身优势，或许可以在全球性国际商事仲裁的竞争中脱颖而出。

（五）促进“一带一路”倡议与人类命运共同体理念的实现

在国际民商事管辖权和判决的承认与执行领域，我国只与24个“一带一路”沿线国签订了双边司法协助条约[②]，与大多数国家对此问题没有形成统一的规则，这对打造利益共同体、责任共同体和命运共同体显然是不利的。如果我国批准《海牙公约》，不仅可以避免与不同国家单独谈判，提高形成国际统一规则的效率；也可以吸引其他“一带一路”沿线国积极参加条约，扩大公约的适用范围和影响；还可以利用欧盟已经批准了该公约，加强与“一带一路”沿线国的司法合作，提高我国通过国内司法解决国际民商事纠纷的作用，用多边体制打造利益共同体，用统一标准构建责任共同体，用全球共识形成命运共同体。

二　批准《选择法院协议公约》可能带来的消极影响

总结和概括我国学者关于批准《海牙公约》可能带来的不利影响的研究成果，主要涉及以下几个方面。

---

① See Louise E. Teitz, “Both Side of the Coin: A Decade of Parallel Proceedings and Enforcement of Foreign Judgments in Transnational Litigation,” *Roger Williams U. L. Rev.* 10 (2004): 62-63.

② 与我国签订了双边民事司法协助的35个国家是：法国、意大利、西班牙、保加利亚、泰国、匈牙利、摩纳哥、新加坡、突尼斯、阿根廷、韩国、阿联酋、科威特、秘鲁、阿尔及利亚、巴西、波兰、蒙古国、罗马尼亚、俄罗斯、土耳其、乌克兰、古巴、白俄罗斯、哈萨克斯坦、埃及、希腊、塞浦路斯、吉尔吉斯斯坦、塔吉克斯坦、乌兹别克斯坦、越南、老挝、立陶宛、朝鲜。

（一）公约内在的制度缺陷

为了实现判决自由流动的目标，《海牙公约》规定了 3 个“关键条款”[①]，要求缔约国法院严格遵守相应的义务。第 5 条规定了被选择法院行使管辖权的义务，第 6 条规定了未被选择法院不行使管辖权的义务，它要求未被选择法院中止诉讼或拒绝行使管辖权，除非存在公约规定的例外事由，第 8 条要求各缔约国承认与执行被选择法院所作的判决，除非基于本公约规定的例外事由，才能对该法院判决予以拒绝。总体上看，它们强调了当事人意思自治的地位，并以最终承认与执行判决为目标。但要求被选择法院行使管辖权，实质上超越了协议管辖的一般法理，因为被选择法院只是因当事人的选择而享有管辖权，并没有必须行使管辖权的义务[②]。

（二）对我国当事人实质公平的影响

选择法院协议制度是以地位平等的双方当事人的自由意思为基础的，但在当事人实际地位不对等的情况下，这种选择法院协议的正当性和有效性会受到一定程度的影响。因此，《海牙公约》应当建立在当事人地位平等的基础上，并适当保护弱方以避免对当事人利益造成消极后果。但该公约并不能达到这样的积极效果。因而，公约对我国当事人的利益会产生消极影响。

第一，《海牙公约》忽视当事人地位平等问题对我国当事人利益的消极后果。尽管《海牙公约》对其适用范围作了诸多限制，把许多事项排除在公约适用范围之外，但它未能对当事人双方地位平等问题给予适当关注，没能给处于弱势地位的当事人提供相应的保护机制。正如美国学者对公约所提出的批评：“公约没有把附合合同排除在公约适用范围之外，不仅会对弱势的个人消费者不利，甚至对中小企业都极为不利，因为中小企业在附合合同

---

① 即第 5、6、8 条。See Trevor C. Hartley & Masato Dogauchi, Convention on Choice of Court Agreements: Explanatory Report (First Draft) of May 2006, Paragraph 1.

② 王吉文：《我国批准 2005 年海牙公约可行性问题的思考》，《武大国际法评论》2017 年第 1 期，第 60~61 页。

中也处于弱势地位，提供附合合同的一方并没有就合同条款与中小企业进行协商。公约应把附合合同排除在外，不是只规定个人消费者合同是公约适用范围的例外。”[①] 因此，我国当事人的弱势地位，将会在法院的选择上受到外国强势方的现实影响而遭受不利后果。

第二，《海牙公约》过于关注判决的自由流动对我国当事人带来消极影响。为了实现判决自由流动的目标，公约不仅严格规定了被选择法院行使管辖权的义务、未被选择法院尊重被选择法院管辖权以及判决的义务，还确立了“致命组合”的绝对法律效力。这些规定尽管可以保证公约价值目标的实现，促进判决在公约范围内自由流动，但对我国总体处于弱势地位的当事人而言，公约的义务性规定显然使得我国当事人与外国强势方所签订的选择法院协议不能获得完全的尊重。由是观之，我国当事人整体的弱势地位，可能会导致选择法院时的不利状况：作为理性人，外国强势方会利用其优势地位诱使或者迫使我国当事人作出片面有利于外国当事方的法院选择。从这个角度来说，批准《海牙公约》对于整体上处于弱势地位的我国当事方利益的保护确实是不利的。

因此，《海牙公约》对于整体上处于劣势地位的我国当事人的不利影响是客观的，而非虚构或者夸大其词。陈隆修先生曾经如此告诫我们：“中国不能自恃为泱泱大国就对 2005 年《海牙公约》这两个条款的组合加以背书，个人于此呼吁为着海峡两岸华人及所有第三世界的弱势人民在国际贸易上之‘实质平等权’，中国有义务将我们于实务贸易上之困难阐明给西方贸易伙伴，以期不但能促成国际贸易之平等交流，更能达成联合国人权宣言要求所有人在所有方面实现实质平等的终极目标。”[②]

（三）对我国国家利益可能带来的影响

尽管判决的承认与执行主要涉及当事人私人利益的实现问题，但与国家

---

① Adam Kerns, “The Hague Convention and Exclusive Choice of Court Agreements: An Imperfect Match,” *Temp. Int’l & Comp. L. J* 20 (2006): 509.

② 陈隆修：《2005 年海牙法院选择公约评析》，五南图书出版公司，2009，第 53 页。

利益和社会公共利益不无关系。因为国家利益不仅包括国家政治利益和国家安全利益，也包括国家经济利益和社会发展需要："国家利益至少可以包括安全需求、经济需求、社会需求、文化需求和政治需求等重大利益。"[①] 由于外国判决的承认与执行，对本国经济和发展可能产生影响，也会涉及国家利益问题和对本国国民私人利益的保护问题。"国家利益和私人利益是难以被截然割裂的"[②]，但《海牙公约》的规定可能会对一些国家利益产生消极后果。因为只有被选择法院所作的判决才能获得公约的认可，而公约对各国并非利益均沾，并非都能从公约的批准和规定中获得大体一致的利益。对各个国家而言，要真正从批准公约中获得利益，相当程度上取决于当事人的选择，取决于当事人的个人意志和私人协议。否则，如果一国法院在当事人的选择中经常性地处于下风，甚至完全无法得到当事人的青睐，这个国家不仅需要承担尊重当事人协议效力及被选择法院管辖权的义务，还必须承认与执行被选择法院所作的判决，把位于本国境内的财产转移给位于外国的当事人。表面上看来，公约虽然没有对国家进行区分，似乎不会引发国家利益受损现象，但它对当事人协议效力的过分强调，可能导致广大发展中国家的利益无法得到保障。

对于多数发展中国家法院来说，公约显然会使它们承担更多的责任，因此承担承认与执行外国判决的义务，把位于本国境内的财产转移到其他国家（主要是发达国家）境内。因为公约关于尊重当事人协议效力、尊重被选择法院管辖权的义务性规定，会减损这些国家司法管辖权利益和司法权威的实现利益。对大多数发展中国家的法院来说，受法治不发达、法院审理经验欠丰富、法官总体素养不高、甚至当事人认知误差或者地域偏见等因素的影响，这些国家法院基本上难以被理性当事人选择。而当事人实际地位不平等的状况更加深了它们在法院选择时的不利地位，导致原本享有的管辖权被私人协议剥夺，无法通过案件审理实现本国司法权威。因

① 王逸舟：《国家利益再思考》，《中国社会科学》2002 年第 2 期，第 160 页。

② 徐崇利：《承认与执行外国法院判决的博弈论分析》，《中国国际私法与比较法年刊》（第六卷），法律出版社，2003，第 405 页。

此，广大发展中国家对批准公约问题能否坚持完全开放的立场，具有相当大的不确定性。与1958年《纽约公约》虽然强调了仲裁协议的独立性，但对其有效性适用法院地法相比，《海牙公约》对判决自由流动目标的期望似乎走向了一个极端，该极端最终可能以牺牲发展中国家的国家利益为代价。

（四）对我国国际商事仲裁的潜在影响

基于《纽约公约》造就了国际商事仲裁的成功，《海牙公约》期望借鉴《纽约公约》的经验，使缔约国的司法更加吸引国际民商事关系当事人。因此，《海牙公约》的生效显然会对国际商事仲裁带来挑战。而我国国际商事仲裁制度的一些不足，可能使我国国际商事仲裁在面对《海牙公约》的挑战时遭遇困境。

例如，临时仲裁在程序方面的灵活和高效便于解决一些小额纠纷，使它在国际商事仲裁领域占有一席之地。允许当事人选择临时仲裁，可能是吸引当事人选择仲裁而非诉讼的一个有力措施。但临时仲裁在我国国际商事仲裁领域没有获得法律确认。这种状况不仅可能影响我国国际商事仲裁参与国际竞争，面对《海牙公约》的竞争，也可能难以体现优势。

又如，我国一直没有承认友好仲裁的法律地位。虽然我国《仲裁法》第7条中明确规定了“公平合理”裁决，并不表明友好仲裁已经获得了我国立法和司法的肯定。因为“进行友好仲裁，必须要有当事人的明示授权，以及适用严格法律规则将可能导致不公平结果等条件。前者是友好仲裁的前提，后者是友好仲裁的实质要件”[①]。但我国立法没有规定友好仲裁的相应条件，不能认为友好仲裁已经获得了法律地位，因为该条中的“公平合理”的真正含义，“通常是指在法律规定不明确或无明文规定时，按照公平合理原则解决纠纷，而不是指仲裁员在有法律规定但适用严格法律规则会

① 王吉文：《我国仲裁法修改应采用友好仲裁制度》，《人民法院报》2005年8月22日，第3版。

导致严重不公平结果的情况下，不适用法律规定而根据其认为的公平标准处理纠纷”[1]。应当说，友好仲裁符合国际民商事关系当事人的利益需要，是当事人公平观念以及效率准则的要求：不仅消除了严格法律适用可能导致的不公平结果，还避免了诉讼程序的拖沓和冗长。所以，我国立法对友好仲裁的消极态度，也可能难以有效面对《海牙公约》可能带来的冲击。

总之，《海牙公约》的生效将会对国际商事仲裁带来相当程度的影响。由于我国国际商事仲裁还有不少方面需要完善，所以这种挑战和消极影响可能尤其明显。

（五）上述潜在消极影响的消除与克服

分析总结上面的观点可以发现，我国学者担心批准公约可能对我国带来的消极影响的立论前提是我国当事人和法院在相应的国际竞争中处于不利地位，但客观情况也许已经发生改变。

1. 中国当事人交易地位的变化

既然《海牙公约》的主要目的是促进国际贸易与投资，那么让我们来看看 2015 年中国国际贸易与投资的总体情况。

根据我国海关统计，2015 年我国货物贸易进出口总值 24.59 万亿元人民币，比 2014 年下降 7%。其中，出口 14.14 万亿元，下降 1.8%；进口 10.45 万亿元，下降 13.2%；贸易顺差为 3.69 万亿元，扩大 56.7%。尽管出现进出口“双降”，但明显好于全球其他主要经济体，市场份额较上一年有所提升。出口占国际市场份额升至 13.8%，比 2014 年提高 1.5 个百分点，是改革开放以来提高最快的一年。由于国内工业生产和固定资产投资增速下滑，加上国际市场大宗商品价格下跌，2015 年中国进口额下降较多。分析我国 2015 年国际贸易的特点可以发现：（1）中国出口商品的附加值有所提高，出口制造业在产业链的位置逐渐上升；（2）跨境电子商务、市场采购

---

① 王吉文：《我国仲裁法修改应采用友好仲裁制度》，《人民法院报》2005 年 8 月 22 日，第 3 版。

贸易等新型商业模式发展迅速，逐步成为外贸发展的新热点；（3）民营企业逐步成为对外贸易的生力军，占总额的45.2%；（4）欧盟、美国、东盟成为中国的3大贸易伙伴，中国对部分新兴经济体出口增长较快；（5）服务贸易的比重进一步提高，占贸易总额的15.3%。这些变化表明，参与国际贸易的中国当事人在大多数情况下并非处于弱势地位。

分析2015年中国国际投资的特点也可发现：（1）对外投资总额已经超过吸引外资总额，位列世界第二；（2）中国对外直接投资存量的八成以上分布在发展中经济体，在发达经济体的存量占比为14%；（3）内地与香港之间的双向投资占了各自总额的70%以上。由于内地与香港在2006年签订的《关于内地与香港特别行政区法院相互认可和执行当事人协议管辖的民商事案件判决的安排》（以下简称《安排》）实际上是以《选择法院协议公约》为蓝本的，尽管还不能证明该《安排》对促进内地与香港之间的投资起到了什么样的积极作用，起码可以说该《安排》与两地间的相互投资占中国整个国际投资的70%以上是并存的事实。这可以说明，如果中国批准《海牙公约》，则对中国当前国际投资主体的影响面不会太大。

因此，不管从国际贸易还是从国际投资的实际情况来看，已经不能笼统地说中国当事人在多数情况下处于弱势地位，不论是在诉讼地位还是社会经济地位，或是在具体交易中对选择法院协议的谈判能力，中国当事人与外国交易对象相比，多数情况下处于平等乃至强势地位。

2.《海牙公约》内在缺陷的克服

对于《海牙公约》规定的选择法院协议的有效性适用被选择法院地法和管辖权条款的独立性原则，台湾地区学者陈隆修教授把它们称为“致命组合”，确实可能造成个案的不公正，无法有效保护弱方当事人的利益。但《海牙公约》的以下规定可以在一定程度上克服这个弊端。

第一，第6条（b）项规定，根据受理案件的法院地法，如果一方当事人缺乏订立选择法院协议的能力，未被选择的其他缔约国法院不必中止或驳回排他性选择法院协议适用的诉讼；而第9条（b）项规定，当事人的缔约能力适用被请求国法律。由此可见，《海牙公约》将选择法院协议的有效性问题分割为当事人的能力和其他效力问题，前者依法院地法，后者依被选法院地法。

第二，《海牙公约》的解释报告指出，公约所谓的“缔约国法律”包括该国的国际私法规则。因此，如果被选法院的冲突规则指定适用其他国家的法律，受案法院就应该适用另一国法律。例如，当事人在主合同中作了法律选择，如果依被选法院的冲突规则，选择法院协议的效力由合同准据法决定，受案法院就必须适用合同的准据法来决定选择法院协议的效力。这种隐形的反致规则是对“被选择法院地法”规则的灵活处理。

第三，第 6 条（c）项规定，如果选择法院协议生效将导致明显的不公正或者明显违背受案法院地国的公共政策，未被选择的其他缔约国法院不必中止或驳回排他性选择法院协议适用的诉讼；第 9 条（e）项规定，如果明显地与被请求国的公共秩序不相容，可以拒绝承认与执行相关判决。受案法院可以利用这两条规定保护需要特别保护的弱方当事人，实现实质公平。

可以说，《海牙公约》的内在缺陷不足以阻碍中国签署和批准该公约，因为它同时规定的上述条款可以在一定程度上克服上述弊端。从实际效果来看，如果当事人选择外国法院诉讼，即使中国不加入公约，或者对这种情形依《海牙公约》第 21 条作出排除公约适用的声明，也不能影响该外国判决在判决作出国和其他缔约国的承认与执行。中国法院只能根据双边条约或者中国国内法决定是否承认与执行该外国判决，不能利用公约第 6 条和第 9 条规定的例外条款，即当事人以选择法院协议造成明显的不公正，或者明显违背法院地的公共政策为由否定被选法院的管辖权，这实际上对中国弱方当事人是不利的。另一种情况是，如果当事人协议选择中国法院，中国法院根据《海牙公约》接受并行使管辖权，不仅可以便利中国当事人诉讼，中国法院的判决还可根据公约得到其他缔约国的承认与执行，其好处是不言自明的。

3. 中国法院竞争力不强的改变

尽管中国法院审理涉外案件的水平有待提高，中国司法的国际公信力与发达国家相比也不占优势，但近两年中国通过司法改革，在涉外民商事审判方面的进步是有目共睹的。据笔者对武汉市中级人民法院和湖北省高级人民法院在 2001～2015 年审理的涉外案件的统计分析，外国当事人的胜诉率在 52%以上，平均办案时间大约 240 天。这种状况对吸引当事人选择中国法院诉讼是有利的。

特别重要的是，当事人在个案中选择管辖法院实际上是综合考虑多种因素的，包括被选国家的法治水平，被选法院的司法公信力，当事人在具体交易中的谈判实力、经验技巧，甚至特定领域的商业习惯等。在所有这些因素中，起决定作用的还是当事人在具体交易中的谈判实力对比和经验技巧的应用，既然中国当事人在大多数情况下并非处于弱势地位，就不必担心案件的“国际转移”问题。而根据杨育文对中国裁判文书网的统计，中国法院受理的涉外选择法院协议案件在 2014 年共 28 件，2015 年共 17 件①。可以说，涉及中国的绝大部分国际商事争议事实上已由当事人选择仲裁解决，其中大部分由外国仲裁机构解决。换句话说，涉及中国的国际商事案件事实上已经通过仲裁转移到了国外，基本上已无案件可向国外转移了，不会因为中国批准《海牙公约》导致大量案件向国外转移。

从理论上说，我国批准《海牙公约》的最佳时机是在我国当事人的实际地位完全占优势、我国法治不断完善且国际民商事关系当事人（包括外国和我国当事人）对我国法治状况充满信心也乐于选择我国法院的时候。但这无疑是一种僵化观念。因为我国不批准公约确实可以不承担承认与执行外国被选择法院判决的公约义务，避免我国法院受案少却承认与执行外国判决多的消极后果。但这种状态并不能阻碍当事人（尤其是外国强势方）选择外国法院。更为严重的是，我国没有批准公约还可能促使当事人千方百计挑选其他缔约国法院，这既无助于我国当事人的利益，也使当事人选择我国法院诉讼的机会更为渺茫。因为理性当事人更愿意选择其判决能够在更多国家得到承认与执行的法院。对于当事人（尤其是外国当事人）来说，选择缔约国法院，不仅可以享受到法治进步与成熟经验所带来的公平，还可以享

---

① 杨育文：《中国加入海牙〈选择法院协议公约〉的可行性分析——以 2014 年、2015 年中国司法实践为视角》，《武大国际法评论》第 19 卷第 2 期，第 67 页。

受公约所赋予的承认与执行便利。久而久之，我国法院被当事人选择的概率将会更小，也难以积累国际案件的审理经验。从这个意义上讲，中国签署和批准《海牙公约》可以增强中国法院的竞争力，吸引更多的当事人选择中国法院管辖。

因此，如果出于对我国当事人弱势地位以及我国法院在涉外协议管辖中不利地位的考虑而拒绝批准公约，可能取得一些短期利益，却无法真正保护我国当事人的利益和我国法院对国际民商事案件管辖权的行使。如果等到欧盟、美国、日本、加拿大、澳大利亚等主要国际经济体批准公约之后，这些国家的法院原本拥有的先天优势加上公约附加的后天优势，将使我国法院在争取国际民商事管辖权的竞争中处于更加不利的地位。所以，我国有必要在其他主要经济体批准公约之前尽快签署和批准《海牙公约》。

4. 诉讼与仲裁的良性竞争

批准《海牙公约》对中国当事人来说，可以在有国际条约保障的诉讼与仲裁中作出适当的选择，多一种选择对当事人的利益就多一份保障。尽管中国批准《海牙公约》在短期内不太可能导致外国商事仲裁案件转移到国内法院，但从长远来看，随着《海牙公约》缔约国的增加，一部分潜在的国际商事仲裁案件可能会转化为国内诉讼案件。因为对那些在具体交易中处于强势地位的中国当事人来说，能够选择中国法院管辖当然是最好的保障。对那些在具体交易中处于弱势地位的中国当事人来说，如果能够选择仲裁解决纠纷，也不会因为中国批准《海牙公约》而另外失去什么；即使选择外国法院管辖，其判决也不一定不利于中国当事人；如果发生了《海牙公约》第6条或者第9条的例外情况，中国法院还可以利用公约的规定拒绝承认与执行该外国法院的判决。简言之，中国批准《海牙公约》可以保障中国当事人的利益，以规则和制度避免弊端。

从制度层面上来说，让诉讼与仲裁形成竞争关系，可以促使这两种纠纷解决制度不断完善，具体规则更有吸引力，更有利于保护国际交易当事人的合法利益，减少国际贸易和投资的交易成本，最终提升中国诉讼和仲裁在国际民商事争议解决市场上的竞争力。简言之，要扩大国际民商事争议解决市场上的中国份额，批准《海牙公约》是必要的制度保障。

总之，历史发展到今天，中国当事人参与国际贸易和投资在大多数情况下并不是处于经济上的弱势地位，只要采取有效方法增强中国当事人的国际法律意识、提高中国当事人在选择管辖法院方面的经验技巧，完全可以克服《海牙公约》可能对中国当事人的不利影响。由于《海牙公约》本身对克服其固有弊端规定了一系列制度与规则，中国批准公约以后，中国法院完全可以利用这些规则趋利避害，完善中国的涉外司法与国际仲裁制度，提升中国在国际民商事争议解决市场上的竞争力，为推动“一带一路”建设提供更加有效的法治保障。因此，中国应尽快签署和批准《海牙公约》。

三　批准《选择法院协议公约》的具体建议与应对办法

为了尽快批准《海牙公约》，中国既需要对公约的一些事项作出保留性声明、限制性声明，也需要对一些国内法作必要的修改和完善，才能最大限度地发挥公约的优势，避免公约可能带来的不利影响。

（一）需要作出声明的事项与建议

1. 知识产权事项的适用问题

知识产权问题是《海牙公约》谈判中最核心的问题之一。中国、俄罗斯、澳大利亚等国曾建议将知识产权问题完全排除在公约适用范围以外，美欧则表示如果不纳入知识产权问题，本公约对有关国家完全没有吸引力。有关知识产权问题的谈判、交锋也异常激烈，最终的条文结构也是妥协的产物，基本兼顾了各方的关切。

《海牙公约》第 2 条第 2 款第（14）、（15）规定，本公约仅排除两类知识产权事项：一是版权及其邻接权以外的知识产权的有效性；二是非因合同引起的版权及其邻接权以外知识产权的侵权。这两种情形以外的其他与知识产权有关的诉讼，都属于公约的适用范围。

总体上，公约采取以知识产权是否需要注册来区分不同类别，并将知识产权的有效性问题、合同问题、非因合同引起的侵权问题区分考虑。

具体而言，涉及知识产权有效性问题的案件，区分版权及其邻接权与其他知识产权（专利、商标等）。根据《伯尔尼公约》，版权和邻接权是不需要注册的，公约将其单列，涉及版权及其邻接权有效性的诉讼，不论合同之诉还是侵权之诉，均属于公约适用范围。其他需注册的知识产权的有效性问题，则不属于公约适用范围。

涉及知识产权有效性以外问题的案件，公约以是否因合同引起而决定是否属于公约范围。公约的基本原则是，与合同争议有关的知识产权问题（除去版权及其邻接权以外的知识产权的效力问题），均纳入公约适用范围。对于与合同无关的侵权案件，公约仅将侵犯版权及其邻接权问题纳入公约，而排除其他需注册的知识产权的侵权案件。

《海牙公约》到底适用于哪些知识产权纠纷并不清楚。而各国著作权法对合作作品、职务作品的归属问题规定差异巨大，背后蕴含的是各国对创作者与投资者、组织者利益平衡的政策考量。著作权虽然是自动取得，但各国都对其实施行政管理和集体管理，归属纠纷有时也会与行政机关的登记行为发生关联。对违约责任与侵权责任竞合问题，商标权侵权责任可能与著作权侵权责任竞合，商标权人可以将商标侵权包装成著作权侵权，进而绕开必须存在合同关系的限制，使不存在合同关系的商标侵权案件进入公约的适用范围。对著作人身权纠纷，著作人身权的内容反映的都是作者与作品之间不可分割的关系，经济利益没有著作财产权那么强烈，而《海牙公约》主要适用于商事案件，纳入公约调整范围未必合适。

事实上，新兴的、国际上尚无统一认识的，或是受各种专门法而非专利法、商标法、著作权法调整的权利无法清晰地分类到公约的“两分”范畴中；与反垄断、反不正当竞争纠纷相交叉的知识产权纠纷是否属于公约调整范围，对纠纷进行识别和定性的依据是什么，《海牙公约》及其解释报告均没有给出回答。而从公约缔约历史文件可以看出，这些问题曾引发谈判代表的激烈争论，在知识产权纠纷的具体范围问题上难以达成一致意见，公约不得不采用这种笼统的、开放式的条款，将争议留待各缔约国法院处理。因此，我国在批准《海牙公约》时对知识产权问题应持谨慎态度，建议作如下声明。

第一，根据《海牙公约》第 21 条规定，公约不适用于知识产权纠纷，包括知识产权归属纠纷、知识产权合同纠纷、知识产权侵权纠纷、不正当竞争纠纷、反垄断纠纷，本声明另有规定除外。

第二，作为例外，《海牙公约》可以适用于以下知识产权纠纷。

（1）著作权及邻接权利用和转让合同纠纷，但不包括计算机软件、民间文学艺术作品、数据库作品的利用和转让合同纠纷，也不包括著作权及邻接权权属纠纷。

（2）专利权利用和转让合同纠纷，但不包括集成电路布图设计、植物新品种和遗传资源利用以及转让合同纠纷。

（3）商业标识权利用和转让合同纠纷，但不包括地理标志利用和转让合同纠纷。

第三，判断纠纷的性质，应结合原告实际主张权利所依据的法律和判决实质内容所援引的法律作出认定。

第四，中国保留根据公约适用情况重新评估本声明的权利，并在本声明生效起 3 年内作出是否维持、修改本声明的决定。

2. 中国专属管辖的声明排除

《海牙公约》第 21 条是关于特殊事项的声明排除条款。该条规定：当一国有强烈利益不能适用第 2 条第 2 款的特定事项时，其可作出不予适用该事项的声明，但不得超出必要的范围，且声明排除的事项应当明确和精确定义；就声明排除的事项，对声明国而言不适用公约；对其他缔约国而言，如被选择法院是该声明国的法院或者一个或多个特定法院时不适用公约。此外，对涉及特殊声明事项的先决问题，公约第 10 条第 4 款规定，如果判决是基于被请求国根据第 21 条声明排除的事项的裁决作出的，可以在该限度范围内拒绝承认或执行该判决。

该条款最初源自加拿大代表提出的该国对涉及石棉的事项有特殊关切，不能纳入公约范围。中国、俄罗斯等国亦提出各自国家专属管辖的一些关注，以及对公约涉及知识产权事项的关注，要求允许各国在参加公约时以声明方式排除更多涉及本国重大利益的特定事项，并获得支持。可以看到，公约对何为特定事项并没有作出定义，由各国自行决定。建议中国在批准《海牙公约》时根据第21条的规定作出如下声明：

第一，因不动产物权纠纷引起的诉讼，由不动产所在地法院专属管辖；

第二，以法人的有效、无效、解散，或其机构决定的有效、无效为标的的诉讼，由法人所在地法院专属管辖；

第三，有关专利、商标、设计模型或必须登记或注册的其他类似权利的有效和侵权的诉讼，由注册登记地法院专属管辖。

3. “实际联系”要求

尽管不少学者反对我国立法所提出的“实际联系”要求，但要求被选法院与案件具有实际联系，往往便于当事人收集证据和举证，也便于法院查明外国法，被选法院难以适用不方便法院拒绝管辖。因此，国际上许多国家要求被选法院与争议必须具有合理联系。如瑞士、瑞典、丹麦、韩国和美国部分州的司法判决，均要求被选法院与争议具有联系。因此，这个问题在《海牙公约》的谈判过程中一直存在重大分歧。尽管《海牙公约》最终没有要求“实际联系”，但是由于它作为选择法院协议有效性的实质要件之一，应该根据被选法院地法来判断，也允许缔约国作出限制性声明。

从实践来看，当事人选择一个与案件或者争议没有联系的法院管辖，并不一定是为了选择公正、中立、司法水平高的法院，常常是一方当事人在格式合同中单方面规定了管辖法院，另一方当事人不得已接受的结果；或者是双方当事人对管辖法院的选择相持不下、互不信任，不得不选择一个第三国法院。因此，从防止当事人规避法律，防止一方当事人通过欺诈、胁迫、滥用经济地位或其他不正当的方式达成法院选择协议、保护弱方当事人的利益，方便法院审理案件、方便当事人参与诉讼等角度考虑，特别是从一定程度上消除《海牙公约》“致命组合”的不利影响，中国应该继续保留“实际联系”的要求，但可以考虑对“实际联系”作扩大解释。建议中国根据

《海牙公约》第21条和第19条的规定，在批准《海牙公约》时根据第21条的规定作出如下声明：第一，与当事人或争议没有实际联系的选择法院协议无效；第二，实际联系既包括被告住所地、合同履行地、合同签订地、原告住所地、标的物所在地，也包括当事人的主要营业地、代表机构所在地、登记地、装运地、转运地等客观联系。

（二）建议修改与完善我国相关立法的事项

1. 区分国际性案件的判断标准

《海牙公约》仅适用于“国际案件”，它对国际性案件的认定标准分不同阶段。对于管辖权阶段的“国际性”，公约第1条第2款规定，除非当事人均在同一缔约国居住，并且当事人的关系和与争议有关的所有其他因素仅与该国有关，不论被选择法院处于何处，案件都是国际性的。因此，公约在管辖权阶段判断国际性，既考虑当事人是否在不同缔约国居住，也考虑与当事人或争议有关的其他因素与有关国家的关系，但此时不将被选择法院所在地作为考虑因素。这实际上是排除“纯国内案件”的适用。

关于判决承认与执行阶段的国际性，公约第1条第3款规定，只要寻求承认和执行一项外国判决，该案就是国际性的。这就意味着，只要被请求承认与执行的判决来自外国，该案就是国际性。也就是说，即使对于某国就纯国内案件作出的判决，如果在其他国家申请承认与执行，对该被申请国而言，被请求承认与执行的案件就是国际性的。因此，公约在判决承认与执行阶段的适用范围比管辖权阶段要宽泛一些，在管辖权阶段排除的纯国内案件，包括在承认与执行阶段的适用范围内。因此，《海牙公约》第20条允许缔约国就上述情况作出限制承认和执行的声明。该条规定，一国可以声明，如果当事人在该被请求国居住，并且除被选择法院所在地外，当事人的关系及与争议有关的所有其他因素仅与该被请求国相关，其法院可以拒绝承认或执行另一缔约国法院作出的判决。也就是允许缔约国对外国法院作出的本质上属于纯国内案件的判决，予以拒绝承认与执行。

由此可见,《海牙公约》对“国际性案件”的标准规定得极为明确,它一方面将“纯国内案件”排除在公约的适用范围以外,另一方面允许缔约国限制自己的管辖权,同时适当扩大判决承认与执行阶段“国际性案件”的范围。建议中国不必根据公约第19条、第20条作出声明,通过批准《海牙公约》明确和丰富中国法院对“国际性案件”的认定标准。

2. 改变互惠的认定标准

对于外国法院判决,我国《民事诉讼法》明确规定,在没有国际条约的情况下,也可以根据互惠原则加以承认与执行。但在实践中如何认定互惠关系是否存在,我国法院一直要求“事实上的互惠”,即外国法院客观上已有承认和执行我国法院判决的先例。如在日本国民五味晃申请承认和执行日本法院作出的生效债务判决①、俄罗斯国家交响乐团、阿特蒙特有限责任公司申请承认英国高等法院判决②、弗拉西动力发动机有限公司申请承认和执行澳大利亚法院判决③等案件中,最高人民法院均以我国与相关外国之间“没有缔结或者参加相互承认和执行法院民事判决、裁定的国际条约,亦未建立相应的互惠关系”为由拒绝承认和执行。

我国法院的上述实践,与其说强调“互惠”或“对等”以期望外国也对我国法院判决采取同等态度,倒不如说是在关注“报复”,法院所持的实际上是一种防范之心。按照这种做法,如果外国也因此对我国法院判决采取对等立场,我国法院判决就难以依据互惠原则得到外国的承认或执行了。日本法院就因为“五味晃”案认定中日之间不存在互惠关系而拒绝承认我国法院的判决④。为了批准和有效实施《海牙公约》,建议我国尽快在司法实践中,对立法上不要求互惠的国家的法院判决,不要求“承诺”或“合作

① 《最高人民法院关于我国人民法院应否承认和执行日本国法院具有债权债务内容裁判的复函》,(1995)民他字第17号。

② 北京市第二中级人民法院(2004)二中民特字第928号。

③ 《最高人民法院关于申请人弗拉西动力发动机有限公司申请承认和执行澳大利亚法院判决一案的请示的复函》,(2006)民四他字第45号。

④ Osaka High Court, Judgment 9 April 2003, Hanrei Jiho No. 1841, p. 111; Hanrei Taimuzu No. 1141, p. 270.

交流意向”，主动确认互惠关系的存在①。

3. 明确选择法院协议有效性的准据法

我国没有关于选择法院协议准据法的明确规定，司法实践的做法不一，有的适用原审法院地的法律；有的适用当事人选择的法律；有的适用法院地法；有的直接适用中国法，而未考虑当事人协议选择的法律；基本没有适用被选择法院地法的。我国在批准《海牙公约》时不必对这个问题提出保留，即通过批准《海牙公约》把选择法院协议有效性的准据法确定为被选择法院地法。

四　结论

2005 年海牙《选择法院协议公约》是 21 世纪国际社会最重要的管辖权和判决承认与执行公约，我国自始至终都参加了该公约的谈判。从中国的长远利益来看，批准该公约有利于促进我国法院判决的跨国执行、促进我国协议管辖制度和判决承认与执行制度的完善、倒逼我国国际商事仲裁制度的完善和促进“一带一路”倡议和人类命运共同体理念的实现。对于批准《海牙公约》可能带来的潜在消极影响，由于现在中国当事人参与国际贸易和投资在大多数情况下并不是处于经济上的弱势地位，只要采取有效方法增强中国当事人的国际法律意识，提高中国当事人在选择管辖法院方面的经验技巧，完全可以克服《海牙公约》可能对中国当事人的不利影响。另外，由于《海牙公约》本身对克服其固有弊端规定了一系列制度与规则，中国在批准该公约时完全可以利用这些规则避免不利局面，彰显参加《海牙公约》的优势，完善中国的涉外司法与国际仲裁制度，提升中国在国际民商事争议解决市场上的竞争力，为推动“一带一路”建设提供更加有效的法治保障。

---

① 参见肖永平《提升中国司法的国际公信力：共建“一带一路”的抓手》，《武大国际法评论》2017 年第 1 期，第 11~12 页。事实上，最高人民法院在 2017 年 6 月 8 日第二届中国-东盟大法官论坛发表的《南宁声明》已经采取了这种做法，见肖永平《促进中国与东盟民商事判决相互承认与执行的新举措》，《人民法院报》2017 年 6 月 18 日。

因此，中国应尽快签署和批准《海牙公约》。

当然，中国在批准《海牙公约》时应该在知识产权、专属管辖和实际联系要求三个方面作出限制性声明，并利用批准《海牙公约》的契机，明确和丰富中国法院对“国际性案件”的认定标准，改变我国法院在司法实践中认定互惠的标准，明确选择法院协议有效性的准据法为被选择法院地法。

“一带一路”国际投资仲裁机制建设

肖　军*

一　“一带一路”国际投资仲裁机制建设的重要性

在“一带一路”倡议下，中国企业向沿线国家的投资不断增长，在我国海外投资中占有越来越大的比重。根据中国商务部统计，2017 年我国企业对 59 个沿线国家非金融类直接投资共计 143.6 亿美元，占同期总额的 12%，主要投向新加坡、马来西亚、老挝、印度尼西亚、巴基斯坦、越南、俄罗斯、阿联酋和柬埔寨等国。2017 年，我国企业在 61 个沿线国家新签对外承包工程项目合同 7217 份，合同金额 1443.2 亿美元，占同期总额 54.4%。

由于企业海外投资（各国签订的投资条约通常将承包工程合同权利视为投资）周期较长，容易受到东道国政府更迭及政策变化的影响，产生区别于一般商业风险的政治风险。当外国投资者由于这些政治风险与东道国发生争议时，当然可以寻求东道国国内救济。不过，由于国内法治发展水平的限制、国内法官维护本国利益的倾向（即使在法制健全的国家）等原因，东道国的国内救济并不总是能够充分保障投资者的权利，投资者希望能够有一个中立的机制解决他们与东道国政府之间的争议。在此背景下产生了国际投资仲裁机制，外国投资者可以将其与东道国之间的争端提请国际仲裁庭解决。在“一带一路”背景下，我国是主要的资本输出国，而沿线国家大多

---

* 肖军，武汉大学国际法研究所副教授，研究方向为国际贸易法和投资法。

为发展中国家乃至最不发达国家，国内法治完善程度客观上存在不足，我国在这些国家的投资还不能仅仅依赖于其国内救济的保护。国际投资仲裁机制对我国海外投资利益的保护具有十分重要的意义。

目前，国际投资仲裁主要进行于“解决国家与他国国民投资争端中心”（ICSID）机制下。该中心系依据1965年ICSID公约设立，专门为解决外国投资者与东道国之间因投资而产生的争议提供调解和仲裁。实践中，ICSID调解案例极少。在ICSID公约基础上，ICSID制定了专门的仲裁规则。此外，它还制定了ICSID附加便利规则，为某些不属于公约管辖范围的争端提供仲裁服务。其他各种类型的仲裁机构也可以管理国际投资仲裁，如常设仲裁法院（Permanent Court of Arbitration）、国际商会仲裁院（The ICC International Court of Arbitration）、伦敦仲裁院（London Court of International Arbitration）、斯德哥尔摩商会仲裁院（The Arbitration Institute of the Stockholm Chamber of Commerce）等。在这些仲裁机构管理下进行的投资仲裁中，当事方通常选择适用UNCITRAL仲裁规则。总体上来看，由于ICSID制定了较为完善的仲裁规则，且ICSID公约规定了缔约国承认和执行裁决的条约法义务，ICSID成为开展国际投资仲裁的主要场所。根据UNCTAD和ICSID的统计，截至2017年底，已知的国际投资仲裁案件达到855起，其中在ICSID登记的仲裁案数量为640起。

值得注意的是，投资仲裁庭对投资争端的管辖权以当事方同意为前提条件。一个国家即使加入ICSID公约，也并不等于它对特定投资争端作出了仲裁同意。在投资仲裁实践中，当事方作出仲裁同意通常有三种方式：第一，投资者和东道国政府签订投资合同，在合同中双方明确同意，有关合同争议将提交仲裁解决；第二，东道国在国内立法中明确承诺，同意将投资争端提请仲裁；第三，东道国与投资者母国签订投资条约，在条约中明确承诺，同意将其与另一缔约国国民之间的投资争端提请仲裁。在后两种方式下，东道国首先单方面地作出一般性的仲裁同意，类似于合同法下的“要约”；在特定投资争端发生后，相关投资者通过向仲裁机构提交仲裁申请的方式，作出自己的仲裁同意，类似于“承诺”，进而形成当事双方的仲裁同意。现有投资仲裁实践是以第三种方式为主，即基于条约的仲裁。

从“一带一路”沿线国家签订的投资条约来看，国际投资仲裁已经在较大程度上得到接受。包括中国在内的66个沿线国家中，只有11国未签署ICSID公约，分别是不丹、阿联酋、伊朗、印度、老挝、马尔代夫、缅甸、巴勒斯坦、波兰、塔吉克斯坦、越南。另有泰国、吉尔吉斯斯坦和俄罗斯等三国签署公约但未获批准。大多数沿线国家签订的投资条约，半数以上接受了ICSID仲裁机制。除少数几个国家外，我国与绝大多数沿线国家签订了双边投资条约，并在条约中规定了投资仲裁机制。其中，最新的条约是2017年中国与马尔代夫签订的自由贸易协定（目前尚未生效）。

但是，在提供投资仲裁机制保护我国向沿线国家投资方面，还存在以下几个方面的不足：第一，我国与六个沿线国家还未签订包括投资仲裁机制的投资条约，即：阿富汗、孟加拉国、不丹、黑山、伊拉克和巴勒斯坦；第二，我国与不少沿线国家签署双边投资条约的时间较早，条约对仲裁机制的规定限制较多，例如，规定只有与征收补偿数额相关的争议可提交仲裁；第三，由于多数条约签订于多年以前，晚近国际投资仲裁机制的改革和完善尚未纳入这些条约。

21世纪以来，随着投资仲裁案件数量的迅速增加，以ICSID为代表的投资仲裁机制的缺陷不断显现。例如，由于缺乏先例制度，审理案件的仲裁庭又是临时组成，针对相同或类似法律问题的不一致裁决频繁出现；当事方选任的仲裁员过于集中于少数来自发达国家的国民，他们在一个案件中担任仲裁员，在另一个同时进行的仲裁中担任当事一方的律师，引发人们对利益冲突与偏袒投资者的忧虑；仲裁程序缺乏透明度，案件审理的一些措施涉及东道国公共利益，有关利害关系方缺乏发表意见的机会。因此，近年来各国新签订的投资条约纷纷纳入更加详细或者全新的争端解决规则，以改革和完善投资仲裁机制。不过，对于一些具体的改革路径和措施，各国尚存在不同意见。其中，欧盟提出的投资法院制度建议便引发了广泛争论。

在这一背景下，我国一方面有必要借鉴其他国家改革投资仲裁机制的经验，进一步完善解决我国投资者与“一带一路”沿线国家之间投资争议的仲裁机制；另一方面，通过"一带一路"投资仲裁机制建设，我国也有机会在新的投资争端解决规则制定中扩大影响力，力争掌握规则制定的话语权。

二 "一带一路"国际投资仲裁机制建设的路径选择

在吸取已有国际投资仲裁机制及其改革建议的基础上，"一带一路"国际投资仲裁机制的建设可以采取两种模式，分别为国际组织模式和民间机构模式。国际组织模式指的是，沿线国家签订一部国际条约，在条约基础上设立一个具有国际法律人格的国际组织，在该组织框架下运行国际投资仲裁机制。相应地，民间机构模式是指，管理和运行仲裁机制的职能由一个非政府性质的民间机构（商事仲裁机构）来履行。进一步，每种模式还可以细分为两种子模式，具体如下。

（一）民间机构模式：路径一与路径二

在现有国际投资仲裁机制下，已有国际商会仲裁院、斯德哥尔摩商会仲裁院等商事仲裁机构在审理商事仲裁案件的同时，也受理投资仲裁案件。其原因在于，在基于条约的投资仲裁中，投资条约通常赋予投资者选择仲裁机构的权利。例如，《能源宪章条约》第 26 条第 4 款规定，投资者可以选择将仲裁请求提交到：（a）（i）ICISD，如果投资者母国和东道国都是 ICSID 公约的成员；或（ii）ICSID 附加便利规则，如果投资者母国或东道国一方是 ICSID 公约成员；（b）根据 UNCITRAL 规则设立的特设仲裁庭；或（c）根据斯德哥尔摩商会仲裁院的仲裁程序。据统计，截至 2015 年 4 月 29 日，在基于《能源宪章条约》的 114 个投资仲裁案中，72 个案件在 ICSID 登记，23 个案件在斯德哥尔摩商会仲裁院进行，12 个案件由特设仲裁庭审理，而 7 个以俄罗斯为被申请人的案件均在常设仲裁法院进行。

因此，在商事仲裁机构之间、在它们与 ICSID 以及 PCA 之间实际上存在着提供投资仲裁的竞争关系。投资者选择不同仲裁机构可能受到以下几个因素的影响。第一，少数投资条约（如《能源宪章条约》）明确指定一个商事仲裁机构作为备选。第二，仲裁程序规则存在差异。其中一个重要差异体现在程序透明度方面。总体上而言，在商事仲裁机构进行的投资仲裁案件更大程度上受到商事仲裁保密性传统的影响，透明度程度比 ICSID 仲裁更低。不过，鉴于各国对于投资仲裁透明度要求的日益重视，如果投资条约直接纳入透明度条款，这方面的差异可能被弱化。第三，裁决的承认与执行适用不同规则。ICSID 仲裁裁决可以依据 ICSID 公约得到更有力的承认与执行。公约规定，每一缔约国都应承认裁决的约束力，裁决应等同于缔约国国内法院的最后判决，不得以任何理由（包括公共秩序保留）拒绝承认和执行裁决，除了裁决执行仍受限于各缔约国有关执行豁免的法律之外。与此相比，商事仲裁机构的仲裁裁决首先会受到仲裁地法院的司法监督，可能被撤销；其次，在第三国的承认与执行只能依据《纽约公约》，该公约缔约国还可以依据公约对裁决进行审查，以各种理由拒绝承认和执行裁决。总而言之，不同机构的仲裁各有利弊。尽管由于在 ICSID 裁决的承认和执行方面的优势，更多投资者选择 ICSID 仲裁，但也有不少投资者基于各种原因选择商事仲裁机构。例如，大型跨国公司可能基于其经济实力对裁决的承认和执行有信心，但更重视仲裁的保密性，故而选择商事仲裁机构甚至特设仲裁庭。因此，实践中，商事仲裁机构仍占有一定的投资仲裁“市场”份额，但它们需要面临较为激烈的市场竞争。

我国已有近 200 家仲裁机构，选择其中一家为“一带一路”建设提供投资仲裁服务，是“一带一路”投资仲裁机制建设最为简便的一个路径，本文称之为“路径一”。事实上，中国国际经济贸易仲裁委员会（CIETAC）已经于 2017 年 9 月 12 通过《国际投资争端仲裁规则（试行）》（以下简称“CIETAC 规则”），并于 2017 年 10 月 1 日起施行，开始参与投资仲裁机制。该规则吸取了晚近投资仲裁规则改革的若干经验，具有一些创新性的安排，下文将详细予以介绍。

显然，仲裁规则的制定只是第一步，如果希望在投资仲裁机制中真正产生影响，CIETAC 还需要做很多工作来提高自己在仲裁市场的竞争力。鉴于

“一带一路”投资仲裁机制建设的宗旨之一就是保护我国海外投资者的合法权利，当我国投资者与沿线国家政府之间产生投资争端时，后者可能不愿意同意由一个设立在中国的仲裁机构审理争端，因此，另一个可能的路径选择，本文称之为“路径二”，是参照国际商会仲裁院，由沿线各国商会组织共同协商和组建一个“一带一路”仲裁院。它作为非政府性质的国际性仲裁机构，为投资仲裁提供服务。与“路径一”相比，在“路径二”下我国有关方面需要积极推动和协调各国商会组织，难度略大，但其中立性更易得到沿线各国政府的认可与接受。未来我国与沿线国家新签的投资条约可以将该仲裁院规定为备选之一。当然，从性质上来看，这个“一带一路”仲裁院仍是非政府机构，国家不需要为此承担国际法义务，因而与国际组织模式相比，该仲裁院对国家政治意愿的要求程度较低，但需要与其他仲裁机构开展竞争。

（二）国际组织模式：路径三与路径四

签订一部国际条约，设立一个专门负责投资争端解决的国际组织，意味着有关缔约国的主权行使将受到条约限制，国家需要承担国际义务。与商事仲裁机构模式相比，设立国际组织能够更有力地保护投资者，但对国家主权的限制更大，当然也就对国家政治意愿提出更高要求。因此，为吸引沿线国家接受这一国际组织，应针对现有仲裁机制（尤其是 ICSID）的不足，充分借鉴已有改革经验。具体而言，本文认为，可以考虑的国际组织设想分别有“一带一路”投资争端解决中心（路径三）或“一带一路”投资法院（路径四）。

在路径三下，沿线国家将签订一个“一带一路”投资争端解决中心公约（以下简称“中心公约”）。与 ICSID 类似，加入“中心公约”本身并不等于同意将特定争端提交中心仲裁。该中心仍然是一个仲裁管理机构，审理具体投资争端的是依据中心规则设立的临时仲裁庭。与 ICSID 公约一样，“中心公约”可以规定缔约国承认和执行裁决的义务。与其他路径相比，路径三的优势在于：第一，缔约国仍然拥有对特定投资争端的仲裁同意权利，可以在一定程度上缓解国家对主权限制的担忧，有利于提升该中心的政治可行性；第二，与商事仲裁机构相比，该中心裁决的承认和执行可以得到“中心公约”的保障，在非公约缔约国则可以依据纽约公约申请承认与执行。

显然，路径三下设立的中心将与ICSID类似，如果希望沿线国家放弃ICSID转而选择中心，则需要有针对性地设计中心的仲裁机制，以彰显其对ICSID的优越性。为此，至少有两点可以考虑：第一，可以要求组成仲裁庭的三名成员中至少两人应是沿线国家国民，这样首先可以纠正ICSID机制下少数发达国家仲裁员主导的问题，提升中心对发展中国家的吸引力，同时还可以体现中心的“一带一路”特色；第二，可以设立一个常设上诉机构。首先，它可以矫正临时仲裁庭带来的裁决不一致问题，增强裁决的可预见性和合法性。其次，它有利于中国利益的维护。“一带一路”背景下中国将成为主要的资本输出国，中心处理的案件可能具有不对称性的特点，即原告主要为中国企业，而被告为其他沿线国家。这可能减少中国国民被选任为仲裁员的机会。如能设立常设上诉机构，通过保证至少一位中国国民担任该机构成员，可以加强我国在该机构中的影响力。最后，ICSID曾意图增设上诉机制，但由于ICSID公约修订的困难而放弃。对于新设的“一带一路”投资争端解决中心而言，则不会存在这一困难。

“一带一路”投资争端解决机制设计的第四条路径是借鉴欧盟提出的常设投资法院（ICS）建议。目前，欧盟已经签订的几部双边投资条约已经采用了ICS，例如欧盟与加拿大的CETA。ICS的本质特征是设立一个常设的法院来处理投资者-东道国争端。在传统的投资仲裁机制下，仲裁员由每个案件的争端当事方选任，这种临时组成的仲裁庭是包括投资仲裁在内的仲裁机制的基本特征。但是，ICS中法官是在法院组建时由缔约国选任，有固定任期。其中，三位法官将审理每个具体案件，人选则以事先确定的轮转机制来决定。这样，不仅投资者，而且具体案件的被诉东道国也不能任命审理案件的法官，从根本上改变了传统仲裁机制下当事方选任仲裁员的机制，是对传统投资仲裁机制的根本性改革。改革的目的首先在于回应人们对投资仲裁中仲裁员独立性和公正性的质疑。在投资仲裁中，仲裁员主要是来自发达国家的少数国民，他们常常在一个案件中担任仲裁员，又在同时或者此后处理相同或者类似问题的投资仲裁案中担任当事方的律师，引发人们对利益冲突的疑问。同时，仲裁员的收入与仲裁案件的数量密切相关，由于投资仲裁通常以投资者提出仲裁申请的方式发起，仲裁员可能为了经济利益而倾向于做出有利于投资者的裁决，吸引投资者使用投资仲裁机制。在 ICS 的常设法院机制下，不仅法官任命不再直接与案件数量挂钩，而且目前 CETA 等条约禁止法官在任职期间在其他投资争端中担任律师等职务，在条件成熟时（在双边条约下案件数量足够或者在多边投资法院机制下），法官还将全职工作，这样便可以在相当程度上斩断裁判者和裁判结果之间直接的经济利益联系，增强法官的独立性和公正性。此外，与临时组成的仲裁庭相比，人数较少且固定的常设法院法官更可能作出具有一致性的裁决。当然，CETA 等条约中的 ICS 还设置了上诉机制，以保证裁决的一致性。尽管在这种情况下上诉机制的必要性有所减弱，但仍可供借鉴。

鉴于 ICS 在促进裁判者的独立性、公正性以及裁决的一致性方面的积极作用，设立“一带一路”投资法院也是一个可以考虑的路径。其难点主要在于以下两点。第一，前三种路径都可以与现有投资仲裁机制相互衔接，而投资法院是对传统机制的根本性改变，其裁决很可能无法依据 ICSID 公约和纽约公约在第三国申请承认和执行，而只能依据设立法院的国际条约在该条约缔约国承认与执行。同时，它也可能面临来自传统机制的较大阻力。第二，设立法院的国际条约将规定，东道国同意将相关投资争端提交该法院解决，意味着加入条约便接受了法院管辖权。这与加入 ICSID 相比，对国家的政治意愿要求更高，因为加入 ICSID 并不等于对具体争端作出仲裁同意。

总而言之，“一带一路”投资仲裁机制建设在理论上存在两种模式、四种路径，各有优缺点。总体来说，从我国现有仲裁机构到“一带一路”投资法院，四种路径的难度由小到大，但对我国在沿线国家投资可能提供的保护力度同样逐步增强，我国在国际规则制定中的影响力也随之加大。我国可根据实际情况逐步推进“一带一路”投资仲裁机制的建设。如前所述，目前路径一已经实现，我国正致力于实现路径二，即联合沿线国家商会组织争取设立一个国际性的民间仲裁机构。

无论采用何种模式和路径，吸取已有投资仲裁改革的经验，更好地设计仲裁程序规则都是必需的。除少数问题之外（如仲裁庭/法院的组成等），大多数仲裁规则在四种模式下具有共性，因此，有必要深入了解 2017 年的 CIETAC 规则，它很大程度上代表了我国愿意采纳的“一带一路”仲裁规则。

三　仲裁程序规则：以 CIETAC 规则为例

CIETAC 规则全面规定了适用于 CIETAC 管理下的投资仲裁程序规则，在此仅择要介绍部分体现了晚近投资仲裁规则改革的创新性规则。

（一）仲裁员的披露义务与回避

CIETAC 规则第 16 条规定，仲裁员应签署声明书，披露可能引起对其公正性和独立性产生合理怀疑的任何事实或情况；在仲裁程序中出现披露情形的，仲裁员应立即书面披露。第 17 条规定，如当事方申请仲裁员回避，另一当事人同意的，或被申请回避的仲裁员主动提出不再担任仲裁员的，该仲裁员不再担任仲裁员；否则，由仲裁委员会主任作出决定。第 16 条规定的“合理怀疑”标准以及第 17 条规定的由仲裁管理机构（而不是仲裁庭自己）作出决定，有利于保证仲裁员的公正性和独立性，符合晚近改革趋势。

（二）被诉东道国的反请求

由于投资仲裁基本上由投资者提出仲裁申请而启动，被诉东道国提出反请求的能力被视为平衡投资者与东道国利益的一个重要途径。仲裁庭是否拥有审理反请求的管辖权，主要取决于构成仲裁协议的相关文件（如投资合同或者投资条约）中的争端解决条款。不过，CIETAC 规则中较为详细的规定便利了被诉东道国反请求的提出。其中，第 23 条要求，被申请人的反请求书应详细列明三个方面的内容：请求所依据的事实与理由；任何支持其请求的证据；请求的救济以及索赔金额。第 24 条允许当事人在仲裁程序中变更或补充反请求，同时规定了仲裁庭可以驳回修改请求的情形。

（三）快速审议程序

如何尽早驳回投资者的“轻浮之诉”，减轻被诉东道国的诉累，是晚近投资仲裁改革的关注事项之一。2006 年，ICSID 修订仲裁规则，引入了第 41（5）条异议程序，以快速驳回“明显缺乏法律依据”的诉请。尽管该条款规定（任一）当事方有权提出异议，但实践中主要是由被诉东道国针对投资者的诉请提出异议，还从未出现投资者针对被申请人的反请求提出异议。

CIETAC 规则第 26 条“对仲裁请求或反请求的先期驳回”借鉴了上述 ICSID 规则，但明确将反请求也纳入该异议程序的适用范围，具体而言：当事人可以以仲裁请求或反请求明显缺乏法律依据为由申请先期驳回全部或部分仲裁请求或反请求；先期驳回请求应尽早提交，除仲裁庭另有规定，以明显缺乏法律依据为理由的先期驳回请求最迟不晚于提交答辩书或对反请求的答辩时提出；仲裁庭应在先期驳回请求提出之日起 90 天内对该请求作出裁决，不过该期限可经仲裁庭请求适当延长。

（四）第三方资助

虽然国内诉讼和商事仲裁中的第三方资助在一些国家早已得到认可，但是近年来，第三方资助投资者提出仲裁申请的案例不断增加，引发了人们的忧虑。因此，CETA 等条约开始纳入第三方资助条款，主要是提出信息披露的要求。而 CIETAC 规则第 27 条“第三方资助”提出了更高要求。

第 27 条第 1 款界定了“第三方资助”：当事人以外的自然人或实体协议承担参与争议的一方当事人在仲裁程序中的全部或部分费用的情形。第 2 款则规定，获得第三方资助的当事人应在签署资助协议后，毫不延迟地将第三方资助安排的事实、性质、第三方的名称与住址，书面告知对方当事人、仲裁庭及管理案件的位于北京的投资争端解决中心或香港仲裁中心。仲裁庭也有权命令获得第三方资助的当事人披露相关情况。第 3 款规定，在就仲裁费用和其他相关费用作出裁决时，仲裁庭可以考虑是否存在第三方资助的情形，以及当事人是否遵守了披露要求。相比之下，CETA 仅仅要求披露第三方的姓名和地址，且未就仲裁庭可主动采取的行动作出规定。

（五）透明度

晚近投资仲裁机制的改革积极推动仲裁程序透明度的提高，主要涉及有关文件的公开、听证会的公开以及第三方的参与。CIETAC 规则全面规定了这三个方面的透明度要求。

第 32 条规定，除非当事人另有约定或仲裁庭另有决定，开庭审理公开进行。如当事人在庭审中使用机密信息或其他受保护信息，仲裁庭应采取适当措施以保护该信息不被泄露。

第 44 条规定，投资条约的非争议缔约方、当事人和非争议缔约方之外的个人或实体（以下简称“非争议方”）可以提交与案件所涉争议范围内某一事项相关的书面意见（即所谓“法庭之友意见书”）。非争议方提交的书面意见中应列明其组织成员和法律地位（如公司、贸易协会或其他非政府组织）、一般目标、活动性质以及上级组织（包括任何直接或间接控制该非争议方的组织），应披露非争议方是否与当事人存在任何直接或间接关系，以及在其准备书面意见过程中向其提供财务资助或其他任何协助的政府、组织或个人。仅一方当事人请求或仲裁庭认为必要，仲裁庭可以开庭听取非争议缔约方或非争议方陈述其书面意见，还可以参考或依据这些书面意见发布命令、作出决定或裁决。

第 55 条规定，除非当事人另有约定，当事人同意依据本规则仲裁，视为同意公开下述资料：启动仲裁通知书；对启动仲裁通知书的答复；仲裁申请书；仲裁反请求申请书；仲裁答辩书；当事人的书面陈述；非争议缔约方和非争议方提交的书面意见；庭审笔录（如果有的话）；仲裁庭的命令、决定和裁决。这一要求与 UNCITRAL《投资者与国家间基于条约仲裁的透明度规则》第 3 条列举的清单基本一致。

（六）紧急仲裁员程序

CIETAC 规则附件二规定了紧急仲裁员程序：当事人可以在仲裁庭组成之前，向管理案件的投资争端解决中心或香港仲裁中心提出紧急仲裁员程序申请书，申请紧急性临时救济。管理案件的中心经初步审查决定是否适用该程序，如适用，应在收到申请书后 1 日内指定紧急仲裁员。后者应在接受指定后 15 日内作出决定。紧急仲裁员的权力以及紧急仲裁员程序的履行至仲裁庭组成之日终止。紧急仲裁员作出的决定对双方当事人具有约束力，但在规定的六种情形下不再具有效力，包括仲裁庭作出的最终裁决。

值得注意的是，根据 CIETAC 规则附件二，当事人提出紧急仲裁员程序申请，需依据所适用的法律或双方当事人的约定。这样该程序的适用应以当事双方的同意为条件。在基于条约的投资仲裁中，所适用法律是相关投资条约，而已有投资条约鲜有规定缔约方同意紧急仲裁员程序的。实际上，除非被诉东道国专门同意，投资者很难依据 CIETAC 规则申请启动紧急仲裁员程序。

在基于条约的投资仲裁中，被诉东道国常常提出管辖权异议，涉及复杂法律问题，并且被诉措施可能是普遍适用的法律法规。因此，在投资仲裁中紧急仲裁员程序的适当性是可争议的，故而 ICSID 规则和 UNCITRAL 规则均未包括此程序。在 CIETAC 规则之前，仅斯德哥尔摩商会仲裁院仲裁规则和新加坡国际仲裁中心仲裁规则有类似规定。这或许是 CIETAC 规则将该程序规定于附件之中，且以当事方同意适用为条件的原因。

综上，CIETAC 规则广泛吸收了晚近投资仲裁规则改革的经验，能够在很大程度上体现我国相关立场，有益于我国与沿线国家之间的沟通和协调，并推动其他路径下“一带一路”投资仲裁机制建设。

“一带一路”倡议下中非在药品获取领域的合作：利用传统医药及推动国际知识产权制度的变革

冯洁菡　周　濛*

引言　推动“健康丝绸之路”下的中非传统医药合作

“一带一路”倡议是我国从战略高度审视国际发展局势，统筹国内和国际两个大局提出的，“健康”是融入其中的重要理念之一。2016 年 6 月 22 日，习近平主席在乌兹别克斯坦最高会议立法院演讲时强调，中国将“着力深化医疗卫生合作，加强在传染病疫情通报、疾病防控、医疗救援、传统医药领域互利合作，携手打造健康丝绸之路”①。为使这一目标更加可行，2017 年中国政府和世界卫生组织签署了《中华人民共和国政府与世界卫生组织关于“一带一路”卫生领域合作的谅解备忘录》以及实施计划，致力于促进与“一带一路”沿线国家等重点合作伙伴开展合作，携手打造“健康丝绸之路”。

“健康丝绸之路”包括数项重要举措，例如加强与世界卫生组织的合作，与“一带一路”国家加强卫生体制政策、卫生领域相关国际标准、规

---

* 冯洁菡，武汉大学国际法研究所教授，副所长，研究方向为国际公法和国际知识产权法。周濛，武汉大学国际法研究所 2017 级博士研究生，研究方向为国际知识产权法。

① 参见习近平主席“携手共创新辉煌——在乌兹别克斯坦最高会议立法院的演讲”（2016 年 6 月 22 日，塔什干），中国网，http：//news. china. com. cn/2016 - 06/23/content _ 38723912. htm。

范的磋商和沟通，加强卫生应急合作，加强重点传染病防控合作，加强能力建设和人员培训，共同推动传统医药国际合作，推动更多中国生产的医药产品进入国际市场，使质优价廉的中国医药产品造福于"一带一路"国家人民等①。由此可见，促进非洲国家人民获取质量好和买得起的中药产品，可成为推动中非传统医药合作的重点。本文通过界定药品可及性问题和中药在非洲推广面临的困境，从提升国内制度能力、解决相关知识产权问题和推动国际知识产权制度变革角度，探讨推动中非传统医药合作的可行路径。

一　药品可及性问题和非洲的医疗现状

依据世界卫生组织（WHO）、世界知识产权组织（WIPO）和世界贸易组织（WTO）的联合研究报告，反映健康权实现情况的指标有五个方面，基础药品的获得是其中的一个重要组成部分②。卫生政策领域的专家提出了名为"5As"的药品可及情况评估框架，包括可获得性（Availability）、可及性（Accessibility）、可负担性（Affordability）、充足性（Adequacy）和可接受性（Acceptability）③。具体而言，WHO认为获得基础药品取决于可负担得起的药物定价、合理选择和使用药物、可持续和适当的财政支持以及可靠的医疗保障和供应体系④。但实际上这些要素往往取决于下列实际情况。

---

① 参见白剑峰《"健康丝绸之路"前景光明》，国务院新闻办公室网，http：//www.scio.gov.cn/31773/35507/35510/Document/1540568/1540568.htm。

② Trilateral Study by the World Health Organization （WHO），World Intellectual Property Organization （WIPO） and World Trade Organization （WTO），*Promoting Access to Medical Technologies and Innovations*：*Intersections between Public Health*，*Intellectual Property*，*and Trade*，2013，p. 42.

③ B. Obrist et al.，"Access to Health Care in Contexts of Livelihood Insecurity：A Framework for Analysis and Action，" *PLoS Medicine* 4 （10）：e308.

④ Trilateral Study by the World Health Organization （WHO），World Intellectual Property Organization （WIPO） and World Trade Organization （WTO），*Promoting Access to Medical Technologies and Innovations*；*Intersections between Public Health*，*Intellectual Property*，*and Trade*，2013，p. 145.

首先，药品研发耗时长，且需要巨大的投资。因此，专利提供的法律保护使药品研发者更容易获得充分的商业利益。同时，专利保护带来的盈利能力的提高，也会激励制药公司在研究和开发方面投入更多资金①。但是，由于药品专利的暂时独占性，专利药的定价往往很高，患者负担不起。由此带来的趋势是跨国制药公司经常使用特定的策略和监管程序来扩大它们对高利润“重磅”药品的垄断权利，从而使不富裕的群体更难获得基础药品②。

其次，药品专利到期后的生物等效药（仿制药），由于价格便宜，可以缓解药品可及性问题。但目前的趋势是常青③药品专利层出不穷。这种常青的专利策略使得跨国制药公司可以利用旧配方的优势，将仿制药配方排除于市场之外，从而合法阻止和推迟仿制药进入市场④。因此，对专利制度的不合理利用会抑制仿制药制造商将其产品推向市场的能力⑤，也会进一步导致基础药品的匮乏和公共健康保护的不足。

最后，由于缺乏政府药品价格管制和合适的医疗保险制度，许多国家面临高药价带来的消极影响。过去几十年来，医疗保健支出总额大幅增加，但与此同时许多国家的医疗保健预算正在减少，这给提高医疗效率并保持高水平的医疗质量带来了越来越大的压力。这种趋势实际上增加了健康不平等的风险，意味着只有富裕的人才能从最新的治疗中受益⑥。

---

① See WHO and WTO Secretariats, *WHO Agreements and Public health* 2002, pp. 92-93, available a thttps: //www. wto. org/english/res_ e/booksp_ e/who_ wto_ e. pdf.

② See Rebecca S. Eisenberg, " The Role of the FDA in Innovation Policy," *Mich. Telecomm. Tech. L. Rev* 13 (2007): 345.

③ 原则上，只要药品有新用途或新方法，就可以继续获得新的专利。

④ See Roma Patel, " Public Health Imperative the Need for Meaningful Change in the Trans-Pacific Partnership's Intellectual Property Charter," *Minnesota Journal of Law, Science and Technology* 16 (2015): 477.

⑤ See Me'decins Sans Frontie'res, *How the Trans-Pacific Partnership Agreement Threatens Access to Medicines* (2011), available at https: //www. msfaccess. org/content/how-trans-pacific-partnership-agreement-threatens-access-medicines.

⑥ See G. Carone, C. Schwierz and A. Xavier, " Cost-containment Policies in Public Pharmaceutical Spending in the EU," *Economic Papers* 461, Brussels, European Commission, DG Economic and Financial Affair, 2012, pp. 41 - 42, available at http: //ec. europa. eu/economy _ finance/publications/economic_ paper/2012/pdf/ecp_ 461_ en. Pdf.

在WHO提出的影响因素中，负担得起的药品定价是公共健康和药品专利保护问题的主要关注点。由于大多数发展中国家的人民不得不自费支付医疗保健费用和药品费用，因此他们对药品的价格特别敏感，尤其是大多数低收入发展中国家和贫困群体。

大多数非洲国家医疗卫生服务还比较落后，依然维持着草药医学、巫医和现代医疗并存的状态。虽然非洲的大多数城市医院一直以现代医学为主，但农村、牧区和矿区的医院仍主要依靠巫医和草药治疗，而且这些地区的医生往往缺乏系统的医学知识，导致当地的医疗水平较低①。尽管许多非洲国家开始实施免费医疗服务，但其医疗卫生设施仍然不完善，尤其是缺乏基础药品。

除了药品严重短缺之外，非洲国家的人均药品消费水平也很低，但西医治疗的费用却非常昂贵，这对于存在多种多发病的非洲地区来说无疑是雪上加霜。此外，非洲的制药行业发展相对较弱。除了南非、埃及、阿尔及利亚、肯尼亚和其他一些药品生产水平较高的国家外，大部分非洲国家的制药行业仅限于生产一些常用的抗生素、退热药、镇痛药和其他的日常药品，或在某些情况下完全依赖于药品进口，这已经远远不能够满足该地区的医疗需求②。

二　传统医药的利用和中药走向非洲的困境

（一）使用传统医药的优势

WHO前任总干事陈冯富珍博士认为，“传统医药具有可靠的质量、安全性和药效，有助于实现确保所有人都能获得保健的目标。对于成千上万的人来说，草药、传统疗法和传统医师是医疗保健的主要来源，有时甚至是唯一的医疗来源。这是距离家庭近的、可获取并负担得起的保健。它在文化层

① 参见杨继红、宋强《中医药在非洲的发展概况》，《世界中西医结合杂志》2013年第2期，第203页。

② 参见张东芳《我国医药企业应该如何投资非洲?》，《对外经贸实务》2010年第8期，第72页。

面上也为大量的人所接受和信任。大多数传统医药的可负担性使其在医疗保健费用飙升和几乎普遍紧缩的时代更具吸引力。传统医药也是应对慢性非传染性疾病需求不断上升的一种方式”①。在专利药品之外，传统医药的使用是一种解决药品可及性问题的新颖且可行的方法。

第一，许多发展中国家基于悠久的本土文化历史，拥有自己的传统医药形式。例如，阿育吠陀医学中的印度自然草药和中国草药学中的传统汉方不仅在本国，而且在其他国家也很受欢迎。即使在许多发达国家，许多人也曾使用过某些形式的传统药品②。

第二，对于许多发展中国家而言，利用传统药物在满足基本卫生保健需求方面可以发挥更好的作用。在一些亚洲和非洲国家，有高达 80% 的人口依靠传统药物实现基本医疗保健的目的。例如，在老挝有 80% 的人口生活在农村地区，他们依靠 9113 个村庄里的 18226 名传统保健医生提供保健服务③。在许多非洲国家，巫医所提供的草药和治疗的广泛使用可归因于它的随处可得并且价格低廉④。

第三，许多传统药物用于治疗慢性疾病，成本低且疗效好。此外，人们也会不满意现有医疗服务，从而关注与传统药物相关的疾病预防和保健，或者因为现代治疗手段的失败转而尝试传统药物。

（二）利用传统医药面临的困境

尽管传统医药的普及利用前途光明，但在实际应用中仍存在不少问题。

第一，大多数传统药物的处方都是由植物、动物或矿物等天然产物组

---

① Speech given by WHO Director-General, Dr. Margaret Chan, at the International Conference on Traditional Medicine for South-East Asian Countries. New Delhi, India, 12-14 February 2013.

② See WHO, WHO Traditional Medicine Strategy 2014 - 2023, p. 27, available at http://www.who.int/medicines/publications/traditional/trm_strategy14_23/en/.

③ Lao Ministry of Health and World Health Organization. Health Service Delivery Profile, Lao PDR, 2012, available at http://www.wpro.who.int/health_services/service_delivery_profile_laopdr.pdf.

④ See WHO, WHO Traditional Medicine Strategy 2014 - 2023, p. 27, available at http://www.who.int/medicines/publications/traditional/trm_strategy14_23/en/.

成，其中 90%是植物处方①。这些处方具有混合的性质，它们的活性成分往往难以识别，这就可能导致不同身体状况的人服用后会有不同的效果。在某些情况下，还可能产生一些尚未得到临床证实的未知副作用。

第二，在药品专利保护方面，传统医药的药方存在很多知识产权保护的难题，传统的知识产权制度难以保护这些药方，传统医药知识可能遭到盗用，并会引发传统知识持有人事先知情同意的相关问题。

第三，传统医药产品在制造过程中可能会使用劣质、伪劣或伪造的材料，或者在诊断过程中因从业人员资格不合格或误诊而产生其他风险。

第四，与传统医药使用相关的监管存在诸多困难。由于大多数传统药物都是在一定范围内的本地群体内部使用，或者只在家族中传承，所以各国很难获得传统药物的研究数据。各国卫生部门之间缺乏合作渠道分享传统医药的信息也阻碍了这一领域的进一步研究。至于监管机制，大多数国家缺乏控制和监测传统医药产品生产及其供应安全问题的适当方法。

尽管传统医药的普及还面临诸多挑战，但可以通过国家内部机制的完善以及国家间的外部合作来解决。在进一步发展和推动利用传统医药的过程中，各国应制定适当的卫生政策以建立主动管理传统医药的知识库，通过管理产品、实践和从业人员提升传统医药的质量保证、安全性、正确使用以及有效性，并通过将传统医药服务适当地融入日常卫生服务的提供和自我保健中促进全民健康覆盖②。同时，还应认识到，传统医药的使用模式因国家不同而异，这取决于文化、历史重要性以及法律等多种因素。因此，解决问题的策略也应根据不同国家的情况进行多样化选择和本地化处理。此外，世界各地都在使用某些地区的一些传统医药产品和实践，但国家之间的药品标准和监管机制的差异阻碍了传统医药信息和技术的交流。因此，各国在确定和支持获取安全产品和实践方面加强合作，以及各国政府之间在创建包容性规

① Jerry I. -H. Hsiao, "Patent Protection for Chinese Herbal Medicine Product Invention in Taiwan," *The Journal of World Intellectual Property* 10 (2007): 4.

② See WHO, WHO Traditional Medicine Strategy 2014 - 2023, p. 44, available at http://www.who.int/medicines/publications/traditional/trm_ strategy14_ 23/en/.

则和分享机制方面加强协调，是解决利用传统医药困境的可行方法。

（三）中药走向非洲面临的问题

如前所述，中国和非洲国家均利用传统医药提供基本卫生服务。中国在中医的诊断和治疗方面有着悠久的文化和实践，也是具有丰富传统草药资源的国家之一。非洲有一些国家曾是西方国家的殖民地，采用的是西方的医药和制药模式。但由于可及性和可负担性问题，非洲国家大多数普通人仍然需要依靠传统医药。因此，中国和非洲国家之间进行传统医药合作具有可行性和必要性。在中国对非数十年的医疗援助过程中，非洲人民已经开始慢慢了解中医治疗、中药针灸按摩等中医疗法，中医与当地草药的联合治疗开始兴起。在疾病高发地区，一些中药产品和治疗方法对艾滋病患者和病毒性肝炎患者产生了良好的效果①。但是，中药在注册、进口、销售、使用等方面仍存在不规范和标准不一致的问题，给中非传统医药合作带来阻碍。

第一，对于中药的质量标准，中国与发达国家的药品管理规定存在较大差异。发达国家的质量标准通常需要量化以及明确清晰有效的成分，而中国标准强调的是某些药物配方而不是有效的药理成分，因此量化程度较低。大多数中药处方缺乏明确的活性成分含量指标，从而产生难以严格控制药品质量以及鱼目混珠的情况②。

第二，大部分从中国出口的中成药没有详细的英文或法文药品说明书（使用指南），仅有极少标注生产日期、有效期、副作用、禁忌症或其他重要药品信息的中文说明。由于许多非洲国家都遵循西方的医药销售体系，这意味着如果药品在医院使用或在药店销售，药品的名称及其说明书必须要列入国家药典③。在这种情况下，中国向非洲市场出口中成药存在很多程序和技术障碍。

---

① 参见熊季霞、韩莉《中医药在非洲的发展对策研究》，《中国药业》2011 年第 22 期，第 13 页。

② 参见熊季霞《中药产业国际化面临的机遇、现实困难与对策探讨》，《中国卫生事业管理》2007 年第 10 期，第 654 页。

③ 参见熊季霞、韩莉《中医药在非洲的发展对策研究》，《中国药业》2011 年第 22 期，第 13 页。

第三，尽管中国是拥有和申请中成药专利的主要国家，但国际社会对拥有中国专利的中成药认可程度仍然较低，相反，一些外国专利的中成药却在国际市场上畅销。由于非洲深受西方文化的影响，大多数接受过西医理论教育的非洲医生都会更偏好于外国专利的中成药而非中国专利的中成药[①]。

第四，中国专利制度的不完善影响了中药专利的创新和国际化。由于中药配方的可专利性条件难以表达，中国的专利授权存在不科学地降低专利准入门槛的情况，许多低技术含量的中药配方专利获得了专利授权。这是目前专利授权质量不高、国际认可度低的原因之一。这种不合理的专利授权还导致了中药研发人员和公司不能得到最为合理的激励，这既减弱了中药专利在审查过程对中药产品进行现代医学评价的紧迫性，也忽视了专利法应当体现中医药现代化的基本要求，进而阻碍整个中药专利系统的持续技术创新[②]。此外，一些中药行业的研究人员对中药专利保护也存在着误解。他们只意识到要保护中药配方资源就应当尽可能多地获取中药配方专利，却忽视了发达国家在专利审查实践中与中国不同的专利性标准，对其他国家的专利保护制度尚缺乏深入了解[③]。

三　推动中非传统医药合作的路径

尽管中非中医药合作面临诸多挑战，但中非在医疗领域合作的不断深化为中药在非洲的推广奠定了良好的基础。自 1960 年以来，中国一直为非洲国家提供医疗援助，培训当地卫生从业人员，改善当地医疗条件。越来越多的非洲学生来到中国学习中医的系统知识，其中一些甚至获得了中医的硕士学位。中医学的教育为中医药进入非洲开辟了道路[④]。

① 参见熊季霞《中药产业国际化面临的机遇、现实困难与对策探讨》，《中国卫生事业管理》2007 年第 10 期，第 14 页。

② 参见陈学宇《中药专利国际化四大阻碍》，《医药经济报》2012 年 11 月 5 日，第 7 版。

③ 参见陈学宇《中药专利国际化四大阻碍》，《医药经济报》2012 年 11 月 5 日，第 7 版。

④ 参见黄建银《从"首届中医药合作与发展非洲论坛"看中医药在非洲》，《中国中医药报》2012 年 4 月 25 日。

中国和非洲国家的一些国际论坛和会议也在致力于推动中非在公共健康和传统医学领域的合作。这些活动关注加强传统医学研究方面的合作和技术交流，推动非洲的中医药发展以服务公共卫生事业，以及鼓励中国制药企业与非洲合作伙伴合作生产药品以提供优质中药产品。所有这些努力都反映出中非双方已经认识到中医药实践标准的存在，并希望以这些标准为基础开展中医药的国际贸易①。

当前，“一带一路”倡议下的“健康丝绸之路”构想为未来中非在获取药品和传统医药方面的合作提供了框架。具体而言，可通过以下路径实施。

（一）提升国内制度能力

传统医药战略有两个主要目的：一是利用传统医学的潜在贡献来改善以人为本的医疗保健；二是通过传统医药产品、实践和从业人员的监管、评估和整合促进传统医学的安全有效使用②。根据“健康丝绸之路”的框架和目标，中非可采取五个可行的步骤提升国内制度能力。

第一，中国和非洲国家应建立国家传统医药档案，充分了解国内传统医药的使用现状，并根据患者的需要估计未来的药品需求。这取决于现有的法律框架、传统医学的文化信仰以及传统医药产品、实践和服务提供者的各种监管制度。考虑到传统医药产品和实践的多样性，其中一些会对健康有益，而另一些则可能与风险相关或纯粹由商业驱动，各国应决定在哪个方面集中努力以便为消费者提供更好和更安全的卫生保健。因此，国家档案应基于当地传统医药行业的具体性质和人民使用的传统医药种类和数量的综合基线数据来建立。通过这种方式，各国可以根据国家能力和资源优先考虑和确定要采取的行动。例如，我国 2017 年《中医药法》规定优先保护属于国家秘密的中药配方或历史悠久的经典名方，因为这些中药配方具有广泛的安全性和

① 参见陈斐然、黄建银《首届中非中医药合作与发展论坛举行》，《中国中医药报》2012 年 3 月 26 日。

② See WHO, WHO Traditional Medicine Strategy 2014 - 2023, pp. 57, available at http://www.who.int/medicines/publications/traditional/trm_ strategy14_ 23/en/.

有效性[①]。此外，国家档案还应注重应对传统医药的全球化趋势，促进各国决策信息的共享，并建立世界各国传统医药消费档案和监管状况的数据库[②]。

第二，有必要提供有关传统医药质量、安全性和有效性的证据，以适应现有治疗和新产品研发。目前，人们对传统医药的使用兴趣越来越大，但支持其使用的质量和数据的证据还存在许多问题。这些证据可以通过更多的研究和创新来获得，同时还需关注传统医药知识的管理，包括知识产权的保护。此外，建立收集、分析和统筹传统医药使用情况数据的数据库对于国家机构和研究部门鉴别出虚假或造成实际健康风险的传统药物也很重要[③]。

第三，在利用传统医药的同时，应注意可持续利用资源，保护生物多样性和濒危物种，以及防止滥用传统医药知识。“健康丝绸之路”和WHO的卫生政策都关注医疗保健发展的可持续性，这需要保存并保护传统医药资源，特别是传统医药知识和自然资源。在利用传统医药的过程中，处理属于某些本土群体的传统医药知识或文化是不可避免的。如何在征得他们同意的同时，利用他们的传统医药知识并进行惠益分享是保护传统医药知识产权的重要问题。只有传统医药知识提供者和开发者之间存在有关公平利益分享和事先知情同意的完整程序和具体规定，传统医药持有者的利益才能得到有效保护，并防止第三方非法从当地群体手中获取传统医药的知识产权[④]。

第四，应根据国家需求制定适当的监管体制，以明确如何安全有效地使用传统医药。这种体制应包括政府、消费者、培训者、服务提供者、制造商

① 2017年《中华人民共和国中医药法》第27、29~31、43条。

② 2017年《中华人民共和国中医药法》第43~45条。

③ 2017年《中华人民共和国中医药法》第46~47条。

④ Trilateral Study by the World Health Organization (WHO), World Intellectual Property Organization (WIPO) and World Trade Organization (WTO), *Promoting Access to Medical Technologies and Innovations: Intersections between Public Health, Intellectual Property, and Trade*, 2013, p. 92.

和研究人员等多个利益攸关方。应制定法律处理产品注册、供应商许可和监管机构授权实施公共卫生措施等内容。此外，所制定的法律应能评估政策和监管体制的有效性，明确参考的标准，并应对传统医药疗法、报销模式、服务提供者资质、资格认证、培训和报酬等方面进行定期评估。对于全球范围内的合作来说，立法还应能处理不同国家之间立法体系的差异，并确保质量和安全信息在不同文化中可以得到分享和适当使用①。

第五，改革卫生体制以创造适于传统医药使用的环境。在全面的医保计划中纳入大多数公民使用的绝大部分传统医药产品和服务。在医疗报销制度中，公平考虑安全有效的传统医药产品和服务。在传统医药融入医疗保健服务和自我保健的卫生系统中，纳入关于正确使用传统医药、消费者投诉渠道、保健医师培训、患者透明和知情选择等方面的机制和指导方针②。

（二）中国提供合格中药产品和服务需解决的知识产权问题

作为向非洲国家提供中药产品和服务的主要来源国，中国仍需调整国内中药的开发和保护策略，以提供质优价廉的中药产品。我国已制定了若干保护中医药的立法，但是知识产权制度中的一些实际问题仍未解决。传统的知识产权保护方式对保护中医药都或多或少存在缺陷。商标保护仅限于有形的中药产品和服务，没有考虑到中医药知识和实践的保护。而且商标仅仅保护区分商品或服务的商标，不保护商品或服务本身，这对中医药保护不利。在商业秘密保护方面，由于只有极少数中医药配方尚未公开，这种方法不能涵盖大多数著名和经典的中医药产品，更不用说不公开成分和说明书可能会对传统医药知识的传播和中医药产品出口产生负面影响。此外，中国颁布了两部中药保护的专项行政法规——《植物新品种保护条例》和《中药品种保护条例》，但它们都由于中医药缺乏新颖性而难以实施，并且只能利用行政复议和行政诉讼的手段而不能利用司法上的保护。

---

① See WHO, WHO Traditional Medicine Strategy 2014－2023, pp. 49－50, available at http://www.who.int/medicines/publications/traditional/trm_strategy14_23/en/.

② 2017年《中华人民共和国中医药法》第54~56条。

值得注意的是，使用专利制度保护中药仍然是主流。为了更好地保护中药专利，中国有必要处理好专利法中的新颖性、创造性和实用性有关的具体问题。

第一，针对现有知识界定不准确，以及中药专利与新颖性标准中现有知识的模糊关系问题，需要对现有技术的范围进行准确识别。立法应积极引导专利管理部门更新药品数据库并建立登记激励机制。在药品数据库的建设和完善过程中，收集的数据应超出现有专利文献的范围，而且应当同时包括专利文献记载的中药处方和其他未记载的民间处方，如已被广泛使用的配方、半公开的家传秘方、声誉久远的配方和已公开的其他处方。印度为此目标建立的“蜜蜂数据库”是登记激励制度的一个很好的范例，它能够将这些非专利技术转化为可为社会创造价值的实用技术[①]。该平台不仅使公众有机会了解这些有用技术的知识，而且还有助于权利人在传播和使用这些技术方面获得相应的利润。这对鼓励个人、法人或其他组织在合理基础上有条件地开发这些技术，同时对保护相关信息而言，也是必要的措施。

第二，中医药产品适用创新性标准的缺陷在于技术含量低，缺乏中医实验数据、临床资料和科学验证。从根本上说，创新性的提高需要中国药品研发机制的革新和完善。一方面，中国应加大对中药基础研究的投入以弥补中国制药企业在中药研发方面的不足。另一方面，在中医理论的指导下，中国应根据广泛应用的技术，落实成熟的技术标准，这对提高中药的质量控制具有重要意义。在实践中，传统的提取工艺、检测方法、设备优化等成熟技术应纳入制造过程中的药品质量管理，以促进制药行业进入标准化时代[②]。

第三，中药的实用性困境在于其技术公开率低，未能实现标准化生产，以及缺乏积极疗效的证据。专利申请人应当对药材的选择、药材的含量、制备方法和疗效进行科学的论证和说明。只要中药技术信息的完整公开可以达

① 参见梅智胜、肖诗鹰、黄璐琦、刘铜华《印度对传统医药知识保护的立法和实践及其对我国的启示》，《国际中医中药杂志》2007 年第 2 期，第 81 页。

② 参见冯国忠、罗赛男《从日本汉方药的成功看我国中药产业的发展》，《中国药房》2006 年第 20 期，第 1528 页。

到西药技术人员也可以实施技术方案的程度，中药配方就不会再因其实用性的缺陷而备受争议。因此，未来中药专利的改革应该从详细、高标准的技术表达方式开始。此外，高质量的中药专利不仅要利用具体的实例来证明配方的有效性，还要提供诊断标准、动物实验结果、临床观察数据，甚至包括完整实验过程中得到的数据和图表。因此在专利审查过程中，专利审查员应该利用这些实践标准来判断实用性。在实施和生产阶段，质量控制的论证也非常重要。以制剂工艺为例，应根据中药理论在中药配方指导下，对药物成分的药效进行具体分析。还应当利用现代技术和标准化语言来表达配方设计、工艺流程设计、技术条件筛选等原则或实验结果，以证明中药制剂能达到与配方所写明的同样安全、有效、可控、稳定的结果①。

（三）中医药进入非洲市场需要有相应贸易规则

中非间的中医药贸易合作也至关重要，这是实现中医药进入非洲市场不可或缺的桥梁。由于中国和非洲国家之间在中药贸易领域没有自由贸易协定或其他具体的标准与规定，中医药通过贸易渠道进入非洲市场之前有许多问题需要解决。2015 年中澳自由贸易协定中的中药贸易条款可以作为一个很好的例子来说明中非中药贸易合作的未来发展。随着该协定的实施，许多药物，特别是一些重要的草药、优质药材以及中草药词典中的药物，将由澳大利亚药品管理机构批准进口②。该协定还规定中国将每年派遣一定数量的中医从业人员到澳大利亚工作。澳大利亚已经启动了国家注册和认证计划来为中医医师颁发执照。尽管该协定对澳大利亚的医疗实践会产生何种影响尚不清楚，但它肯定会改变许多人对中医药的态度。目前在“一带一路”国家经贸合作的框架下，非洲和中国未来在中医药贸易领域里也应有相应的规则出台。

---

① 参见张的凤主编《中成药学》，中国中医药出版社，2009，第 39~46 页。

② See “Chinese Medicine Expected to Benefit from China－Australia,” *Australian Business Forum*, December 2015, available at https：//abf. events/chinese-medicine-expected-to-benefit-from-china-australia-fta/.

（四）促进非洲国家接受中医药的途径

由于非洲国家是尝试使用中医药解决非洲大陆基础药品可及性问题的一方，可以让接受过中医治疗的非洲患者将成功的治疗经验分享给其他非洲人民，以便更多非洲人民能够意识到中医疗效的可靠性和安全性。具有良好技术条件的非洲国家也可以与中国在中药产品的研发方面进行合作，或参与验证中药质量和疗效的研究。与中医药相关的基础设施建设也是不可或缺的，如中药产品样本中心库，将验证过的研究成果转化为临床实践的实验机构，以及创业公司孵化基地等[①]。为了更广泛地推广中医药和培养一定数量的持证中医药从业者，可与非洲政府合作，加强学校中的中医药专业教育，促进社区内的中医药知识的普遍学习。可以鼓励非洲相关机构帮助收集中医药的需求和使用统计数据，提供当地医药市场的相关信息，向中国中医药企业宣传有关当地药草惠益分享和商业化的具体政策。为了最终实现提升非洲公共卫生质量的目的，可以采取措施让越来越多的非洲人愿意利用中医的健康知识和预防原则来促进自我保健。

四　中非合作推动国际知识产权制度的变革

（一）兼顾公共健康利益的国际知识产权制度现状

自药品可及性问题提出以来，在保护知识产权与促进公共健康之间寻求平衡成为国际社会关注的焦点。2001 年《TRIPS 与公共健康多哈宣言》强调了 TRIPS 协定的“灵活性原则”，确认了成员国单方可以确定包括艾滋病在内的公共健康危机并能有效利用强制许可制度的权利。此外，《多哈宣言第六段的执行决议》进一步明确了解决无医药生产能力的发展中国家和最

① See Jeffrey D. White et al.，“India－United States Dialogue on Traditional Medicine：Toward Collaborative Research and Generation of an Evidence Base，” *Journal of Global Oncology*，November 16，2017，p. 6，available at http：//ascopubs. org/doi/abs/10. 1200/JGO. 17. 00099.

不发达国家利用强制许可制度的机制。2005 年，WTO 成员就第六段机制达成修订议定书[①]。2017 年 1 月 23 日，该议定书正式生效[②]。

然而，兼顾公共健康利益的国际知识产权制度发展并不顺利。2016 年，联合国秘书长药品可及性高级别专家组提交了一份题为“促进创新并推动卫生技术的普及”的报告[③]。该报告对政府、利益攸关方、私营公司和多边组织提出了多项建议，例如，关于 TRIPS 协定灵活性的政策建议、药物开发创新的新模式（包括专利标准）以及政府不同机构间的目标一致性等。在知识产权领域，一方面，报告进一步建议国家落实强制许可和相关医药产品出口的灵活性原则，并强调政府不得限制或阻止 WTO 成员利用 TRIPS 灵活性的权利，而且应确保其所签订的贸易协定不包含影响其履行维护健康权义务的条款；另一方面，报告突出了公共资助的重要性，建议政府的出资机构以及接受政府资助的大学和研究机构都能免费而广泛地出版研究获得的知识和成果。这些知识成果会吸引开发商愿意以负担得起的价格承担将产品投放市场的成本，确保生物医学研究的知识成果能惠及大众，进而在专利申请和许可行动中使公共卫生的目标置于经济回报之上[④]。

这些建议对于解决数百万人如何获得所需药物和疫苗问题提供了前所未有的路径，但生物制药行业却认为这些建议忽视了妨碍药品获取的最常见问题，包括卫生经费、改善卫生基础设施以及提升医疗保健工作者的能力和患者的素养[⑤]。此后，中国、巴西、印度和南非在 2016 年 11 月要求将专家组的报告列入 TRIPS 理事会议议程，在 2017 年 3 月 1 日至 2 日举行的 TRIPS

① 参见冯洁菡《药品专利强制许可：〈多哈健康宣言〉之后的发展》，《武汉大学学报》（哲学社会科学版）2008 年第 5 期，第 701~702 页。

② See WTO, “WTO IP rules amended to ease poor countries’ access to affordable medicines,” available at https://www.wto.org/english/news_e/news17_e/trip_23jan17_e.htm.

③ See UN Secretary General High-Level Panel on Access to Medicines, *Promoting Innovation and Access to Health Technologies*, available at http://www.unsgaccessmeds.org/final-report/.

④ 参见冯洁菡《药品专利强制许可：〈多哈健康宣言〉之后的发展》，《武汉大学学报》（哲学社会科学版）2008 年第 5 期，第 701~702 页。

⑤ See Business Wire, “Biopharmaceutical Industry Calls the Recommendations of UN High Level Panel on Access to Medicines a Missed Opportunity to Genuinely Address Patients’ Needs,” Sept. 2016, available at https://www.businesswire.com/news/home/20160914006022/en/.

理事会议中，WTO 成员进一步对该报告进行了讨论①。赞成专家组报告的意见支持应防止通过自由贸易协定施加双边压力来迫使国家实施 TRIPS 条款。而其他代表团对报告的狭窄范围表示担心，并指出它没有得到联合国成员国的授权或赞同。来自澳大利亚、欧盟、日本、瑞士和美国的代表认为，该报告过分强调了政策的不一致性以及获得与药品有关的知识产权的重要性。2018 年 1 月 26 日，WHO 执行董事会对要求成员国和该组织实施旨在改善创新和药品获取的建议表示同意。但其中具体针对成员国的三项建议，包括药品研发成本的透明度建议，遭到了一些国家的抵制②。

（二）以促进包容性和可持续性发展为重点

随着中非日益重视药品可及性问题，未来中非间共同推动国际知识产权制度的变革应以促进包容性和可持续性发展为重点。这意味着中非间的合作要在关注知识产权保护和健康权、传统知识持有者的权利以及生物多样性的保护之间寻求平衡。

包容性和可持续性发展要求在知识产权保护中兼顾健康权，应制定有利于公共健康的专门规定和例外条款。这种知识产权制度的构建需要不同国家的知识产权部门、公共卫生部门和贸易部门的相互合作。此外，加强药物研究领域技术创新的机制应当以更加可持续的方式运作，同时追求全民健康覆盖以及侧重长期可行并在实践中可实施的协作努力和创新型解决方案。这种制度在全球范围内的实现取决于医学研究的技术交流、人力资源的合作、跨国医疗机构的建设、相互或单方的医疗援助以及世界各国之间的信息共享。

包容性和可持续性发展要求在知识产权保护中兼顾传统医药知识持有者

---

① See WTO, Document IP/C/M/85, available at https: //docs. wto. org/dol2fe/Pages/FE_ Browse/FE_ B_ S005. aspx? MeetingId = 137172&Language = 1&StartDate = 01/03/2017&EndDate = 30/09/2017&SubjectId = 22&SearchPage = FE_ B_ 003&CatIdsHash = 107146536&languageUIChanged = true#.

② See Intellectual Property Watch, “WHO Executive Board Agrees on Actions to Boost R&D, Access to Medicines”, Jan. 2018, available at https: //www. ip-watch. org/2018/01/26/executive-board-agrees-actions-boost-rd-access-medicines/.

的权利以及生物多样性。中非双方在传统医药知识保护领域仍应以 WIPO 的宗旨和框架为基础，共同就获取遗传资源与惠益分享、传统医药知识及与创新相关的知识产权问题进行合作。作为发展中国家，中非在传统医药知识是否为保护对象、保护目的以及保护方式等根本问题基本上有着一致的立场，对于传统医药知识的跨境合作、全球共同利益分享机制以及取得事先知情同意的使用模式都持有积极的态度。未来的中非传统医药知识保护体系不仅需要传统医药知识所有者的参与，还需要整个社会，包括公司和研究机构等这些传统知识所有人的潜在合作者的参与。构建一个“持有人—开发人—使用人”三方共赢的机制是未来传统医药知识国际保护的重点，也是有效利用传统医药知识，惠及全人类健康的重要手段①。

（三）注重传统医药与常规医药保护并行发展

在未来的知识产权立法体系中，传统医药的发展和保护应与常规医药并行。亦即，不采用最初用于管理常规医药的体系去限制和阻碍传统医药的发展，而应通过为传统医药专门设计的特殊体系进行保护。这种独特的体系可以采取两种途径——积极保护和防御性保护。对于积极保护而言，传统医药的特殊保护不应仅限于成品，还要包括处方本身和特殊的生产过程，它们都可以作为传统医药保护中独立的主题。传统医药持有者应当享有继承和使用他们所持有的传统知识的权利。同时，各国不仅要重视传统医药的知识产权保护，还需加强人们对传统医药继承和文化传播的关注。应有专人致力于处于司法保护范围之外的传统医药的理论和技术的继承和发展。在采取防御保护时，有必要为传统医药建立专门的数据库、目录和相关制度。传统医药权利人可以根据相关文件记载的知识，通过提出专利异议或专利无效程序来阻止非法申请人获得专利。通过数据库的完善和专利无效宣告程序，各国可以有效防止第三方滥用知识产权谋取利益。

① 参见任虎《传统知识国际保护的过去、现在和未来》，《华东理工大学学报（社会科学版）》2013 年第 4 期，第 73~74 页。

图书在版编目（CIP）数据

中国促进国际法治报告. 2017年 / 肖永平，冯洁菡主编. -- 北京 ：社会科学文献出版社，2018.12
ISBN 978-7-5201-3454-5

Ⅰ. ①中… Ⅱ. ①肖… ②冯… Ⅲ. ①国际法-国家责任-研究报告-中国-2017 Ⅳ. ①D992

中国版本图书馆CIP数据核字（2018）第209973号

中国促进国际法治报告（2017年）

主　　编 / 肖永平　冯洁菡

出 版 人 / 谢寿光
项目统筹 / 高明秀
责任编辑 / 王小艳　谢　拢

出　　版 / 社会科学文献出版社·当代世界出版分社（010）59367004
地址：北京市北三环中路甲29号院华龙大厦　邮编：100029
网址：www.ssap.com.cn
发　　行 / 市场营销中心（010）59367081　59367083
印　　装 / 三河市龙林印务有限公司

规　　格 / 开　本：787mm×1092mm　1/16
印　张：15.5　字　数：236千字
版　　次 / 2018年12月第1版　2018年12月第1次印刷
书　　号 / ISBN 978-7-5201-3454-5
定　　价 / 98.00元